大学生职业生涯规划与就业创业指导

主编　徐　凯

主审　曹计划

西安电子科技大学出版社

内 容 简 介

　　本书根据教育部《大学生职业发展与就业指导课程教学要求》的精神,以大学生职业生涯发展为主线,结合当前社会就业、创业形势,对大学生进行专业认知、职业认知与自我认知的教育;有针对性地帮助大学生分析专业前景与职业目标,指导大学生进行职业生涯规划,树立正确的职业生涯发展观;培养大学生的就业意识,解读国家创业政策,引导大学生根据社会需要和自身特点进行就业与创业。书中内容包括专业认知、职业认知、自我认知与分析评价、个人特质与职业规划、职业生涯理论与规划指导、就业准备与就业技巧、创业启蒙、创业形势分析与政策解读以及创业过程九个部分。本书既注重理论的系统性、连续性和实效性,又突出实践性,坚持理论与实践相结合。根据教学目的和教学内容的需要,附有典型案例,通过案例学习,可将知识由点连成串,且概念融于案例,易于学生学习与理解。

　　本书可作为高等院校大学生就业与创业指导教材,也可作为青年就业与创业培训的参考书。

图书在版编目(CIP)数据

大学生职业生涯规划与就业创业指导/徐凯主编. —西安:
西安电子科技大学出版社,2016.8(2019.12 重印)
ISBN 978-7-5606-4258-1

Ⅰ. ①大… Ⅱ. ①徐… Ⅲ. ①大学生—职业选择 Ⅳ. ①G647.38

中国版本图书馆 CIP 数据核字(2016)第 190313 号

策划编辑　　陈　婷
责任编辑　　陈　婷
出版发行　　西安电子科技大学出版社(西安市太白南路 2 号)
电　　话　　(029)88242885　88201467　　　　邮　　编　　710071
网　　址　　www.xduph.com　　　　　　电子邮箱　　xdupfxb001@163.com
经　　销　　新华书店
印刷单位　　咸阳华盛印务有限责任公司
版　　次　　2016 年 8 月第 1 版　　2019 年 12 月第 2 次印刷
开　　本　　787 毫米×1092 毫米　1/16　印 张　15.75
字　　数　　371 千字
印　　数　　3001~8000 册
定　　价　　38.00 元

ISBN 978 - 7 - 5606 - 4258 - 1/G

XDUP 4550001-2

如有印装问题可调换

前　言

　　曾几何时，上大学是多少家庭、多少人的梦想。但近年来，随着毕业生数量的增加及就业环境日益严峻，毕业后找不到工作的大学生也开始增多，于是，"读书无用论"开始甚嚣尘上。"最难就业季"、"更难就业季"、"毕业生数量新高"等词汇不断地出现在各类媒体头条及大众的言语中，也出现了学历越高越难就业的"奇怪"认识。大学生就业难的主要原因并不是毕业生数量的日渐增多，而是大学生尴尬的就业认知、就业心理及就业能力。我们发现，一些高校毕业生宁可成为大城市中的"漂族"和"蚁族"，也不愿意到二三线城市和基层就业；多数高校毕业生仍然希望在机关事业单位和国有企业就业，希望在经济发达地区和大中城市生活和就业，到中西部地区、城乡基层、中小企业就业的积极性不高；部分毕业生对岗位及薪资的预期与社会现实、实际工作能力及岗位要求之间存在较大差距等。

　　大学时光对于每一名大学生来说都是十分宝贵的，在大学中不仅要学到知识，更需习得技能。"凡事预则立，不预则废"，大学经历是大学生们走向自己职业舞台的踏板，应尽早有效开展大学生在就业和创业方面的指导，通过政策宣传、知识传授、技能训练等方式，根据大学生们的身心发展特点及社会现实需求，引导他们阶段性地认识、开展自己的人生之路，走好、走稳这关键的一步。

　　这里回顾一下我国大学生就业创业政策的发展历程。1997年，原国家教委颁布的《普通高等学校毕业生就业工作暂行规定》中明确指出对大学生应开展就业指导；而大学生创业是在1999年清华大学举办的首届大学生创业设计大赛后迅速发展起来的。2002年，教育部首次公布了我国高校的就业率，目的是为了促进高等教育的持续、健康发展；同年，国务院办公厅《关于进一步深化普通高等学校毕业生就业制度改革有关问题意见的通知》(国办发〔2002〕19号)中明确提出鼓励和支持高校毕业生自主创业。2013年，教育部首次组织编写和发布高校毕业生就业质量报告。2014年5月，国务院办公厅《关于做好2014年全国普通高等学校毕业生就业创业工作的通知》(国办发〔2014〕22号)及2014年11月教育部《关于做好2015年全国普通高等学校毕业生就业创业工作的通知》(教学〔2014〕15号)，第一次将对大学生开展创业工作的关注及对大学生创业政策扶持方面的要求给予"置顶"。

　　根据其他国家的实际经验，支持创业是许多国家应对高校毕业生就业问题、鼓励创新的重要做法。近年来，我国在这方面也做了大量努力和尝试。据第三方调查机构"麦可思"的数据显示，2014届本科毕业生自主创业比例为2.0%，比2013届(1.2%)提高了0.8个百分点；2014届高职高专毕业生自主创业比例为3.8%，比2013届(3.3%)提高了0.5个百分点。调查还发现，有更多的毕业生在毕业三年内选择了自主创业。2011届本科生毕业三年后的自主创业比例为3.3%，比2010届(2.2%)提高了1.1个百分点；2011届高职高专生毕业三年后的自主创业比例为7.7%，比2010届(6.0%)提高了1.7个百分点。从数据上看，大学毕业生半年后自主创业的比例，连续五届呈现上升趋势，但相比国外高校20%~23%的创业率，效果仍然不够理想。

　　李克强总理在2015年政府工作报告中提到，着力促进就业创业要坚持就业优先，以创业带动就业。2016年高校毕业生765万人，为历史最高。在此情况下，鼓励以创业带动就业是解决就业问题的重要选择。李克强总理在全国就业创业工作会议中多次强调，要加强就业指导和创业教育，落实高校毕业生就业促进计划，鼓励毕业生到基层就业，实施好大学生创业引领计划，支持大学生新兴产业创业。

从我国对大学生就业创业制度的不断改革中，我们看到了国家对于国民特别是大学生在就业创业导向上的变化。每年国务院、教育部都十分重视高校毕业生的就业创业工作，不仅联合各部门实施优惠政策，同时十分关注大学生就业创业指导课程的教学，从课程性质、教学目标、教学内容、课程设置、条件支持、组织领导等方面做出了具体的规定。据此，出现了针对高等教育不同层次结构的就业指导及创业方面的理论及实践成果。

2015年5月，国务院办公厅下发了《关于深化高等学校创新创业教育改革的实施意见》(国办发〔2015〕36号)，明确提出2015年起全面深化高校创新创业教育改革；到2020年建立健全课堂教学、自主学习、结合实践、指导帮扶、文化引领融为一体的高校创新创业教育体系；各高校应面向全体学生开发开设研究方法、学科前沿、创业基础、就业创业指导等方面的必修课和选修课，纳入学分管理，建设依次递进、有机衔接、科学合理的创新创业教育专门课程群。

在深刻分析了教育部关于"大学生就业指导课程"、"创新创业教育"等文件精神的基础上，编者(桂林电子科技大学职业技术学院学工部部长徐凯(助理研究员))结合自己的学生管理和实际教学经验编写了本书。本书系2015年度广西职业教育教学改革重点项目"职业教育'立校桥'贯通下不同层次学生'多样成才'的成长过程比较研究与实践"的部分研究成果。

纵观我国就业及创业指导教育的发展趋势，结合市场实际情况，以及市面上各层次、各类型的就业创业指导手册或教程，我们逐步认识到，大学生就业创业指导不应只停留在思想引导、政策宣传、技巧点拨等传统内容上，也不应仅仅针对在校期间的几年短暂时光，而需要构建起覆盖整个大学过程以及辐射学生今后职业道路的课程模式，通过这类课程的学习，使得大学生在认知、知识及技能方面达到综合提升，惠及整个人生阶段。第一，在认知层面上，大学生能树立起职业生涯发展的自主意识，树立积极正确的人生观、价值观和就业观，把个人发展和国家需要、社会发展相结合，确立职业的概念和意识，愿意为个人的职业生涯发展和社会发展主动付出积极的努力。第二，在知识层面上，大学生应当基本了解职业发展的阶段特点，较为清晰地认识自己的能力、职业的特性以及社会环境，了解就业形势与行业发展，掌握基本的劳动力市场信息以及开展自主创业的基本知识。第三，在技能层面上，大学生应当掌握自我探索技能、信息搜集与处理技能、生涯决策技能、求职技能等。

习近平主席在致2013年全球创业周中国站活动组委会的贺信中写到："青年是国家和民族的希望，创新是社会进步的灵魂，创业是推动经济社会发展、改善民生的重要途径。"人才是国家兴盛富强的宝贵资源，大学生则是国家重要的人才储备来源。从国家层面来说，做好大学生的就业创业工作，事关经济发展和民生改善，事关社会和谐稳定大局；从个人层面来说，大学生能更好地就业创业，事关其本人的发展，事关家庭的幸福。

本书由桂林电子科技大学徐凯主编，曹计划主审。

编　者

2016年5月

目　　录

第一章

专 业 认 知

第一节　专业认知概述

　　一年一度紧张的高考结束后，每一位考生面前都会摆上这样一道"选择题"：填报什么志愿，选择哪所高等院校和哪个专业。在填报专业的时候，考生和家长往往要充分考虑专业的性质、主要课程、就业方向和行业前景等因素，简单地讲，这就是专业认知。

一、专业认知的重要性

　　大学生的专业认知是指大学生对所学专业的培养目标、学习内容和学习要求，以及对将来从事具体职业的工作特点、工作内容和发展方向有较清晰的整体认知。研究表明，大学生对自己选择专业的正确认知是激发专业兴趣，提高学习主观能动性的必要条件。正确的专业认知是形成积极的专业情感和专业态度的基础，进而影响其专业意识以及从业后的职业表现。专业认知能力强的大学生不但能客观、正确地认识自己的专业，能养成持久、稳定的专业认同感，而且能实行积极、高效的专业认知行动。

(一) 专业认知的意义

　　自我国高校扩招以来，大学生就业一直是一个热门话题，围绕这个话题，学术界研究发现大学生所形成的专业认知对他们的就业倾向具有重大的影响。因为，提高专业认知能力是形成正确的学业认知、职业规划、职业意识、职业道德、自我认知、人生价值观认知的良好开端，是提高自身综合素质的关键，可使学生充分感受到未来职业的挑战和责任。总的来说，专业认知教育应该成为大学新生入学教育中必不可少的内容，而且应该贯穿整个大学生涯。良好的专业认知教育对于大学生的学习和就业都具有重要的意义。

1. 有利于帮助大学生树立专业意识，稳定专业思想

　　大一新生刚从高中步入大学校园，绝大多数同学对专业的认识和理解是模糊的，有的同学在填报志愿之后甚至闹出诸如"认为'材料专业'是整理文档资料的"这样的笑话。因此必须开展或加强专业认知教育，帮助学生树立专业意识，稳定学生专业思想，改变盲目跟风转专业的现状，帮助学生尽快适应大学生活。

2. 有利于促进大学生主动学习，提前做好学业规划和职业生涯规划

良好的专业认知教育，有利于大学生按照专业的设置制定学业计划，促进大学生从应试教育转为积极主动探求学习；同时，专业认知教育还可以让大一新生对本专业将来可能从事的行业性质、专业技能要求有感性的认识，有助于大学生尽早制定职业生涯规划，为将来完成大学学业和步入社会做好准备。

3. 有利于促进专业自身建设和改革，提升专业品牌和知名度

俗话说教学相长，要组织实施好大一新生的专业认知教育，使其对专业所对应的行业性质有较为系统、全面的了解，首先各院系自身需要做好安排计划，理论联系实际，做到与时俱进，不断更新知识体系。这既对专业自身建设和改革有推动作用，又为形成专业品牌、提升专业知名度打下良好基础和提供改革指导方向。

4. 有利于大学生树立正确的价值观、人生观和择业观

良好的专业认知有助于大学生明确学习目标，端正学习态度，提高学习积极性，从而增强学习动力。大学生在学习中找到乐趣与成就感以后，就不会虚掷光阴，而是会培养起乐观的心态，树立起正确的价值观和人生观。可以说，专业认知也是大学生确立正确择业观的第一步。

(二) 大学生专业认知现状

一份以 2013 年入学的大学新生群体作为调查对象，以"专业认知度"为调查内容的调查问卷结果显示，大学新生在专业认知方面主要存在以下问题。

1. 专业选择缺乏自主性，专业认知起点低

新时期青年学生填报高考志愿，自主选择性并不高，对专业认知比较粗浅、模糊、盲目。从高考生填报志愿方面看，77.4%的学生"以教师或家长指导为主，结合自身的兴趣、爱好"选择填报专业，"根据自己对专业的了解"而选择专业的不到20%；从学校录取情况看，第一志愿录取占87.1%，高校和考生就专业双向选择方面配比度较高。

大学新生高中阶段对现学专业的认知，一般通过网页介绍、贴吧、招生宣传等媒介获取，往往会出现偏差，使得部分学生的认知存在片面性和模糊性。进入高等学校后，学生对于专业通常缺乏全面、系统的认识，甚至对专业产生困惑，这极大地影响了学生进行专业学习时的情绪。

2. 专业思想缺乏系统性、全面性，专业认知途径单一

大学新生刚进入大学校园，对所学专业接触较少，一知半解，难以建立全面、系统的专业思想。大学新生对专业的认知大多都是从对学长的咨询开始的，而学长对专业的认知也可能是一知半解的，这样传递的信息并不客观，也不符合专业认知的规律。这样导致的后果是，一部分学生对专业学习感到失望、迷茫，产生抵触情绪，极大地影响了学习的积极性、主动性。

大学新生对于专业的认知途径，"媒体的宣传、知名度"占 16.1%，"接触相关行业"占 16.8%，"还未接触到"占 51.0%。大学新生通过"图书馆、课堂"学习专业知识的，占 72.3%；通过"参观博物馆、社会实践、企业实地考察"学习专业知识的，仅占 0.8%。大学新生普遍认为，在择业中对就业影响最大的因素是"实践和工作经验"，其次是"专业知识"，分别占 71.0%和 64.5%。

大学生的工作经验和专业知识在择业观中具有决定性的影响，但是大学新生在高校接触最多的是课堂理论学习，缺乏在工作单位实际工作的实践操作和交流，专业认知途径比较单一、局限。部分大学新生对专业认知缺乏自我关注、自我认知，处于被动状态，少部分大学新生默然接受、漠不关心自己所学专业。

3．专业认知缺乏主动性，自我与专业结合度低

大学生对专业的认知过程是自我认知、自我专业结合、自我专业认知实践的过程。自我认知往往是大学新生容易忽视的环节。对学习专业知识注重的能力认知方面，大学新生有自己不同的见解，但普遍认为学习专业知识最重要的是"适应能力"，而创新能力、创业能力和综合分析能力被普遍忽视。对所学专业的认知情况，直接影响着大学生就业时的择业，有 41.3%的大学生认为对择业观影响最大的因素是"父母或其他亲人"。

由此看出，大学新生在对专业前景、专业发展的认知态度上存在依赖性，容易受到外界信息的影响。现今社会，信息获取的便利性同时导致其来源的不可靠性，一些明显有商业倾向的信息也会影响学生对某些专业的判断和了解，从而导致盲目地选择和抵触。这也极大地影响了大学生的专业心理。

4．学术前沿关注度过高，难以实践，缺少合理的职业生涯规划

(1) 专业目标集中在科研、继续深造上，缺乏现实执行力。大学新生过分关注学术前沿、尖端技术，部分学生有继续深造的意愿，其中选择"报考研究生"的占 57.4%，但对自身的专业发展缺乏合理性、系统性职业规划，导致"看得远、行动难"。

大学新生对学术前沿关注度非常高，报考研究生、出国留学继续深造的意愿较强，对专业研究充满浓厚的兴趣，但是缺乏基础认知和基础研究的动力，缺乏行之有效的具体措施安排，好高骛远，在专业认知上难以做到知行合一。

大学新生对专业认知实践缺乏动力，对专业学习没有具体的规划，对自身的专业发展不明朗，专业目标不明确。调查结果显示，大学新生对于自己的专业学习规划，"有一些简单规划"的占 55.5%，"不知道怎样规划"的占 22.0%，"按照学校专业培养计划"完成专业学习的占 14.8%，"很认真规划"的占 0.5%。大学新生对自身的专业发展目标"稍微明确"的占 42.6%，"不明确"的占 50.3%。

大学新生普遍认为，按照教学大纲、任课老师的要求学习事半功倍，不需要自己再做专业规划。极少数大学新生对于专业发展、专业规划有一些思考，准备针对自己实际情况做一些计划部署，但并未付诸行动。大学新生对专业发展目标认知模糊，对专业发展方向存在不明朗性和不确定性。

(2) 专业前景存在茫然感，难以坚持专业思想。大学新生对专业前景感到困惑，无从确定，在择业过程中，承认实践的重要作用，但是忽视专业思想，对专业热情度不足，存在不稳定性。大学新生对专业前景的态度，"一般"占 52.3%。大学新生处于青春期，大学初期，他们完全依赖外界接受专业知识，对专业前景感到迷茫、焦虑，产生不置可否的态度。

大部分大学新生认为，择业时"发展机会"是优先考虑的因素，占 78.7%，但毕业后要求从事的岗位"专业对口"的仅占 16.1%。在与大学新生进行座谈交流时，了解到大学

生对专业的发展前景更注重就业机会对自己的发展是否有利，缺乏对专业的热诚，专业思想不坚定，具有不稳定性。

(三) 我国大学生专业认知教育现状

从根本上来说，大学生专业认知存在问题的原因是由于专业认知教育不到位。纵观我国目前的专业认知教育，仍然存在亟待改进的环节。

1. 教育环境受社会信息、家庭教育、高中教育体制制约

当今社会进入了以网络、电脑、手机为主要传播载体的新媒体时代，人们通过博客、微博、微信、社交软件等新媒体形式进行社会信息和文化交流。新媒体对青年群体具有很强的影响力，作为善于接受新事物的大学生，他们对新媒体信息更有着极强的接受偏好。但社会信息的传播存在导向性和目的性，信息来源存在不可靠性和误导性，网络信息来源参差不齐，有些关于高校专业解读、学校宣传的偏差信息难免会影响大学生对专业的认知。

2. 缺乏专业思想培养，专业思想和实践教育脱节

大学新生对大学独立生活、学习方式、教育模式处于适应期，环境的变化导致自我身心的变化，自我重新定位和重新认识尚未完成，对所学专业也未能全面了解，导致大学新生对专业认知产生困惑和迷茫感。大学新生仅通过大一基础课程学习来认知专业，对所学专业难以做到全面、系统的认识。

高校制定专业认知教育计划，缺少将实践教学和专业教育相结合的模式，仅仅通过为数不多的专业介绍难以使大学新生对所学专业构建全面了解、综合分析、总结归纳的思维方式，缺少符合新时期大学生择业观的教育形式，难以达到使学生树立正确专业思想的效果。因此，高校对大学生进行专业认知教育，开展创新实践教学、校内外实习基地建设，支持学生参与科学研究，强化实践教学环节显得尤为重要。

3. 专业认知教育缺乏系统设计安排，教育效果欠佳

大学生在不同的学习阶段会面对不同的学习要求，并且会产生不同的自我需求，所以针对大学生的专业认知教育应该是一个系统的、持续的过程。部分高校将新生专业认知教育的部分内容集中在新生刚入学一个月内安排，并且没有专业的教学团队，再加上专业认知教育多以理论传授为主，没有在方式方法上创新，短时间内学生可能较为关注和感兴趣，但是这种讲授式的单一教育形式缺乏吸引力，容易让学生产生反感抗拒的情绪，导致专业认知教育缺乏长效机制，收到的教育效果欠佳，甚至产生反作用。

二、专业学习目标、知识和能力

如果说学生填报高考志愿时，专业认知还处在一个感性的、模糊的阶段，那么，进入大学正式开始专业学习后，专业认知应该逐步转变为理性的、清晰的阶段。大学生对专业认知的第一步，应该是确立专业学习目标，明确所学专业应该掌握的知识和能力。

专业学习目标是指预计通过专业学习要掌握什么样的知识，具备什么样的能力，具体体现在专业知识目标、专业能力目标、就业目标等。切实可行的专业学习目标，有助于大学生更好地规划个人的学习和生活，明确个人发展方向。

知识就是指对专业的理论、系统、惯例、概念、规则以及其他一些与专业有关信息的了解，它是在专业学习中获得的认识和经验的总和，它涉及对专业的总体认识与了解。知识的获取是一个积累的过程，从无到有，由少到多。在专业学习过程中，知识可以产生"量"上的增加。专业学习的最终目标，应该是知识"质"的提高，即能牢固掌握专业知识，并能熟练运用到实践中，将知识转化为生产力。

能力是指通过专业学习后顺利完成某一项工作所必需的主观条件。能力是直接影响工作效率，并使工作顺利完成的个性心理特征。能力体现在将知识运用到实践的过程中。能力的高低，不仅可以在一定程度上反映知识掌握的牢固程度，还能体现知识运用的熟练程度。

不同的专业，专业学习目标、专业知识和专业能力是不同的，本节以"电子信息工程技术专业"(专业代码：590201)为例，说明该专业的学习目标、应具备的专业知识和专业能力。电子信息技术是当今信息科学发展的前沿，是衡量一个国家现代化水平和综合国力的重要标志，是我国今后二十年高科技发展的重点。全国共 322 所高校开设该专业。

(一) 专业知识目标

经过调查得知，电子信息工程技术专业在岗位上使用最多的知识在大学学习阶段对应的课程依次是"电子测量技术"、"电子线路 EDA 技术"、"模拟电子技术"、"数字电子技术"、"电子产品工艺"。所以，该专业的学生在学习过程中应加强实用课程的学习，提高掌握知识的牢固程度。

(二) 专业能力目标

目前，随着我国电子信息技术理论研究的快速发展，电子信息技术各个领域急需大量的信息工程技术人员和信息系统管理人才，要求他们既能掌握比较丰富的基础理论知识，又具有较强的动手能力和一定的专业实践经验，能够在实际工作中较好地分析问题、解决问题，同时还要有较高的综合素质，能够在一线熟练地进行电子信息设备的使用、管理维护、改造及信息的获取、传输、处理等工作。电子信息工程技术专业以职业需求为目标，以岗位能力为中心，培养德、智、体全面发展，熟悉机电测控系统、电子生产工艺，熟练掌握现代化电子技术、信息处理技术、微机控制技术的专业知识，具有较强的信息处理技术能力、电子设计技术应用能力、工程实践综合能力和创新意识的人才。

(三) 就业目标

电子信息工程技术专业主要培养在电工电气、工程机械、汽车等产业和电子信息业从事电子设备和信息系统的生产制造、安装调试、运行维护、技术改造、营销服务等工作的高技能人才。毕业生就业后主要分布在质量检测、调试维修岗位，其次是生产管理与维护、营销服务岗位。

三、专业发展前景与学业规划

(一) 了解专业发展前景

对所学专业及其发展的了解是建立理性、清晰的专业认知的第二步。确立专业学习目标是"就事论事"，是短期的、局限的，而对专业及其发展的了解则是长期的、全面的，要求学生充分了解专业的社会需求情况、发展前景等。

经过了大学一年级的学习，大二学生已经基本适应了大学的学习和生活，学习的内容逐步转向专业基础课和专业课，面向专业的实践环节逐渐增加。这时应自觉强化动手能力，提高实践能力，利用课余时间自觉进行课内、课外实验实训；掌握专业主干课程与专业的培养目标、岗位方向的关系，并考取相应专业资格证书。

可以说，大学的第二年是职业准备的重要时期，学生对各种课外活动由盲目的尝试发展为有目的的参与，并且对自身和社会的认识进一步深化。为了提高自身的就业竞争力，大二学生需要开始强化自己的职业规划意识，树立职业规划的概念，了解自身的特点和兴趣，规划专业的岗位方向，强化动手能力以及独立分析问题和解决问题的能力，逐步培养自己以更好地适应社会竞争，适应严峻的就业形势。大二学生了解自己的专业发展前景主要有以下几种形式。

1. 参加课堂情景模拟

利用大二学年的实践课程创设专业课应用情景，例如针对商务谈判与沟通的课程，可由学生分组创建谈判背景，并分配人员进行谈判，以熟悉掌握沟通与谈判的技巧。针对市场营销等课程，可由学生分组创设环境，通过情景剧的形式进行演绎。通过参加课堂情景模拟，能够促使学生发现问题，以完善专业认知，真正做到理论与实践相结合。

2. 开展社会认知

大二学生可以利用假期或空闲时间开展社会认知实践活动，包括走访人才市场和用人单位，访问校友、专业前辈和自己的亲友等，了解本专业的就业情况以及实际工作对技术能力、综合能力的要求，并撰写社会认知报告，认真归纳总结，寻找自身不足，明确大学阶段的努力方向，珍惜在校学习时间，调整在校专业学习方法和职业规划。

3. 聆听毕业生座谈

大学毕业生经历择业或创业的过程，对专业认知的重要性有着较深刻的体会，他们亲身的经历直观又生动。本专业毕业生的经验是在校大学生专业认知的重要信息来源，相比学校的专业认知教育，大学生更倾向于通过咨询学长来获得信息。在校学生可以通过聆听毕业生的座谈了解到本专业的就业方向和就业前景。

4. 参加招聘会了解企业需求

尽管还未毕业，但是大二学生应该多参加专业招聘会，提前进行"实战演练"，了解企业对应聘学生的要求，有针对性地锻炼自己的语言表达能力、交际能力、礼仪礼貌以及心态、气质和性格。大二学生应该认识到，要想融入社会就必须积极储备就业资本和技能，保持一个低期望值的就业心态，要有吃苦耐劳与从基层开始做起的思想准备，能根据不同的市场情况进行择业、就业、创业。

国家制定的教学标准可以帮助大学生加深对专业的了解。2012 年 11 月 1 日，教育部职业教育与成人教育司出台了《高等职业学校专业教学标准(试行)》，适用于独立设置的高等职业学校(含高等专科学校)及本科院校、独立设置的成人高等学校和有关高等教育机构举办的高等职业教育(专科)的专业教学及管理。标准中涉及 18 个大类的 410 个专业教学标准，在专业名称、专业代码、招生对象、学制与学历、就业面向、培养目标与规格、职业证书、课程体系与核心课程、专业办学基本条件和教学建议、继续专业学习深造建议等 10

个方面提出了具体要求。在培养目标和规格上定位在为生产、管理、服务一线培养具有良好职业道德、专业知识素养和职业能力的高素质技能型人才；在教学模式上倡导"以学生为中心"，根据学生特点，实行任务驱动、项目导向等多种形式的"工学结合"教学模式；在教学内容和课程体系安排上体现与职业岗位对接、中高职衔接，理论知识应用，职业能力适应岗位要求和个人发展要求。

此次公布的 410 个专业教学标准体现了高等职业教育改革与发展的特点。例如，公路运输与管理专业教学标准要求本专业学生必须取得汽车运输调度员、汽车客运服务员、汽车货运理货员等职业资格证书中的至少一种，充分体现了以培养职业能力为主线的教学要求；旅游管理专业建议学校立足校内或校外实训基地，引入真实场景，强调以工作岗位实际为导向的教学要求。

除了国家规定的专业教学标准外，各高校会根据自身的实际情况对教学标准进行适当调整，一般在高校的官方主页可以查询到。表 1.1 所示为北京大学电子信息科学与技术专业培养方案。

表 1.1 北京大学电子信息科学与技术专业培养方案

	一上(秋)	一下(春)	二上(秋)	二下(春)	三上(秋)	三下(春)	四上(秋)	四下
校必修课*26	军事2 近代史2 英语2 体育1	思修2 英语2 体育1	马克思主义3 英语2 体育1	形势与政策1 英语2 体育1	毛泽东思想与中国特色2	毛泽东思想与中国特色2		毕业论文6
院必修课*33-39	计算概论3 信科概论1 数分5或高数5 高代5或线代4 力学3或4	程序设计实习3 微电子与电路基础2 数分5或高数5 电磁学3或4	数据结构与算法3 基础电路实验1					
电子系必修和限选基础课43		热学2或3*	数理方法4* 光学2或4* 热学2或3* 普物实验2* 电路分析原理3*	概率统计3* 近代物理3 理论力学3 电子线路A3* 电子线路实验A2* 数字逻辑电路3* 近代物理3	电动力学3或4* 信号与系统3 数字逻辑电路实验2* 微机原理B3 热统3	量子力学3或4* 微波技术与电路3 微机与接口技术实验2	电子系统设计2	
专业核心8-9及任选课10		现代电子与通信导论1		电子线路CAD 2 可编程逻辑电路FPGA2(二小) 计算方法2	操作系统B3	纳米技术3 数字信号处理3 计算机组织与体系结构B3 声学基础3 光电子学3 通信电路3 通信电路实验2 测量与控制2(三小) 现代无线通信中的新兴技术2	嵌入式系统2 固体物理3 通信原理3 近代物理实验3 数字集成电路设计3 光电子技术实验2 数字信号处理实验2 光通信系统与网络3 微波技术实验3 卫星导航定位系统2 通信网概论与宽带信号技术2	
通选课12	全校素质教育通选课学分要求按学校规定执行							

(二) 学业规划

规划自己专业未来是专业认知的最后一步。大学生在确立专业学习目标和对专业全面了解后，应该对自己的专业未来有一个规划。规划专业未来一般是大三、大四的大学生面临的问题。

　　进入大三、大四，大学的专业课程学习已经接近尾声，此时，大学生应该至少掌握一种专业技能或者培养一种特长爱好，才会减少就业选择时的困惑，为自己的职业生涯规划打下良好的基础。

　　比如计算机专业，热门了很多年，不少计算机专业的大学生自以为在学校考取了一些证书，就有能力去胜任相关的岗位了。但仔细研究不难发现，这样求职成功的人是比较少的，因为有证书并不代表就已经具备胜任相关岗位的技能。IT 行业的技术是每天都在更新和发展的，除了学好专业知识和考取技能证书，计算机专业的大学生还必须参加大量的社会实践和继续教育，不断学习充电，才能适应行业的快速发展。

　　再比如通信专业，课程比较难，学通信专业的同学往往会存在两个极端：专业成绩非常好和专业成绩非常差。如果你的专业学得非常好，并且有意向通信方向发展，那么，你需要至少熟练掌握一门专业技能，并尽可能学习深造，提升自己的学历，毕业后从事技术后台的工作；如果你的专业学习困难，那么你可以在大学期间有意识地锻炼自己的人际交往能力、语言表达能力、组织协调能力等，毕业后从事运营商或通信设备商销售、公关等工作。

　　目前的高校一般都在大三、大四开设有"职业生涯规划"、"社交礼仪"等课程，通过这些课程的学习，大学生要思考自身不足，认识到其他同学的优点及自身努力的方向；了解团队合作以及职场生涯中应具备的基本原则和准则，以促使自己更好地了解职场礼仪，培养和建立较成熟并具有明确"自我标识"的个性特征，在智力、个性特征以及抗压、抗挫折能力上提升自己，以适应现代社会对人才的需求。

　　总之，大学生要从大学一年级便开始不断完善自己的专业认知，树立职业规划的概念，初步认知职业和所学专业关系，了解就业难的现实以及能力和机遇相辅相成的关系，初步建立就业意识，了解所学专业的就业方向和基本要求。

第二节　专业认知的方法与途径

　　通过求职达到最终的就业，几乎是所有大学生必须面临的选择。行之有效的职业生涯规划是求职成功的助推剂，而对所学专业的认知是职业生涯规划的开始。

　　我国古代思想家老子曾说："知人者智，自知者明。"能够认识他人的是智者，而能够认识自己的人更是明智。我们进行专业学习也是一样的，能够了解自己所学专业的学科优势与学科要求，无疑是智者所为；而能够结合个人特点，有效地进行专业学科学习的人毫无疑问是明智的。大学生对于专业的认知大都是源于高考填报志愿的初步了解，而这种了解主要通过招考指南或者老师、亲朋好友得来，是较为粗浅的专业认知。孔子曰："知之者不如好之者，好之者不如乐之者。"真正认识、爱好自己所学，并为其而快乐的人才能真正学好它。进入大学，只有正确地、充分地了解与认知，直至热爱自己所学专业，才能更好地进行专业学习，更好地规划职业生涯，使自己成为学有所成、学以致用的人，才能最大限度地成为适应社会发展需求的高素质技能型专门人才。而采用有效的专业认知方法与途径将起到事半功倍的效果。

一、专业认知的方法

研究表明，学生对个人就读专业的正确认知是激发专业兴趣、提高学习主观能动性的必要条件。正确的专业认知是形成积极的专业情感和专业态度的基础，进而影响其专业意识以及从业后的职业表现。拥有良好专业认知能力的大学生不但能客观、正确地认识自己的专业，能养成持久、稳定的专业认同感，而且能实行积极、高效的专业认知行动。当前，部分高校在做专业认知指导的时候，为了强化学科专业培养方案的执行，过多地单一解读专业培养方案，强化学科的设置，而忽略了横向与纵向学科的对比与交流。因此，为提升学生专业认知能力，掌握有效的专业认知方法很有必要。结合大学教育教学的特点，主要有以下认知方法。

(一) 对比法

对比法即相近专业对比法，也可以称之为类比法，指通过与相近专业的课程开设情况和学习重点以及拓展技能需求的对比，形成专业课程学习的树状图。通过树状脉络图，可以清晰明了地知道每学期开设的课程以及课程的重要性(课时)。而通过了解拓展专业的培养方案，我们可以知道拓展技能所需学习的课程以及侧重点，从第二专业的角度给我们的职业生涯规划提供指导，也给第一专业的学习认知提供强有力的支撑。下面通过表 1.2 和表 1.3 对专业课的设置进行说明。

表 1.2 通信技术专业与移动通信技术专业部分课程对比

课程类别	课程名称	理论	实践	总计	学分数	一	二	三	四	五	课程类别	课程名称	理论	实践	总计	学分数	一	二	三	四	五
专业必修课	电路基础	36	36	72	4.5	72					专业必修课	电路基础	36	36	72	4.5	72				
	电子线路 CAD	8	40	48	3	48						电子线路 CAD	8	40	48	3	48				
	模拟电子线路	28	36	64	4		64					模拟电子线路	28	36	64	4		64			
	数字逻辑电路	24	32	56	3.5		56					数字逻辑电路	24	32	56	3.5		56			
	C 语言程序设计	20	20	40	2.5		40					C 语言程序设计	24	24	48	3		48			
	AutoCAD	8	24	32	2		32					AutoCAD	8	24	32	2		32			
	通信设备课程 3	32		32	2		32					计算机通信网	32	8	40	2.5			40		
	设备管理和网络建设课程 2	28	28	56	3.5			56				光纤通信原理	32	16	48	3			48		
	通信设备课程 2	32	16	48	3			48				无线网络技术	32	8	40	2.5			48		
	设备管理和网络建设课程 4	32	24	56	3.5			56				通信勘察设计与概预算	16	16	32	2			32		
	基站设计和无线网络优化 2	32	32	64	4				64			移动通信网络规划与优化	32	24	56	3.5				56	
	基站设计和无线网络优化 1	32	24	56	3.5				56			数据通信网络技术	32	40	72	4.5				72	
	设备管理和网络建设课程 1	32	40	72	4.5				72			通信终端设备检测与维修	28	28	56	3.5				56	
	通信设备课程 1	32	32	64	4					64		移动通信工程施工	24	24	48	3				48	

课程类别	课程名称	课程学时分布 理论	实践	总计	学分数	一	二	三	四	五
专业选修课	通信设备课程4	32		32	2			32		
	通信设备课程5	32		32	2			32		
	设备管理和网络建设课程6	32		32	2			32		
	基站设计和无线网络优化4	32		32	2				32	
	设备管理和网络建设课程5	32		32	2				32	
	通信设备课程6	32		32	2				32	
	基站设计和无线网络优化6	32		32	2				32	

课程类别	课程名称	课程学时分布 理论	实践	总计	学分数	一	二	三	四	五
专业选修课		32		32	2		32			
	通信原理	32		32	2		32			
	微波技术与天线	32		32	2			32		
	数据通信原理	32		32	2			32		
	计算机软件基础	32		32	2				32	
	数字信号处理	32		32	2				32	

从表 1.2 可以看出，通信技术专业的课程集中于某个技能的核心强化，课程主要围绕着通信设备管理和网络建设、基站设计和无线网络优化这两门课程设置；而移动通信技术由于在实际应用中需要解决的问题较为繁杂，涉及的技能相对综合，在课程的设置上相对多样化一些。

表 1.3 市场营销专业部分课程开设情况一览表

课程类别	课程名称	课程学时分布 理论	实践	总计	学分数	一	二	三	四
专业必修课	西方经济学	40		40	2.5	40			
	管理学基础	40		40	2.5	40			
	应用文写作	24	8	32	2	32			
	市场营销学	40	16	56	3.5		56		
	市场调研与预测	24	16	40	2.5		40		
	会计原理与实务	24	8	32	2		32		
	礼仪与沟通	32	8	40	2.5			40	
	谈判与推销技巧	32	16	48	3			48	
	消费者心理应用	32	8	40	2.5			40	
	客户服务技能	24	16	40	2.5			40	
	经济法	28	4	32	2				32
	连锁经营管理	32	8	40	2.5				40
	市场营销策划	32	16	48	3				48
	销售管理	32	8	40	2.5				40
	电子商务与网络营销	24	16	40	2.5				40

课程类别	课程名称	课程学时分布			学分数	各学期学时分配			
		理论	实践	总计		一	二	三	四
专业选修课	人力资源管理	32		32		32			
	文学名著选读	32		32		32			
	汽车营销技术	32		32			32		
	房地产营销技术	32		32				32	

通过分析表 1.3 可以了解到,如果一个理工科专业(如移动通信技术或机械设计制造及其自动化专业)的同学的职业目标是销售方面的岗位,那么由市场营销专业的课程设置,看出其还应该加强"礼仪与沟通"、"谈判与推销技巧"、"消费者心理应用"和"销售管理"等课程的学习。同理,如果市场营销专业的学生想要从事机械或者通信设备一类的销售工作,那么也应该具备机械或通信设备方面的基本知识,而通过专业认知可以帮我们达到事半功倍的作用。

(二) 信息搜索法

信息搜索法是指依托现代庞大的网络信息源,利用高校教务网站上所公布的专业培养方案的专业介绍,获知专业的学科设置以及能力需求,也可以利用专业平台了解各高校专业学科建设的综合排名情况。

高校和专业的选择非常重要,要想选取符合个人的最优高校以及专业,信息源的多寡以及提取分析无疑是做出决定的强有力依据。而最初的了解筛选,一般是从亲朋好友、任课老师或其他途径获得的信息开始的。在筛选的过程中,有的同学更看重专业,有的同学更看重高校综合排名,但不管如何,最终的选择或多或少都会考虑个人与专业的匹配以及接受能力。

粗略地来说,信息搜索法除了查阅学校情况、专业设置外,还可从学校的环境、所处位置、教学水平、意向专业的设置情况、建设情况做出判断;结合报考指南信息以及亲朋好友的推荐可做出综合判断。信息搜索法是专业认知初期最为常用的方法,也是同学们填报志愿、选择专业最为常用的方法。

(三) 深入法

在高职院校学习的三年中一般都会有半年到一年的时间为实践实习环节,这意味着学生在校学习的理论知识与积累相对本科的同学来说相对薄弱,在初步进行本专业认知的前提下,参照本科培养方案对个人进行专业的拓展与解读是很有必要的,这也将促进我们更进一步地对自己所学专业深刻认知。

由表 1.4、表 1.5 对比综合分析,我们可以看出本科教学除了会计基本理论、操作技能以外,还拓展了管理、信息系统、统计学这一类可以辅助会计技能提升的课程,让同学们在学好会计理论、操作技能之余,能多方面提升自己的专业素养。

表 1.4 某专科会计专业课程设置一览表

课程类别	课程名称	课程学时分布			学分数	各学期学时分配			
		理论	实践	总计		一	二	三	四
专业必修课	财经法规与职业道德	56		56	3.5	56			
	基础会计	56	8	64	4	64			
	财经应用文写作	32		32	2	32			
	会计操作技能	16	16	32	2		32		
	财务会计实务 I	48		48	3		48		
	会计电算化	40	16	56	3.5		56		
	财务会计实务 II	48		48	3			48	
	成本会计实务	48		48	3			48	
	Excel 会计和财务中的应用	32	16	48	3			48	
	商务礼仪	32		32	2				32
	财务管理实务	48		48	3				48
	企业纳税实务	56		56	3.5				56
	小企业会计实务	48		48	3				48
	金融理论与实务	32		32	2		32		
	财务报表分析	32		32	2			32	
	会计制度设计	32		32	2			32	
	金融企业会计实务	32		32	2				32
	预算会计实务	32		32	2				32
	企业管理	32		32	2				32

表 1.5 某本科院校会计专业课程设置一览表

课程类别	课程名称	课程学时分布			学分数	各学期学时分配							
		理论	实践	总计		一	二	三	四	五	六	七	八
专业基础必修课	基础会计	56		56	3.5	56							
	管理学	48		48	3	48							
	微观经济学 B	56		56	3.5		56						
	财务会计	64		64	4		64						
	财务管理	48		48	3			48					
	宏观经济学 B	40		40	2.5			40					
	管理信息系统	40		40	2.5			40					
	市场营销	32		32	2				32				
	税务会计	48		48	3				48				
	经济法学	32		32	2				32				
	统计学	40		40	2.5				40				
	非盈利性组织会计	32		32	2					32			
	成本管理会计	48		48	3					48			
	财务报告编制与分析	48		48	3					48			
	财政与金融	40		40	2.5					40			

续表

课程类别	课程名称	课程学时分布			学分数	各学期学时分配							
		理论	实践	总计		一	二	三	四	五	六	七	八
专业限选课	生产与运作管理	32		32	2				32				
	税务筹划	32		32	2				32				
	专业外语(会计学专业)	32		32	2					32			
	高级财务会计	56		56	3.5					56			
	税务代理与实务	32		32	2					32			
	审计学	56		56	3.5						56		
	XBRL原理及应用	32		32	2						32		
	资产评估	32		32	2						32		
	国际会计(双语教学)	32		32	2							32	
	会计制度设计	32		32	2							32	

(四) 体验法

体验法是指通过亲身体验，从核心课程中有选择性地抽取部分来进行现场课程学习，从而获得对整个专业脉络的大概认知。进入大学，我们可以通过相关专业协会的作品展览或专业活动感受专业的魅力，从活动中感受同学们表现出来的专业素养。例如市场营销专业的同学，每年都会有针对某一个系列产品的展销。从展销中，我们可以看到他们的展台布置、产品选择、营销模式以及团队配合等才能的展示。也可以通过经营管理专业同学的实习店长营销大赛感受推销的魅力或旅游管理专业同学的导游技能大赛领略导游巨星的风采。同时，也能通过高年级课程的旁听，对所学专业核心课程有一个深入、连贯地了解，从而对所学专业有进一步的认知。另一方面，也可以通过自习，提前接触高年级所需掌握的知识，跟随专业社团的学长参与到他们的专业竞赛或者项目开发中去，充分利用这个传帮带的平台锻炼自己，加强专业的认知学习。

二、专业认知的途径

在掌握专业认知的方法之后，需要找到专业认知的途径，有了方法与途径的支撑，才能更好地完成专业的认知。专业认知的途径是多种多样的，贯穿整个求学期间，主要有以下一些。

(一) 课程建设

在专业培养计划中增设或完善专业导论类课程，并尽量前置，安排在专业基础课前，最好从新生入学的第一个学期开始。要组织本专业的专家编写相关讲义和教材并主讲。课堂教学的讲解应该由浅入深，着重分析学生大学期间每个阶段应该掌握的专业技能以及需要拓展的综合能力，尽可能多地覆盖各层次和性格的学生特点。同时，尤其要重视新设专业及所谓"冷门"专业的专业导论课程建设，增强学生就业自信心，更好地激发学生的学习热情。依托专业导论类课程，可以唤醒大学新生的专业认知，疏导其不良情绪，这是专业认知教育的有效途径。

(二) 主题班会

主题班会是班主任或班团干部在班主任的指导下精心策划的围绕一定主题对班级学生进行教育和管理的综合课程，其形式有讲座式、报告式、讨论式、表演式、参观或实践后的交流总结式等。专业认知主题班会就是以提升专业认知能力为目标、以专业认知为主题的班会，是一种易于开展、形式丰富、贴近学生的教育手段，也是当前最具操作性和推广价值的专业认知教育方法。

(三) 学务指导

借鉴国外新型的"一站式"学业指导和服务模式，聘请专业教师组成学务指导组，每组不少于三位教师，共同指导若干名学生，组长由教授或副教授担任。学务指导教师主要对学生进行课业指导、思想教育和组织管理，教育引导学生明确学习目标，培养学生的专业认同感及不断探求未知领域的意志品质。学务指导的起点在新生入学教育时，由承担全校公共基础课教学的经验丰富的学务指导专家，开启专业认知教育之门。通过系统的学务指导，把来自当代特殊成长背景的新生，快速带入健康发展的轨道。

(四) 专业认识讲座

新生一入学就要为其详细介绍专业的培养方向，介绍专业在实际生活中的应用及在国民经济中的地位与作用，帮助学生了解专业，走出迷茫。在这个方面专业认知讲座因其权威性强、受益面广、影响力大等优点而被广泛采用，是一种有效提升大学生专业认知能力的教育方法。通常由主管一线教学的领导或老师以及实践经验丰富的优秀校友来主讲，适用于大学各个阶段。系主任是专业培养的负责人，是专业认知教育导师的最佳人选。通过专业认知讲座，学生可以树立积极的专业认知意识、掌握专业的培养要求和学习方法、了解求职方向和对口职业的素质技能要求等。除了面向新生的专业认知讲座外，还要根据学生专业学习的阶段性需要开展专业介绍，讲授有关专业学习问题、专业前沿动态、就业前景等，并答疑解惑，不断启发学生钻研专业的探索精神。通过加强学期概念灌输，让学生在潜移默化中增强专业认知意识。大量的研究表明，专业认知能力越强，学生的学习动机和专业归属感越强，学生在各方面的表现也越积极。由此可见，成功组织实施专业认知讲座功在当下，利在长远。

(五) 院长讲座

学院院长要充分发挥其学术上的引领和凝聚作用，每学年面向全院学生至少作一次有关专业认知的学术讲座报告。通过形式多样、内容丰富和通俗易懂的讲座报告，带领学生步入神圣的学术殿堂，强化学生专业学习的责任感和使命感，使学生的专业思想不断加深，对专业的认知和理解更加清晰，对学习的目标和方向更加明确。

(六) 专家励学

定期邀请国内外知名专家学者来校讲学，通过大家名师讲述其在专业领域长期探索中获取真知的鲜活案例，使学生在前辈突出的成就面前真切感受到专业学习的重要意义和深远影响，激励学生立志学好专业。

(七) 学长传经

榜样的力量是无穷的，可将学生中的优势资源引入专业认知教育。相比专业认知讲座的严谨与严肃，优秀校友或毕业生的经验交流会更具灵活性和易于交流性。通过师兄师姐的个人亲身经历，更易于让同学感受专业学习过程的难点与专业学习的技巧，更能结合专业特色以及个人特点找到学习的切入点。新生一入校，就应组织本专业高年级优秀学长或研究生传授专业学习感受、心得和经验，使学生将其对学长的"崇拜"转化为对专业的热爱和学习的动力。积极推进"高低年级学生专业交流进课堂"活动，每学期每个专业至少举办一次，由高年级的学生向低年级学生介绍学习经验，并就有关专业学习问题展开讨论。

(八) 专业实践

实践是最好的老师，要突出专业实践(认知实习)在专业认知教育中的重要作用。所谓认知实习，是学生在学习了部分专业基础课和专业课之后，去相应行业的岗位实习，熟悉行业环境和具体工作流程，加深对所学理论知识的理解，初步形成该行业实际工作能力；同时发现自己的知识、能力及个性的缺陷，以便在后续学习中有针对性地自我完善及科学地制订或调整职业生涯规划。专业认知实习是学生理论联系实际、培养专业素养、深化专业认知的重要环节，对于师范类和工科类等应用型专业的学生尤为重要。高校可以根据自身优势，积极实施教育部"卓越工程师培养计划方案"等教学培养计划，改革人才培养模式，强化实践的育人作用；将专业实践与"挑战杯"竞赛、暑期大学生"三下乡"社会实践等第二课堂相结合，由专业教师担任指导教师，扩展延伸第一课堂的专业教育。通过实践实训课，学生可以感受个人专业综合知识的学习情况，发现个人的不足。

(九) 模拟求职

通过组织模拟求职专场，一方面可以让学生从简历筛选中找出个人与企业专业需求的差距；另一方面通过现场面试考察学生的礼仪与沟通交流能力。两方面结合，可以很好地让学生发现个人专业能力的不足，同时进一步加深专业认知。

(十) 个性辅导

新生一进校每个班配备一位专业导师，给学生提供一对一个性化辅导，根据每个学生不同的实际需要"传道授业解惑"；定期安排教授接待日活动，并将有关教授研究方向、专长及接待时间、地点等信息提前在校园网上公布，以便学生有选择地得到教授面对面的指导和点拨；开展辅导员与学生谈心活动，融专业认知教育于思想政治教育中，将解决学习问题与解决思想态度问题相结合，帮助学生在思想上重视专业学习，树立"学生应以学习为本"的思想，使其端正态度，充满信心，以良好的精神面貌投入到专业学习中。

第三节　专业与职业的关系

一、专业与职业关系解析

职业作为一种劳动分工，它是从社会工作的类别来看的；而专业是学业门类，它是从学科与技术的角度进行划分的。

尽管专业与职业有很大的不同，但是两者之间是密切相关的，专业是针对职业设置的，拥有专业是人们从事职业的必要条件。一个人要从事一项职业首先要掌握与之相适应的知识、技能，人们学习专业知识和专业技能目的也在于更好地胜任工作。如果说"职业"是我们的目标，那么"专业"就是实现这个目标的手段和工具。从经济和效率的角度来看，我们所选择的专业当然应该是职业目标需要的知识和技能。但是从专业和职业的相关性上讲它们之间呈现出的是一种复杂的相关关系。其中的联系可以概括为三种：一对多的关系、多对一的关系、一一对应的关系。从本节开始，我们就具体讨论每一种类型的专业与职业之间的关联关系。

(一) 一个专业对应多个职业的关系

一个专业对应多个职业方向，是以专业为基础发展职业。人们常说的"宽口径，厚基础"专业就是指这类专业。

学生在确定了专业方向后，需要确定适合于自己发展的职业目标，并根据自己的职业规划，在学好专业的同时有针对性地学习和开发其他必要的知识技能，通过选修、自学提高自己所从事职业的素质。此种类型适合于在学业规划时先确定专业后确定职业目标的情形。

比如影视动画专业，你确定自己毕业后从事动画制作这一行业，那么你在学习影视动画的同时，就需要了解整个影视动画制作流程，针对其中的岗位学习研究，如果你想成为项目经理，或者是导演，还需要其他知识和技能有针对性地开发和学习，比如角色模型，动画造型等等。

(二) 多个专业对应一个职业的关系

多个专业对应一个职业就是多种专业都可以发展到某一种职业的情形，是以专业为核心发展职业。此种情况下，所选职业与学习的专业虽然方向一致，但职业发展超出所学专业领域，也就是职业的发展不仅只需要专业所在领域，还需要其他专业领域的参与。

学生所学专业在个人职业发展中仍有重要意义，需要在学好本专业的基础上，同时辅修或自学自己规划要从事职业所需的其他专业课程。这种类型也适合于先确定职业目标后确定专业方向的情形，在学业规划时处于比较主动的态势。

比如教师、科研人员、新闻记者、编辑人员、营销主管、企业管理人员等，这类职业所面向的专业可以是很多种的。

(三) 一个专业对应一个职业的关系

一个专业方向对应一个职业，专业与职业高度相符。在这种情况下，个人的职业发展一直在所学专业的领域内，选择的职业与学习的专业相吻合，能够做到学以致用。其专业应用于职业的范围较狭窄，同时职业发展依赖于该专业知识，两者之间存在特定的相互依附关系。

此类专业学生在进行学习时，需要牢固掌握本专业知识，并及时关注本专业对应行业的发展情况，及时补充个人知识与技能储备。这种类型属于确定专业方向的同时确定职业目标情形，在学业规划时处于比较主动的态势。

这类专业和职业一般都适合于专业技术人员。

二、专业与学校的关系

专业在本质上就相当于学校向学生和社会提供的服务产品。每一所专业教育阶段的学校都会有自己的专业范围，但学校在这些专业中并非平均使用资源，而且相同专业在不同的学校所侧重的方向也不一样。为了更好地进行专业认知和职业认知，学生需要充分了解所读专业在学校中的地位以及专业内容与职业方向间的联系。

(一) 优势专业和特色专业

每所高校都有自己的主打产品或者说拳头产品，我们一般称它为学校的优势专业。这些专业一般都是学校在长期的发展过程中积累的师资力量及教学设施，还有在人才市场中的美誉度等无形资产积累起来的优势专业。高校还会根据社会需求优化专业结构，创建特色专业。此举可以吸引大量相关专业的顶尖人才，也可以提高人才培养质量。

此类专业的学生无形中拥有了一个有力的平台和丰富的学习资源，更有机会展现自己的专业优势，因此学生应该更注重个人的专业学习和技能培养。非此类专业的学生应该在掌握好专业知识的基础上，注重个人综合能力的培养，以提高个人在就业时的竞争力。

(二) 专业因学校不同而存在差异

在学业规划中，专业是决定学什么的主要因素，不同的专业决定了不同学习内容以及未来的职业方向，但是否同一个专业的学习内容及专业方向就一定相同呢？在一般情况下，学习内容及职业方向是基本相同的，但也有专业因为学校的不同，从而出现学习内容及职业方向的较大差异。

例如，北京交通大学(简称北交大)及北京理工大学(简称北理工)都开设了交通运输及交通工程专业，但其职业方向及学习内容就差别很大。北交大过去是铁道部直属高校，交通运输和交通工程专业在北交大分别隶属于交通运输学院和土木建筑工程学院，一个是从铁道运输管理演变出来的交通运输管理专业，一个是从铁道交通设计与建设演变出来的交通工程设计专业。北理工是国防科工委直属的高校，过去曾经是兵器工业部下属。北理工最强的是与兵器相关的专业。交通运输和交通工程专业在北理工所属的机械与车辆工程学院也是北理工最强的学院之一，它为什么强？因为它就是从坦克专业派生发展起来的。那么交通运输和交通工程专业在北理工为什么放在机械与车辆工程学院？车辆行驶必须有道路，坦克更是需要在各种复杂道路上行驶的特殊车辆，车辆的实地试验也离不开道路。修路就是道路工程。道路联通并交织在一起就构成交通工程，在道路交通上行车就构成交通运输，就需要管理。于是交通运输和交通工程专业就这样派生出来并放在机械与车辆工程学院里了。可见，一个是铁道方面，一个是兵器工业中的道路建设，差别很大。

相同专业的学习内容在不同的学校中，因为学校办学特色的差异表现出来不同，这就要求学生在分析专业的职业方向时，除了一般性地、普遍性地了解专业外，还应当对专业的开办院校的历史和办学特色有所掌握，从而准确地把握学习内容及职业方向，以便更好地进行专业认知和职业认知。

三、专业和职业多对一关系分析

在严峻的就业形势下，跨专业、行业就业已经是比较普遍的现象，专业、职业多对一关系的相关职业受大学生关注度也日趋升高。以下几类职业对学生专业限制较低，但对个人综合水平有较高要求。这几种职业具体分析如下：

(一) 高校教师

职业名称：教师。

职业说明：在各种教育或培训机构里承担教学任务的工作人员，主要是向社会提供教书育人的服务。这类职业方向可以从绝大多数专业中分化出来，凡是高校开设的专业，它都会需要相应的师资。但是相应的对从业人员要求也比较高，从业人员必须考研、考博之后才能得到较好的发展。

市场趋势：随着社会经济的进步和个人发展的需求，学习对个人的发展也越来越重要，传授知识、无私奉献的教师将成为需求量非常大的职业，并且待遇也有所提高。但这里的教师并不是仅仅从师范院校毕业的学生能胜任的，他们更多地需要每一个行业里的顶尖人才，并能把自己拥有的知识深入浅出地传授出来。他们也就是属于职业教育的师资人才。当然也包括了普通高校各专业所需的师资力量。但是，这种需求量一般不是很大。要让大量的高校毕业生都就职于高校是不现实的。这就要求有志于成为高校教师的学生在求学期间，一定要根据高校教师的职业要求有针对性地学习，争取毕业时脱颖而出。

职业利弊：待遇高、工作稳定、休假时间长、社会地位高，但当前大部分高校的教师人数已达饱和，可提供的工作岗位较少。

初始职位：教师、助教。

学业规划：学好本专业，入校起就要下定决心考研、考博，并为此做长远的学业规划，可在条件允许的情况下考取教师资格证。培养自己的语言和书面表达能力，多参加社会实践和社团活动，广泛汲取政治、经济、文化等方面的知识，为以后的工作奠定基础。如有其他竞争要素(社会关系、家庭背景、机遇等)的配合，当然最好。

职业发展：高级教师、研究者、教育部门领导。

(二) 公务员

职业名称：公务员。

职业说明：在国家机关、党政机构里面担任公职，从事具体事务性或政务性工作的人员。一般在中国称为吃国家饭的，也就是由纳税人用财政供养的各类公职人员。

市场趋势：一般来讲，公务员工资待遇好、社会地位高、工作稳定。但随着市场经济和民主政治的不断推进，公务员的压力也会越来越大。并且随着社会外在压力的增长，公务员队伍的减员也是大势所趋，因此将来公务员的工作也必然失去了其原有的吸引力，当然这会是一个长期的过程。在短期内它还是一个炙手可热的岗位。应该说公务员是需要协调、沟通能力的职位，由于其岗位带来的个人利益，至今仍为多数人追求的目标。

职业利弊：待遇稳定、工作稳定、福利齐全，社会地位较高。

初始职位：办事员。

学业规划：除学好本专业之外，在学校里接受公务员考试的应试训练，让自己尽快通过考试。同时也要多参加社会实践和学生社团活动，多争当部门高层人员，以增强自己的人际交往能力、组织领导能力和沟通能力，为自己未来进入政治领域打下基础。

职业发展：政治领袖、部门领导、业务主管。

(三) 科研人员

职业名称：研究员。

职业说明：在科研院所承担课题研究的工作人员，一般从事科学实验、社会调查、研究与写作工作。

市场趋势：社会科学的研究人员，属于市场需求比较少，但要求素质相对较高的高精尖型人才。一般要求博士毕业，至少是硕士毕业。但这类人才由于近年来扩招出现了泡沫，加上本身科研体制及社会大环境的影响，这类人才的生存状态不是很好。当然如果的确有这方面的天赋和兴趣，可以走出国留学、到国外发展定居这样的学业路线。

职业利弊：工作稳定，薪资较高，社会地位高，自我实现的可能性大。

初始职位：助理研究员。

学业规划：除本专业而外，平时要注意多写作、练笔，不断提高自己的文字表达能力。加强外语的学习，为以后出国奠定基础。从入校开始就要下定决心考研、考博，在本专业领域一定要不断学习和求索，增强自己的科研能力。

职业发展：科学家、思想家等。

(四) 企业家(业务员)

职业名称：业务员(创业者)。

职业说明：一般是指在单位里进行市场开拓的一些工作人员。比如企业里的销售人员、保险公司里的保险业务员、媒体里的广告及发行业务人员等，以及自己独立开辟事业的创业者。其主要工作就是说服市场肯定自身产品的过程。

市场趋势：由于市场经济的不断成熟和完善，我国的绝大多数商品都处于供过于求或供求平衡的状态，那么对于企业来说，销售工作就成为其生存发展中至关重要的一环。因此市场推广人员的需求量将处于一个长期增长的态势，并且各类单位会对各类销售英才以非常优厚的待遇。但该项工作的挑战性和压力也是空前巨大的，许多人无法通过该项工作立足于社会。因此要从事此项工作必须有较强的人际交往能力和沟通能力及坚强的意志。

职业利弊：成为一个区域的营销总监，有着很好的社会地位及优厚的经济报酬，有着远大的发展前途，但同时工作的压力也比较大。

初始职位：业务员。

学业规划：除了本专业外，多积累经济、政治、文化方面的专业知识，尤其是经济管理方面的知识；多参加一些社团活动，锻炼自己的沟通能力和人际交往能力。

职业发展：营销总监、企业家、创业家。

(五) 编辑人员

职业名称：编辑。

职业说明：在报社、期刊社、出版社、文化公司、网站等机构从事平面或网络的文字、网页编辑工作。

市场趋势：随着人们精神消费的日益增长，各类文化产业蓬勃发展，市场对编辑人才的需求日益增大，但综合类文字编辑没有过多的知识、技术门槛，市场供应量也很大，这就对个人的要求较高。为了在激烈的竞争中脱颖而出，求学者必须具有扎实的知识及素质功底，要求严谨、细致，有相当强的政治和社会责任感。

职业利弊：工作稳定，薪资较高。

初始职位：助理编辑或助理校对。

学业规划：除本专业以外，多积累政治、经济、历史、地理、天文、哲学等与人们的日常生活紧密相关的一些知识。有条件的可以尽早报考并通过编辑出版专业的全国统一资格考试。

职业发展：高级编辑、专业作家等。

(六) 记者

职业名称：记者。

职业说明：记者是在媒体里从事新闻报道的专业人员。由于新闻专业的理论知识含量并不是很高，它所需要的能力和素质更多的要求在实践中自己领悟，因此其他专业的学生如果有从事新闻工作的兴趣和志向，则可以学习一下采访报道的有关方法和技巧，那么他就可以很快地入行。所以记者也是可以包容许多专业的复合型职业。在报社、期刊社、电台、电视台、通讯社、文化公司、网站等机构从事采访、组稿、发稿等工作。

市场趋势：随着人们精神消费的日益增长，各类文化产业蓬勃发展，市场对新闻采编人才的需求日益增大，但综合类文字采访工作没有过多的知识、技术门槛，市场供应量也很大，这就对个人的专业素质要求较高。为了在激烈的竞争中脱颖而出，求学者必须具有扎实的知识及素质功底，广博的知识，最好成为一个"杂家"，具有敏锐的新闻洞察力，良好的沟通能力。如果有其他发展要素的支持与配合那就更好。

职业利弊：处于事件前沿，阅历丰富，容易成名，薪资待遇高。

初始职位：实习记者。

学业规划：除了学好本专业课程外，还需要学习与新闻采访相关的主要课程和知识，掌握必要的采访方法与技巧；充实一些政治、经济、历史、人物传记等方面的知识，多参加一些社团活动，培养和锻炼自己的沟通能力、人际交往能力；课余时间多到报社、电台、电视台等媒体进行社会实践和实习。

职业发展：可成长为媒体单位部门主管、单位领导或开辟自己独立的事业。

【案例1-1】　　　　　　　一线万金的斯泰因梅茨

1923年福特公司一台大型电机发生了故障，公司所有的工程师会诊了两个多月都没能找到毛病。公司便请来斯泰因梅茨。他在电机旁搭了帐篷安营扎寨，然后整整检查了两昼夜。他仔细听着电机发出的声音，反复进行各种计算，又登上梯子上上下下测量了一番，最后他用粉笔在这台电机上画了一条线作为记号。斯泰因梅茨对福特公司的经理说，打开电机，把我做记号处的线圈减少20圈，电机就可正常转动了。工程师们将信将疑地照办了，结果，电机果然修好了。事后，斯泰因梅茨向福特公司要价10000美元作为报酬。福特的工程师大哗，说画一条线就要这么多钱，这价也要得太高了。斯泰因梅茨不动声色地在付款单上写道："用粉笔画一条线，1美元；知道把线画在电机的哪个部位，要9999美元。

【案例1-2】　　　　　　　大专生击败了博士

小张，男，某高职院校2010级毕业生。该同学来自于粤北的贫困山区翁源，其家境贫穷，靠着家里东借西凑的学费，他来到学院开始了他的大学生活。在此后的三年里，他再也没有向家里要过一分钱，顺利地完成了学业并找到了适合他自己的道路。为了维持大学生活，他曾经做过推销、搞过"小卖部"，到后来在证券机构实习，他开始接触股市，从那时起，改变了他的人生。作为在校学生，又不是学习金融专业的，想要在这个行业里有所发展是有很大难度的，但他就是凭着自己的天赋和毅力在证券业找到了自己的位置。还在大学二年级的时候，他就开始写股评并向南方都市报投稿，经过一段时间的努力，他的文章开始被行家认可了，到后来在报纸上有了他的专栏，每天都有他的文章在发表。

在毕业的时候，他是同年级当中最早落实工作的，早在三年级第一学期刚开始的时候，恰逢广东证券招技术分析师，这是面向全国的招聘，一个职位有800多人报名，他一路过关斩将，到进入第三轮的时候他发现对手都是名牌大学的金融专业的博士、硕士或者是现在从事证券行业的人员，但他凭着自己的实力打败了所有的对手，最终被录用了。

【案例1-3】　　　　　　　专业不感兴趣怎么办？

小王是一名就读于某高校国审计专业的一年级新生。他从小就喜欢艺术设计，高考填报志愿的时候就想选艺术设计相关专业，但是爸爸却要求他选择审计专业，说读这个专业将来毕业会比较好的发展。小王对审计一点兴趣都没有，可是他很孝顺，不想悖逆父亲的想法，只好按照父亲的意愿报读了审计专业。后来，他向辅导员求助，辅导员给他做了全面细致的分析：既然无法改变父母的决定，就需要接受现在所学的专业，如果因为审计专业与自己的兴趣不符就不去努力学习，最终会白白浪费大学时光；如果试着深入了解这个专业，在学好审计的同时，利用业余时间学习自己喜欢的艺术设计，既能学好现在的专业，也能兼顾个人的兴趣爱好。经过辅导员的开导，小王认识到，不能就读自己感兴趣的专业不一定会导致自己理想的破灭；审计本身与自己的兴趣和理想并没有冲突。喜欢艺术设计并不能说明自己就没有审计方面的兴趣和才能。

第二章

职 业 认 知

第一节 职 业 概 述

一、职业类型与内涵

(一) 职业的概念

所谓职业，从社会的角度而言，是指人们为了谋生和发展从事的相对稳定的、有收入的、专门类别的社会劳动。

理解其含义需要把握三点：第一，任何一种职业都是人们以谋生和发展为目的，并经常性获得合法经济收入的手段；第二，任何一种职业都是人们在社会中承担的社会分工角色，构成责任、权利与利益的统一体；第三，任何一种职业都是一种比较稳定的持续活动方式。

拥有一份工作或者选择一项合适的职业对于大学生来说十分重要，大学生不仅可以通过从事职业活动获取合法经济收入，满足生存的需要，而且可以在这一过程中不断满足个人发展的需要，从而在服务社会中实现自己的人生价值和目标。

(二) 职业的特征与类型

职业分类是以工作性质的同一性为基本原则，对社会职业进行的系统划分与归类，而职业类型是指从业人员为获取主要生活来源而从事的社会性工作类别。

1. 职业的特征

职业须同时具备下列特征：

(1) 目的性，即职业以获得现金或实物等报酬为目的的。人们从事某个职业必定要从中获得维持生计的经济收入，体现从业者谋生的需求。在现代，工资、奖金等都是职业经济收入的体现。

(2) 社会性，即职业是从业人员在特定社会生活环境中所从事的一种与其他社会成员相互关联、相互服务的社会活动；是从业者必须承担某一社会分工角色而进行的社会生产劳动。各类职业作为构成社会劳动体系的组成部分，要为社会提供产品或服务，体现社会功能，为社会提供服务。

(3) 规范性，即职业必须符合国家法律和社会道德规范，每种职业都有其独特的活动结构、作业技能和特定的职业规范。

(4) 连续性，即从业者持续地从事某一社会工作，或者相对稳定地从事一项工作。对于从业者来说，具有明显连续性的工作才是职业。临时性、不稳定的工作，不能称之为职业。

(5) 群体性，即职业必须具有一定的从业人数。从社会的角度来看，某项社会分工之所以成为职业，在于它需要也能容纳一定数量的从业者。

2. 职业的类型

职业分类是以工作性质的同一性为基本原则，对社会职业进行的系统划分与归类。所谓工作性质，即一种职业区别于另一种职业的根本属性，一般通过职业活动的对象、从业方式等的不同予以体现。职业分类的目的是要将社会上纷繁复杂，数以万计的现行工作类型，划分成类系有别，规范统一，并然有序的层次或类别。

社会分工是职业分类的依据，而职业分类体系则通过职业代码、职业名称、职业定义、职业所包括的主要工作内容等，描述出每一个职业类型的内涵与外延。

根据西方国家的一些学者提出的理论，在国外职业类型的划分主要有三种：

(1) 按脑力劳动和体力劳动的性质、层次进行分类。这种分类方法把工作人员划分为白领工作人员和蓝领工作人员两大类。白领工作人员包括：专业人员和技术工作人员，农场以外的经理和行政管理人员、销售人员、办公室人员。蓝领工作人员包括：手工艺及类似的工人、非运输性的技工、运输装置机工人、农场以外的工人、服务性行业工人。这种分类方法明显地表现出职业的等级性。

(2) 按心理的个别差异进行分类。这种分类方法是根据美国著名的职业指导专家霍兰德创立的"人格—职业"类型匹配理论，把人格类型划分为六种：即实用型、研究型、艺术型、社会型、企业型和事务型。与其相对应的是六种职业类型。

(3) 依据各个职业的主要职责或"从事的工作"进行分类。这种分类方法较为普通。如加拿大《职业岗位分类词典》的分类，把分属于国民经济中主要行业的职业划分为23个主类、81个子类、489个细类、7200多个职业。此种分类对每个职业都有定义，逐一说明了各种职业的内容及从业人员在普通教育程度、职业培训、能力倾向、兴趣、性格以及体质等方面的要求，这种分类办法有较大的参考价值。

3. 我国职业分类的基本结构

为满足国民经济发展、社会人口普查以及劳动人事规划指导等方面的需求，我国在大量调查研究的基础上，制定了职业分类的标准和政策，对职业进行了科学的分类。我国的职业分类结构包括四个层次，即大类、中类、小类和细类，依次体现由大到小的职业类别。细类作为我国职业分类结构中最基本类别，即职业。《中华人民共和国职业分类大典》采用以从业人员工作性质同一性作为职业划分标准的新原则，并对各个职业的定义、工作活动内容和形式以及工作活动的范围等作了具体描述，体现了职业活动的社会性、产业性、规范性、稳定性和群体性等特征。

1999年颁布的《中华人民共和国职业分类大典》将我国社会职业分为8个大类、66个中类、413个小类、1838个职业。其中8个大类分别是：

第一大类：国家机关、党群组织、企业、事业单位负责人。

第二大类：专业技术人员。

第三大类：办事人员和有关人员。

第四大类：商业、服务业人员。

第五大类：农、林、牧、渔、水利业生产人员。

第六大类：生产、运输设备操作人员及有关人员。

第七大类：军人。

第八大类：不便分类的其他从业人员。

由于经济社会发展和分工细化，出现社会职业种类不断增多、差异继续扩大、领域交叉渗透的趋势。随着我国新兴职业的不断出现，2004 年开始国家建立了新职业定期发布制度。在建立职业分类体系的基础上，国家职业标准的制定、职业资格证书制度的推行等一系列举措，将我国人力资源管理提高到了一个新的水平。

(三) 相关概念

1. 职位

职位是指承担一系列工作职责的某一人所对应的组织位置，是组织内某个岗位的职务和责任的集合体。一个组织有许多不同的职位，其招聘录用员工也都会针对某一具体的职位。一般来说，毕业生寻找一份工作，实际上就是在谋求具体的职位(岗位)，如一个会计专业毕业生可以到企业寻求财会工作。到不同组织或部门工作，职位(岗位)虽不同，但都属于同一类职业。

2. 职业群

现实中，我们不难发现，一些职业的名称、工作内容、社会作用、基本操作技能相通，对劳动者素质能力要求较为相近，可以称之为一个职业群。

以设计专业为例，设计专业的职业岗位群主要包括：产品造型设计(工业设计 industrial design)、广告设计(平面媒体、电视媒体、网络媒体)、人物形象设计(这个概念有歧义，一个是化妆发型服装方面的人物形象设计，另一个是动画类的人物形象设计)、新媒介艺术设计(新媒介是相对传统媒介而言的，传统艺术媒介主要有纸张、版画等，多是二维静祯艺术作品)、装饰艺术设计(decoration art，依附于某一主体的绘画或雕塑工艺)等。

3. 职业意识

职业意识是大学生在职业问题上的心理活动，是自我意识在职业选择领域的表现。它包括两个不可分割方面：一是自己对自己现状的认识；二是自己对职业的期望。

职业意识是职业态度、职业道德、职业操守、职业行为等职业要素的综合，是自我意识在职业领域或从事工作中的表现。职业人具备的素质，是人们对职业的认知、评价、情感和态度等心理成分的综合反映，对全部职业行为和职业活动起着调节作用。大学生在接受职业教育的过程中，自身的职业意识会得到塑造、训练和强化，如责任感、诚实守信、团队协作精神、角色与自律意识等(这些不仅是一个成熟的社会人应有的规范，也是一个职业人应有的职业意识)。

4．职业理想

职业理想是人们在职业上依据社会要求和个人条件，借想象而确立的奋斗目标，即个人渴望达到的职业境界。它是人们实现个人生活理想、道德理想和社会理想的手段，并受社会理想的制约，是人们对职业活动和职业成就的超前反映，与人的价值观、职业期待、职业目标密切相关，同时与个人世界观、人生观密切相关。简单地说，是指你将来希望从事的职业是什么，对职业的设想是什么，你所期望的职业要达成一个什么样的目标。理想是人生的奋斗目标，没有理想就没有坚定的方向。如求职择业中是只注重个人收入，还是将个人职业理想与时代理想统一起来，更好地服务人民、报效祖国，就反映出不同的理想境界。

二、职业适应能力认识

了解认知自我是做好职业生涯规划的前提，我们要做一个了解自己的人，只有这样才能为自己的未来做好规划，指引我们选择自己喜欢的职业，选择自己想要追寻的人生理想。认知自我是一个很复杂的过程，需要考虑很多的因素。

要适应职业首先"认识你自己(know yourself)"。我国思想家老子在《道德经》里留下的名言"知人者智，自知者明"告诉我们，能够认识他人的是智者，而能够认识自己的人更是真正的聪明、明智。

人不容易正确地认识自我。俗语"当局者迷，旁观者清"明确表明，要公正地认识自己确实是件不容易的事，为正确地认识评价自己，应该对自己进行认知评价！下面将围绕兴趣、性格、能力与技能、需求与价值观展开分析，阐明如何的对自己进行认知评价。

(一) 兴趣分析

1．兴趣的含义

兴趣就是一个人喜欢什么，不喜欢什么；乐意做什么，不乐意做什么。个人喜好有不同，而兴趣往往来自个人喜好，因此，不同的人可能有不同的兴趣。因为兴趣我们放弃了喝咖啡、逛公园、玩游戏的时间；因为兴趣，我们勇于漂泊于激流，攀登上冰山。如果你喜欢美术，你会为欣赏到一幅高水平的画而高兴不已；如果你喜欢开车，你和朋友谈起驾驶来，也许会眉飞色舞；如果你喜欢计算机，你使用时可能会易如反掌。相反，若是强迫一个喜欢音乐的人把兴趣投入到他不喜欢的数学公式推导求解，他会感到索然无味、苦不堪言。

从心理学意义上讲，兴趣指一个人关注、好奇，进而力求经常参与、探究和掌握某种事物、某种活动的心理倾向。

2．职业兴趣

兴趣是最好的老师，兴趣在大学生职业选择过程中发挥着重要作用。社会学研究表明，自主选择与自己兴趣、爱好、能力相符的职业的劳动者，其劳动生产率比不符合要求的劳动者要高 40%。另据资料表明，如果一个人对某一工作有兴趣，就能较长时间保持高效率而不感到疲劳；而对工作缺乏兴趣的人，只能发挥其全部才能的 20%～30%，也容易感到疲惫精疲力竭。大学生之所以在职业中取得了突出成就，或者拥有专业优势而无工作业绩，一个重要原因就是职业兴趣问题。兴趣产生的内在驱动力形成不断进取的工作精神，在不自觉中会推动他们排除种种困难。兴趣爱好也会发生变化，但一旦确定，就会为职业选择提供向驱动力，为职业成功奠定前提。职业选择时要注意充分考虑自己的兴趣因素，选择与个人兴趣相关的职业。如一个喜欢写作的人选择了当记者，一个喜欢辩论的人选择了当律师，一个喜欢计算机语言的人选择了系统研发等。这样兴趣就在个人的职业生涯中转换为职业兴趣了。

职业兴趣是指一个人力求了解某种职业活动的心理倾向。诺贝尔物理学奖得主丁肇中说过："兴趣比天才重要。我完全靠工作来激发充沛的精力，我的工作就是我的兴趣，兴趣使我不会疲惫。"可见，职业兴趣是一个人追求成功的无形动力，它对于每一个人在职业上是否取得成功起着重要的作用。

从事有兴趣的工作，工作会更加努力，努力工作获得进步后，兴趣会越来越大，最后就会转变成为强烈的事业心和热爱自己事业的深厚情感。

在职业生涯规划中，我们应当关心能够联系到职业的兴趣，"职业兴趣类型表"可以帮助我们发现自己的兴趣与未来职业之间的联系(见表2.1)。

表 2.1　职业兴趣类型表

类　型	特　点　描　述
运动兴趣	喜欢观看和参加体育活动，如跑步、打球、健身等
艺术兴趣	喜欢用绘画、服装、颜料等来表达美和颜色
农业兴趣	喜欢播种、观察庄稼和植物生长、收割谷物，喜欢饲养牲畜和动物等
农业/经济兴趣	关注经济，喜欢参加买卖、销售等商业活动，喜欢参加财政事务，喜欢在企业里工作或管理
档案/办公室兴趣	喜欢从事做商业记录、整理资料、打字、撰写报告、准备数据等注重细节、准确和整洁性的工作
沟通兴趣	喜欢和别人谈话或提供信息，喜欢通过演讲、写作等来表达自己的思想和观点
电子兴趣	喜欢电子方面的工作，如拆装、修理计算机、电视机等电子产品
家务兴趣	喜欢家务活动，如打扫屋子、看管孩子、做饭、缝补衣服和管理家务等
文学兴趣	喜欢阅读小说、诗词、文章等，并讨论其中的观点
管理兴趣	喜欢为自己和别人制订计划、组织事物和监督他人
音乐兴趣	喜欢拨弄乐器，喜欢参加音乐活动，如音乐会、唱歌、教音乐等
数学兴趣	喜欢与数字打交道，喜欢代数、几何、微积分和统计等课程
团队兴趣	愿意作为团体的一分子，为了自己所在的部门、公司的进展牺牲个人的一些爱好
户外/自然兴趣	喜欢大多数时间待在户外，喜欢露营和户外活动，喜欢饲养动物和培育植物
表演兴趣	喜欢在人前活动，在聚会中表现自己、娱乐他人等
手工操作兴趣	喜欢安装或操作机器、装备和工具，喜欢驾驶机动车和重型装备等动手操作活动
社交兴趣	喜欢与人打交道，关心他人，愿意为大众解决问题，教人技术、为人们提供服务等
技术兴趣	盼望拥有一技之长，喜欢承接汽车、电子、工业等技术性的项目

(二) 性格分析

1. 性格及其分类

有的人活泼开朗,有的人心直口快,有的人慢条斯理……这就表现出不同的性格。性格是人对现实的态度和行为方式中较稳定的个性心理特征。它是个性的核心部分,最能表现个别差异。现代心理学一般把性格定义为一个人心理的外在表现形式,即一个人在一定社会条件下形成的、具有一定倾向的、比较稳定的心理特征的总和。心理学家对性格做了很多分类,下面列举一些有代表性的观点:

(1) 从心理活动倾向可划分为:外向型、内向型。

(2) 从心理功能可划分为:理智型、情感型、意志型。

(3) 从个体独立性可划分为:独立型、顺从型、反抗型。

(4) 从社会生活方式可划分为:理论型、经济型、社会型、审美型、宗教型。

2. 性格测评

性格测评能对人的整体状况作出判断,但不能区分人才的优劣,而且容易作假,一般用于人员管理、培训、自我发展。

性格测评有很多类,在众多测评方法中,美国心理学家卡特尔编制的 16 种人格因素测验最为著名。它通过 187 道选择题对测试者进行 16 种性格因素(乐群性、聪慧性、稳定性、影响性、活泼性、有恒性、交际性、情感性、怀疑性、想象性、世故性、忧虑性、变革性、独立性、自律性、紧张性)评价评分,并给出 8 种综合性格因素得分,能够较全面地反映人的性格特点,在职业之道及人员选拔领域被广泛运用。具体可上网查询相关测试系统或到专业人才市场进行测评。

企业常用的测评是胜任力类测评。胜任力测评对绩效的预测力比较好,对企业比较实用。胜任力测评从题目上看有点像性格测评(不同公司的测题有很大差异),但测出来的都是诸如责任感、沟通能力这类和岗位胜任密切相关的素质,这类测评的测评报告实用性、可读性都比较强,无需培训也能直接看懂,是目前商用测评的主流。

胜任力测评的缺点是应聘者容易作假,所以准确评测需要设测谎题目或使用测谎技术。

3. 性格与职业

性格是人对现实的态度和行为方式中比较稳定的心理特征的总和。职业性格是一个人对职业的稳定态度和在职业活动中习惯了的行为方式所表现出来的个性心理特征,对个人的职业生涯规划有重要意义。

职业心理学的研究表明,不同的职业需要具有不同性格的从业者,某一类职业工作也能够体现出某一类共同的职业性格。每个人的心理特征不同,看问题、处理事情的风格、方式也不同:有的人热情爽朗,有的人沉稳持重,有的人风风火火,有的人谨慎多疑……但"金无足赤,人无完人",一个人在某方面有所不足,其他方面必有过人之处,说不定就是你制胜的法宝。我们每个人都有自己独特的个性。性格并无好坏之分,每一类性格都有与之相适应的职业范围。如从事财会工作的职业人士,要求性格应是独立性强(独立处理)、聪慧性强(聪明有智慧)、敏感性强(对数字、比例敏感)、兴奋性差(严肃审慎)且具有恒心(负责认真)。又如情感因素较重、情绪容易波动的人不适合从事理论性研究工作；性格孤僻、爱幻想、不善交际的人不适合交往性的工作或管理工作；平稳安详性格的人不适合做开创性的工作。

在职业发展上，性格比能力重要，用人单位在选人上也逐渐认识到这一点。其原因是，如果一个人能力不足，可通过培训提高，一年不行，两年，两年不行，三年，可逐渐培养。但一个人的性格与职业或岗位不吻合，要改变起来，可就困难了。所以，很多公司在招聘新人时，将性格的测验放在首位，当性格与职业或岗位匹配时，才对其能力进行测验考察。如果性格与职业或岗位不匹配，则再高的学历，再高的能力，也不予录用。

(三) 能力与技能分析

1. 能力的含义

平时生活中所说的"本领"、"本事"就是说能力。在心理学上，能力是指直接影响活动效果和效率，并使活动顺利完成的个性心理特征。

能力有一般能力和特殊能力之分。一般能力或称基本能力，是指从事各种活动都必须具备的能力，如观察、记忆、抽象概括、想象、创造、注意等能力，是能力体系中最一般、最基础的部分；特殊能力是指人们从事特定职业或工作需要的能力。人们从事任何一项职业或专业性活动，既需要一般能力，也要求具备特殊能力。

能力的形成与发展依赖于知识、技能的获得。随着人的知识、技能的积累，人的能力也会不断提高。反之，能力的高低又会影响到掌握知识、技能的水平。能力，有时是指一个人在当前发展阶段上已经具有的现实的能力；有时是指一个人在现有发展的条件下，经过进一步的学习和训练而达到更高水平的可能性，这种可能性叫做潜能(capacity)，也叫做能力倾向(aptitude)。

(1) 技能。技能是指掌握和运用专门技术的本领。它是通过后天学习和反复练习而形成发展起来的能力，分为以下八种：① 一般学习能力；② 言语能力；③ 算术能力；④ 空间判断能力；⑤ 形态知觉能力；⑥ 文秘能力；⑦ 眼手运动能力；⑧ 手指灵活度。

(2) 能力倾向。能力倾向指人们完成某项工作或任务的禀赋和潜能。它具有遗传方面的特征，更具有经过训练后发展的潜在可能性。能力倾向不是显示的能力，但如果经过自己主动去发觉、培训、学习和操练，你可能比别人更快地拥有这种能力。也许你有音乐的天赋，但不经过专门学习训练，你可能不会掌握乐器演奏的技能。

现实中技能和能力倾向(潜能)是用人单位招聘员工时特别感兴趣的要素，简单地说就是你能做什么，既包含你现在能做什么，也含有你将来有可能的职业发展，是否有可能承担某类工作。

2. 能力与职业

(1) 能力与职业的关系。

能力，是一个人能否进入职业的先决条件，能否胜任职业工作的主观条件。人在自己的职业生涯发展中，要从事各种各样的职业活动，必须具备多种能力与之相适应。无论从事什么职业总要有一定的能力作保证。没有任何能力，根本谈不到进入职业工作，对个人来讲也就无职业生涯可言。我们这里所言的能力，是指劳动者从事社会生产活动的能力，亦即职业工作能力。如从事教师职业不仅要具有语言表达和沟通能力，还要具备教学组织能力和指导学生的能力等。职业技能是职业能力最常见的一种，它更强调操作性、实用性。

一般来说，能力强的员工会受到用人单位更多的关注，一个员工没有能力就难有比较长久、稳定的职业。从一定意义上说，一个人的能力决定了一个人的职业。人在其一生之中，要从事各种各样的社会生活和社会生产活动，必须具备多种能力与之相适应。如我们对某项工作感兴趣，但缺乏做好这项工作的能力，将来即使找到了这样的工作，完成工作任务也是一件比较困难的事情，取得优秀成绩的可能性较小。现实中，每个人可能都有多种能力，但每一种能力的大小不尽相同，每个人都有自己的优势能力和劣势能力。

(2) 能力类型与职业选择。

美国教育家、心理学家霍华德·加德纳提出的多元智能理论认为，人的能力是多元的，可以分为 8 个领域，它们无高低之分，每个人的智能是 8 个领域个性化的组合，表现出不同的特征(见表 2.2)。由于每个人的智能组合形态不同，因此，我们每个人都有自己独特的能力类型。多元智能理论启示我们：如果我们能发现自己的能力类型和智能优势并从事相应的职业，我们的职业生涯发展就可能会比较顺利和有效率。

表 2.2 加德纳的多元智能分类表

智能种类	表现特征	偏好、擅长领域	典型职业
言语—语言	对语言的掌握和灵活运用的能力	文学、外语、历史、社会科学	诗人、作家、教师、演说家、律师
逻辑—数理	对逻辑结构关系进行理解、推理和思维表达的能力	数学、科学、经济学、计算机编程	数学家、科学家、经济学家、工程师
音乐—节奏	感受、辨别、记忆、表达音乐的能力	音乐、舞蹈	歌手、音响师、作曲家、演奏家、舞蹈家
视觉—空间	对色彩、形状、空间位置等要素的准确感受和表达能力	绘画、工艺、摄影、雕塑	飞机导航员、棋手、雕刻家、建筑设计师、画家、视觉艺术工作者
身体—运动	对身体的感知觉、协调、平衡能力，能够表达出高水平的运动力量、速度和灵活等	舞蹈、戏剧影视表演、体育、烹饪	运动员、教练和健身指导师、舞蹈家、厨师
人际交往	对他人的表情、说话、手势动作的敏感程度以及相应地做出有效反应的能力	文学、心理学、社会学、政治	教师、临床医生、心理咨询顾问、推销员、社会工作者、政治家
自知—内省	认识、洞察和反省自身的能力	心理学、文学、哲学、宗教	作家、心理医生、宗教职业者、哲学家
自然—环境	辨别动植物以及敏锐地感知自然界其他事物(如：云、石头等)特征的能力	天文、自然地理、环境保护、旅游	地质工作者、环保工作者、旅行家、生物学家、天文学家

从能力差异的角度来看，在职业选择时我们应遵循以下原则：

第一、注意能力类型与职业相吻合。

第二、注意一般能力与职业相吻合。

第三、注意特殊能力与职业相吻合。

第四、注意能力水平与职业层次相吻合。

(四) 需求与价值观分析

人生有两大目标，即求生存、谋发展。每个人在求生存、谋发展的过程中会有多种需求，不断地提出和回答自己想要什么，想过什么样的生活，这就是认识和分析自己需求的过程。当今，"幸福指数"高低常常用来衡量个人生活的品质，其核心就是个人的正当合理需求能否得到较好的满足。

1. 需求分析

我们不妨以美国心理学家马斯洛(A H Maslow)提出的需求层次理论为例来解析个体的需求。马斯洛认为，人由低层次到高层次共五个逐层递进"金字塔式"的需求层次。

(1) 生理的需求。我们作为一个生物体生存于地球上，为了维持生命的延续，我们需要呼吸空气、需要喝水、需要吃食物、需要睡眠……这是满足人类衣、食、住、行等最基本的生存需求。如果这些需要得不到满足，人类的生命就会因此受到威胁。从这个意义上说，生理需要是推动人们行动最首要的动力。

(2) 安全的需求。安全需求即人们希望自己的人身安全、健康保障、工作职位、资源财产、道德保障等得到保护，不会无缘无故地失去，使住有定所、病有所医、老有所养。

(3) 情感和归属的需求。一是有爱的需要，即人人都需要伙伴之间、同事之间的关系融洽或保持友谊和忠诚；人人都希望得到爱情，希望爱别人，也渴望接受别人的爱。二是归属的需要，即人都有一种归属于一个群体的感情，希望成为群体中的一员，并相互关心和照顾。

(4) 尊重的需求。尊重可分为内部尊重和外部尊重。内部尊重，即人的自尊是一个人希望在各种不同情境中有实力、能胜任、有成就，充满信心、独立自主。外部尊重是一个人希望有地位、有威望、受到别人的尊重、信任和高度评价。马斯洛认为，尊重需要得到满足，能使人对自己充满信心，对社会满腔热情，体验到自己活着的用处和价值。

(5) 自我实现的需求。这是最高层次的需要，它是实现个人理想、抱负，发挥个人的能力到最大的程度，完成与自己能力相称的工作的需求。它是个体充分发挥自己的天资、能力和潜能，使自己走向力所能及的高度，越来越成为自己所期望的人物的需要。

五种需求像阶梯一样从低到高，按层次逐渐递升，但这样的次序不是完全固定的，可以变化，也有例外。一般来说，某一层次的需求相对满足了，就会向高一层次发展，追求更高层次的需求就发挥驱使行为的激励作用。

同一时期，一个人可能同时有多种需求，但每一时期总有一种需求占支配地位，对行为起决定作用。各层次的需求相互依赖和重叠，高层次的需求发展后，低层次的需求仍然存在，只是对行为影响的程度大大减小。

人是永远有所需求的。社会中的一般成员，通常总是部分需求得到满足，部分得不到满足。当一个人不再产生需求时，就意味着职业生涯的结束。这里特别需要指出的是，我们在分析人的需求时，可以借鉴马斯洛的需求层次理论，但是追求和满足这五个层次的需求并不一定像阶梯一样由低到高机械地逐级递升，次序可以变化，不能绝对化。

2．价值观分析

价值观是人们对事物的是非、善恶的判断或重要性评价的标准。对每个人来说，什么是好的、值得的、应该的，什么又是不利的、不值得的、不该的，自己心中总有一个把握的原则和标准去作评判、取舍，明白自己该追求什么，该如何去行动。"生命诚可贵，爱情价更高；若为自由故，两者皆可抛"，这反映一个人对自由、幸福、自尊、诚信、善良等，在心中有轻重主次之分，有不同权重的选择，构成了个人的价值观。在同一客观条件下，具有不同价值观的人会产生不同的行为。

价值观是影响我们求职择业的一个重要因素，甚至是关键因素。持什么样的价值观就会选择什么样的职业。不同的人选择同一职业，价值观可能相同，也可能不同。如同样在IT外企做软件开发部经理，一个人所持的价值观是让自己和家庭过上富足的生活，而另一个人的价值观则是未来将成立一家软件公司，为中国的软件信息产业作贡献。有人认为当今社会功利主义"流行"，在大学里强调价值观已经"out"了，真的是这样吗？如果你去问一问用人单位的招聘主管，就会发现，用人单位，尤其是一些知名度高、品牌影响大的企业都认为，"价值观"是考察人才的首选标准，因为每个人所持的"价值观"不同，他的人品和行为就不一样。拥有正确的价值观可是一件很实在的大事。

3．职业生涯规划环境的认知方略

在认识、分析职业生涯规划环境时，应把握以下几个方面：

(1) 广泛关注，多种渠道了解招聘信息。

当今社会是一个开放的社会，互联网的新闻传媒技术日益发达，大学生主动走近用人单位或加强联络沟通可以获取大量信息。特别要多渠道关注来自用人单位真实的招聘信息。招聘信息的发布渠道数不胜数，目前，公共人才招聘网站、企业招聘网站、人才市场、校园招聘宣传栏、电视节目、就业专刊杂志等都是大学生了解用人单位招聘信息和研判就业环境的有效渠道。

(2) 用心调查，细致分析市场需求状况。

就业市场的需求特点与发展趋势是我们做职业生涯规划时必须了解的情况，如果大学生能自己亲自用心地去调查市场行情，掌握不同行业的需求特点和发展趋势，结合实际情况来进行职业生涯规划，就可以将职业生涯规划制定的更具现实意义。

(3) 提前做好市场调查，是一种有效的市场认知手段。

桂林某高校2013届计算机专业毕业生小葛回母校与老师交流时谈到，他在大一时就开始了问卷调查，经常辗转于人才市场和校园招聘，掌握到市场特别青睐机械专业毕业生的需求信息和对机械制图设计软件应用能力的特别要求，于是他在校期间除了学好本专业的同时，着重加强了对机械设计与制图相关软件的学习，并通过参加校园文化活动努力提高自身的综合素质，因此毕业时他是该校唯一以非机械专业的身份顺利签约深圳福田保税区一家来自欧洲的外资企业(深圳赛意法微电子有限公司)的学生，目前小葛已经成为该公司一车间的主任，在职位和待遇上取得了让人羡慕的成绩。

由此看来，亲身体验可以掌握用人单位考核要求，然而自信往往来源于对规律的熟悉，成功总是取决于未雨绸缪。在校生还不急于找工作，但是经常到人才市场体验应聘则有利于近距离地了解用人单位的用人理念、择才标准以及就业形势，如果能与主考官对话并推荐自己，则能更多地了解自己的优势和差距，了解用人单位对人才的要求与考核评价的流程和方法，为将来的就业积累一些经验。

三、职业环境认识

每个人一出生就处于自然环境和社会环境之中。客观环境及其变化影响并作用于人，而人又积极能动地适应和改善客观环境。一个人的成功既取决于个体的素质，又取决于所面临的环境。

(一) 职业生涯规划的环境分析

职业生涯规划要充分认识与了解相关的环境，评估环境因素对自己职业生涯发展的影响，分析环境条件的特点、发展变化情况，把握环境因素的优势与限制。我们在进行职业生涯规划时，除了要全面了解自己，还要清楚地认真分析外部环境，理清环境对职业发展的要求、影响及作用。影响职业生涯的环境包括国家的就业政策、市场形势、用人单位的用人理念与择才标准、学校的教育和家庭背景等因素，比如家长、亲朋、校友的择业观念都会影响学生对职业的评判和抉择。

1. 就业市场分析

随着我国产业结构和经济结构的调整，国有经济在国民经济中的比例不断下降，部分行业及国有企业面临着极大的困难。相关资料显示，2014 年新增劳动力 3000 万人，下岗职工 600 万～800 万人，加上应届大学生、中专毕业生，构成了一个远远大于社会所能提供的就业岗位的庞大群体。

就业市场是人才劳动交换的场所和交换关系的综合，可分为有确定场所、地点、时间、参加对象的有形市场；无特定时间和空间的无形市场。有形市场又有政府及其服务机构举办、学校举办、用人单位举办以及联合举办等形式。各类就业市场是大学生寻找职位、施展才华的主要平台，有资料显示，每年有超过 60%的大学毕业生就业是通过毕业生就业市场找工作。目前，毕业生就业市场正逐步形成体系、走向规范，但是培育和功能完善是一个政府调控，社会支撑的长期发展过程。

2. 就业形势分析

由于 2014 年严峻的就业形势，使得大家对 2015 年大学生就业形势格外关注。2014 年全国大学毕业生达 727 万，被一些人称为"史上最难就业季"。然而 2015 年，大学毕业生有 749 万人，大学高校毕业人数创历史最高，堪称"史上更难就业季"。

据前程无忧发布的《2014 典范企业人才招聘状况报告》显示，尽管 2014 典范企业在市场上收入平均增长 23.4%，招聘规模达到 38 万人，平均每家招聘 683 位大学应届毕业生，比 2013 年的 606 人增加了 12.8%，但 2015 年大学毕业生人数达到 749 万，是高校毕业生人数最多的一年，加上 2014 年尚未就业的大学生，预计 2015 年的高校就业人数将多达 840 万，大学生就业形势短时间内仍难好转。

在 2012 年，民营企业吸纳了 31.2%的大学毕业生，而 2014 年上半年全国有 6.7 万家民营企业倒闭。对此，前程无忧首席人力资源专家冯丽娟分析认为，由于多数行业在 2011 年～2013 年期间招募的大学毕业生规模较大，加上全球经济依然不景气，诸如 IT、机械和汽车等行业的招聘遇冷，更深刻的原因则在于企业技能要求和大学毕业生技能的矛盾。

对我们来说，就业形势分析主要是分析社会对大学生的供需关系、矛盾与态势。人口多是我国的一个基本国情，虽然在不同时期，受经济的增长和产业结构变化等因素的影响，社会提供的就业岗位数量会有差异，但是总体而言，供求总量失衡的基本格局将在今后相当长的一段时间不会发生根本性改变，就业形势依然严峻。

(1) 毕业生成为社会就业岗位的主要竞争者。2014 年全国普通高校毕业生人数为 727 万人，占当年社会新增就业岗位 1250 万个的 58%，毕业生人数再次超过当年社会新增就业岗位的 50%。2013 年毕业生人数占当年城镇新成长劳动力的半数。

(2) 毕业生未能按时就业总量逐年增加。在 2009 至 2014 年的五年间，全国普通高校毕业生数量增加了一倍多，而就业率基本维持在 71%左右，致使未能实现就业的毕业生数量增加。2014 年未能按时就业的大学生人数已突破 200 万人大关，凸显了大学生就业难问题。

(3) 毕业生就业存在的结构性矛盾仍然突出。主要表现为东中西部区域之间、城乡之间、客观需求与现实编制之间的供需矛盾。由于经济体制的转型和产业结构的调整，企业由"人员密集型"转向"知识密集型"，毕业生到西部地区、到基层就业的渠道仍然不畅，一些体制和机制性矛盾还没有完全破除，毕业生就业期望与现实存在差距，"有业不就"与"无业可就"并存，毕业生就业过分集中在东部和大中城市，而解决中西部地区、农村基层、城市社区缺乏人才的问题仍然难以解决。

(4) 专业设置、课程内容和人才培养模式不能完全适应市场需要。由于教育体制，特别是高等教育改革的相对滞后，现实中高校面临专业设置能否与就业市场接轨、课程内容能否与工作需要衔接、培养模式能否适应岗位需要、人才培养质量能否让用人单位满意等挑战，高校的这些不适应性制约了社会对大学毕业生的吸纳。

3. 典型就业市场的剖析

(1) 广西北部湾经济区就业市场。广西北部湾经济区地处我国沿海西南端，由南宁、北海、钦州、防城港四市所辖行政区域组成，其功能定位是：立足北部湾、服务"三南"(西南、华南和中南)、沟通东中西、面向东南亚，充分发挥连接多区域的重要通道、交流桥梁和合作平台作用，以开放合作促开发建设，努力建成中国——东盟开放合作的物流基地、商贸基地、加工制造基地和信息交流中心，成为带动、支撑西部大开发的战略高地和开放度高、辐射力强、经济繁荣、社会和谐、生态良好的重要国际区域经济合作区。

2008 年，中共广西区党委办公厅、政府办公厅印发了《广西北部湾经济区 2008—2015 年人才发展规划》，要求北部湾经济区大量吸纳石化、林浆纸、能源、钢铁和铝加工、粮油食品加工、海洋产业、高技术、物流和现代服务业等九大重点发展产业所需人才。要求到 2015 年，北部湾经济区大学本科及以上学历人才将占全部人才的 45.62%，大学专科学历比重为 39.99%，中专及以下学历占 14.39%。随着广西北部湾经济区开放、开发上升为国家战略后，广西北部湾经济区将是今后毕业生施展才华的热土。

(2) 珠三角、长三角地区就业市场。改革开放之后，我国开始实行非均衡区域经济开发战略，在区位优越、基础条件好、交通便利的珠江三角洲地区和长江三角洲地区(上海市、江苏省和浙江省)实行倾斜政策，吸引海内外的资本、人力等生产要素在特定区域内集聚，使珠三角和长三角成为中国经济发展最具活力的地区。为此，全球很多知名企业纷纷在此落户，带动了该地区机械、电子、通信、汽车、制冷等行业的迅猛发展，并呈现了规模化、集团化的经营趋势，对技术人才、管理人才、商务人才、物流人才等产生了巨大的需求，人才流动呈现"孔雀东南飞"的现象。如珠三角地区，其产业结构整体上以制造业为主，而产品出口比重很大，因此对其机械，电子，外贸，外语，市场营销和建筑等专业毕业生的需求量很大，特别是大量企业对机械、电子、模具设计与制造等专业的专科毕业生需求量也比较大。

(3) 西部地区就业市场。西部地区是指西北、西南 12 个省、自治区和直辖区，包括内蒙古、宁夏、陕西、甘肃、青海、新疆、西藏、四川、重庆、贵州、云南和广西。西部 12 省(自治区、直辖区)总面积约 540 万平方公里，人口有 2.8 亿多，分别占全国的 56% 和 23%。由于历史原因，这里交通不便，开发程度较低，经济也相对落后，人均国民生产总值只有全国平均水平的一半左右，但是这里的矿产资源、农产品资源、旅游资源等非常丰富，具有不可估量的发展潜力。西部大开发，必须人才先行。为此，中央办公厅、国务院办公厅印发《西部地区人才开发十年规划》；共青团中央、教育部，财务部和原人事部联合下发《关于实施大学生志愿服务西部计划的通知》；国务院批复了国家发展改革委和西部开发办制定《西部大开发"十一五"规划》，全面深入推进西部建设。这一系列的政策和措施，发出了强烈的信号：西部大开发为大学生就业提供了广阔舞台，西部是大学生建功立业的乐土。

(二) 用人单位的人才观与择才标准

只要具有一定的知识或技能，能够进行创造性劳动，为推进社会主义物质文明、政治文明、精神文明建设，在建设中国特色社会主义伟大事业中做出积极贡献的，都是党和国家需要的人才。人才存在于广大人民群众之中。

要坚持德才兼备原则，把品德、知识、能力和业绩作为衡量人才的主要标准，不唯学历、不唯职称、不唯资历、不唯身份，不拘一格选人才。鼓励人人都做贡献，人人都能成才。当前在人才的选拔、评价和使用上存在着的唯学历、资历、职称、身份等弊端，严重影响了人才的脱颖而出和才能的充分施展。《中共中央、国务院关于进一步加强人才工作的决定》提出坚持改革创新，努力形成科学的人才评价和使用机制。

在人才评价方面，要建立以能力和业绩为导向，科学的社会化人才评价机制。强调要根据德才兼备的要求，坚持群众路线，注重实践经验，构建以业绩为依据，由品德、知识、能力等要素构成的各类人才评价指标体系。改善各类人才评价方式，积极探索、主体明确、各具特色的评价方法。完善人才评价手段以及测评手段，大力开发应用现代人才测评技术，努力提高人才评价的科学水平。党政人才的评价重在群众认可，企业经营管理人才的评价重在市场和出资人的认可，专业技术人才的评价重在社会和业内认可。在人才使用方面，要建立以公开、平等、竞争、择优为导向，有利于优秀人才脱颖而出，充分施展才能的选人用人机制。

毕业生在择业就业过程中除了遭遇竞争对手的挑战外，还要面对用人单位对你的挑选。他们的人才观和择才标准，对毕业生来说是一个必须认真应对的软环境。不同单位、职业、职位对毕业生的录用标准存在着较大差异，但在基本素质能力的要求上却具有共性，主要体现在以下几个方面：

　　(1) 要具有责任感、诚实守信的个人品质。

　　(2) 学习能力强，"悟性"高，富于创新精神。

　　(3) 具有沟通能力，具有团队协作精神。

　　(4) 具有重细节小事、吃苦耐劳的实干精神。

(三) 家庭、学校环境分析

　　"我的地盘我做主。"这句流行语道出了当下青年人自我个性的张扬。大学生在择业的时候也会强调自己的愿望和要求。但是一个人的成长离不开家庭环境的熏陶，每个人性格和品质的形成也离不开家庭环境的影响，在做职业生涯规划择业的时候，我们应考虑家庭经济状况、家人的期望、家人教育背景和家族文化等因素对自己的影响，分析哪些因素是难以改变的，家人的哪些愿望是应当尊重的，努力在自己的想法和家人的愿望中找出平衡点。

　　学校环境是指所在学校的教学特色与优势、专业设置、校园文化、社会实践经验等。学校教育的目的是培养人，因此从教学计划到授课、作业，从课内到课外，从班集体的组织到环境的布置，都是经过精心设计的。职业生活和职业发展则主要靠自己去摸索、尝试。不同的对待方式，结果会大不相同。因此，应该深入地分析自己所接受教育的强势与劣势，扬长避短，以个人的不可替代性进入职场，把接受高等教育大学生的动手能力强、适应能力强的优势发挥出来，并以此作为出发点来设计规划自己的职业生涯，也才更加切合实际，更具可行性。

第二节　职业定位与发展

一、职业与专业、行业的关系

　　专业是指拥有较丰富知识的一门学问；职业是指现在从事的岗位；行业是指企业的归属。

(一) 专业与职业的关系简析

　　我们在做学业规划时，职业与专业之间的关系是必须面对又要解决好的重大问题。有人说，专业决定了职业；又有人说，专业与职业没有多少联系，你看现在成功的人有多少从事的是自己原来所学的专业？其实，这只能说明人们对二者关系认识上的片面与肤浅，职业与专业之间不是前者所说的一一对应的关系，当然也不是后者所说的一点关系也没有。

　　学习中文的依然可以成为记者和专业人员，学习新闻也可以成为高校教师或者公务员。

的确，许多成功者现在所从事的职业并不是原来所学的专业，但我们要看他毕业后从事的第一份正式职业。因为我们知道学以致用是最符合经济效益的个人发展原则。

因此，自己从事的第一份正式职业如果就是原来所学的专业，对提高个人发展效率有着非常重要的战略意义。大学毕业后，你可以从事你学过的专业，但在社会分工越来越细，在每行所需要的知识和技能越来越专业的时候，你要在非本专业上承担起相应的工作，那么你是要花费很大的个人代价(时间、精力、金钱)，所以，求学之前要认真选择专业，争取让自己的专业和毕业后所从事的职业联系起来，尽量避免走弯路。那么专业和职业到底是什么样的关系呢？它们之间呈现出的是一种复杂的相关关系。

如果说，职业理想和就业目标是目的地，那么专业选择就是路线的主要内容。我们知道不同的职业需要不同的知识、技能及德、体条件，而不同的知识和技能则是专业的主要内容。从经济和效率的角度来看，我们所选择的专业当然应该是职业目标所需要的知识和技能。

然而从专业与职业的相关关系来讲，它们之间的关系可以概括为三种：一对一、一对多、多对一的关系。比如数控专业学生毕业后最适合的也只是在企业中做数控机床的操作与维护人员，最后发展成为高级技师。烹饪专业学生毕业后最适合的职业也只是成为一名厨师。同时有些专业的职业方向比较宽泛，比如经济学专业毕业的学生可以从事企业管理、经济学研究、新闻记者、策划营销、经济分析、高校教师等多种职业；而对于某一职业，比如新闻记者，它可以接收经济学、新闻、中文、哲学、历史等许多专业的学生，那么我们在进行学业规划的时候，就首先要研究和分析专业与职业的相关性，到底是一对一、一对多还是多对一，在确定了这些问题之后，再具体讨论这三种情况下的专业选择。

1．一对一

这种情况最为简单。一个专业方向对应一个职业目标，这类专业一般都存在于中职类学校或高职学院，培养目标单一明确。此类职业的技术含量比较高，也比较单一，它属于学业规划中比较主动的一种态势。可以先定目标，后选路线，是各种路线中选择求学成本最低的一条，这类情况一般都适合于专业技术人员。

2．一对多

这类专业一般都存在于普通高校中，人们常说的宽口径、厚基础就是指这类专业。它们所对应的职业目标有多个，从职业的人格特征来看，许多都对应了两种以上人格类型的职业。比如前面所说的经济学专业，从职业人格来看，它可以对应研究型人格职业(比如经济学研究)，也可以对应管理型人格职业(企业信息管理)等。这一定要和自己的职业人格一致，比如你属于管理型人格就要选定管理型人格的职业，并根据具体职业目标的标准要求有针对性地学习和开发其他必要的知识和技能。比如还以经济学专业为例，你确定自己毕业后从事新闻记者这一职业，那么你在学经济学知识的同时，还要根据新闻记者所需要的其他知识和技能有针对性地开发和学习，比如写作能力、社交能力、新闻敏感度的培养、驾驶技术等。此种类型适合于在学业规划时先确定专业后确定职业目标的形式。应该说，先定专业再定职业目标已经是一种比较被动的人生发展状态。然而由于这一类型的存在，它可以让学生比较顺利地由被动转化为主动。因此，作为大学入学的新生，一定要抓住这一关键时机，从被动走向主动。

3. 多对一

就是多种专业都可以发展到某一种职业的形式。这类职业一般属于管理型人格的职业。比如高校教师、科研人员、新闻记者、编辑人员、营销主管、企业管理人员等。这种类型也适合用于先确定职业目标后确定专业方向发展的情形。它其实和第一种比较类似，在学业规划时处于比较主动的态势，能够比较好地找到一条求学成本最低的学业路线。

(二) 职业与行业的区别

职业是参与社会分工，利用专门的知识和技能，为社会创造物质财富和精神财富，获取合理报酬，作为物质生活来源，并满足精神需求的工作。

职业的含义：第一，与人类的需求和职业结构相关，强调社会分工；第二，与职业的内在属性相关，强调利用专门的知识和技能；第三，与社会伦理相关，强调创造物质财富和精神财富，获得合理报酬；第四，与个人生活相关，强调物质生活来源，并满足精神生活。行业一般是指其按生产同类产品或具有相同工艺过程或提供同类劳动服务划分的经济活动类别，如饮食行业、服装行业、机械行业等。

区别：职业是指个人从事某种岗位的工作，行业是指众多生产经营同类型产品的企业形成的产业群体，企业是指单一的经济组织。

联系：行业内有众多的企业，企业内有不同的职业岗位，它们是相互联系、相互依赖的。

二、职业与社会需求

随着我国经济社会的发展，职场对人才的要求也日益发生着变化，从重学历到重能力、重职业道德和价值观，人才规格内涵日益丰富，"职业忠诚、责任感、专业进取与创新、团队协作和职业规范"等职业道德、态度以及作为其内核的价值观，成为现代企业、用人单位选人、用人的重要标准。

对职业人才来说，健康正确的价值观是职业生涯中求职竞争、入职发展和晋职成功的重要因素。对于信用管理师、数字视频合成师、集成电路测试员、微水电利用工、智能楼宇管理师等诸多带有太多时尚和科技蕴涵的新名词，人们也许还有些云里雾里。但作为国家承认的新职业，他们带着蓬勃的朝气，在"十五"期间，大踏步走进了我们的生活。

也许今天，我们对信用管理师等新职业，多少感觉有点晦涩、不明就里，然而若干年后，它们很可能会成为职场上十分平常的职业术语。曾几何时，粮油票证管理员、物资供应员、蔬菜作价员等与计划经济紧密相连的工种，在市场经济大潮的冲击下已无迹可循；裱棚工、抄写工、烧水工、掏粪工、送煤工、铅字排版工等老行业，亦已成为人们记忆中模糊的风景。细心的人们会发现，伴随着经济的发展，社会的进步，科学的飞跃，职业结构调整的频率越来越紧凑，老行业渐行渐远，新职业风生水起。如会展策划师、景观设计师、芳香保健师、宠物健康护理员以及令人匪夷所思的牛肉分级员、计算机乐谱制作师等新行业，名正言顺地加入了职业正规军。

这些新职业主要分为两种情况：一是全新职业，就是随社会经济发展和技术进步而形成的新的社会群体性工作；二是更新职业，是指原有职业内涵因技术更新产生较大变化，从业方式与原有职业相比已发生质的变化。毋庸置疑，新职业的诞生和成长，不仅仅记录了职场发展的轨迹和程度，而且在更宏观的背景下折射出时代风云和社会变迁。

随着我国经济社会的快速发展，老百姓收入水平的提高，人们不再仅仅关注吃饱穿暖，而是对生活质量提出更高的要求，对生活服务需求也日益增多。为满足广大人民群众的需要，大批提供相关服务的从业人员自然而然形成一个个稳定的群体，新兴职业应运而生。

无数个职业称呼的改变，也反映了人们对生活质量的要求越来越高。如今，"理发员"变成了"美发师"，"炊事员"改叫"烹调师"、"营养配餐师"，"保姆"改称"家庭服务员"等。从"炊事员"到"烹调师"再到"营养配餐师"，其间的变化是最明显不过的。"炊事员"的时代，人们满足于一个"饱"字；而如今，在"烹调师"、"营养配餐师"等新称呼流行的时代，人们则追求的是"好"，既要吃得好还要讲究营养搭配。职业内涵的变化反映了经济的发展和生活水平的提高。每多一种要求，就多一种供给；每多一种新职业，社会就可为我们多提供一项新服务。事实上，新生活滋生了新职业，新职业也在悄悄改变我们的生活。新职业分工明确，细化人才种类，"三百六十行"这一中国人的传统说法，早已成为一个逝去的概念。

随着社会需求的增多、技术的发展，以及产业细分导致社会分工的细化，职业内涵已远非"三百六十行"所能概括。分工细化，使人才越来越专业化。劳动和社会保障部从去年8月实行新职业发布制度以来，仅仅一年半的时间，就发布了5次共50种新职业。随着策划风潮此伏彼起，仅"策划师"一项，就有四种之多，如商务策划师、会展策划师、数字视频(DV)策划制作师、房地产策划师等；养宠物的人越来越多，与宠物有关的新职业也随之增多，仅专业维护的职业就有"宠物健康护理员"、"宠物医师"等。产业的不断细分，导致社会分工越来越明确，对从业人员的专业程度要求也越来越高。在这个过程中，许多原本只起辅助作用的功能，而今也逐渐剥离出来成为独立的职业。从前遍布在学校、机关、社区里的"政治思想辅导员"，其工作职责中帮人们疏导心理的那一部分可以说是"心理咨询师"的前身，其中为人们找工作出主意的那一部分现在演变成了"职业规划师"。

新职业促进劳动力市场建设，当新职业有了职业定义、职业标准之后，从业人员的培训、考核鉴定方案也会相继出炉，新职业从业人员的职业培训和职业规范也就有了现实的依据。对新职业名称的统一和规范，为我国开展劳动力需求预测和规划，进行就业人口结构及其发展趋势调查统计和分析研究，开展职业介绍、职业指导提供了重要依据。各地公共职业介绍机构在开展职业介绍和职业指导时，可以根据新职业定义和职业描述的内容，向求职者介绍有关的职业信息。这为实现我国劳动力管理的科学化、规范化和现代化奠定了坚实的基础。

三、职业发展的影响因素和趋势

一个人从职业学习开始到职业劳动最后结束的这一个生命旅程就是职业生涯。影响职业发展的因素包括个人因素、社会因素、环境因素等方面。这三大因素是互相关联、互相依靠的，任何因素的改变都可能影响职业发展。而大学生职业选择受到多种隐性因素和显性因素的影响，这些因素基本上可归纳为主体因素和客体因素两大类。

(一) 主体因素

主体因素是主体内部产生的、与自我意识密切关联的影响因素，包括个性、能力、价值取向等，它们往往是左右大学生职业选择的主要因素。

1. 个性

性格、气质是个性当中的稳定因素，性格如何、气质怎样，对大学生的职业选择乃至职业成功发挥着持续作用。美国心理学教授约翰霍兰和助手创立了人格类型与职业类型的学说，他认为每个职业的人都可以按下列六种个性进行描述：

(1) 现实型：这种人手巧、有劳动兴趣，喜欢花时间干一些机械的事情。他们喜欢并且善于完成更具体的任务。一般搞农业和机械业的人这种特征较为显著。

(2) 调研型：此种人以科学家为代表，具有爱思考和精确性的特点；对于抽象事物能耐心处理，但不喜欢社交和领导活动。

(3) 艺术型：以艺术家和音乐家为代表，具有创造、不顺从和表现自我的特征；通常不喜欢例行的工作和重复的任务。

(4) 社会型：以教师和辅导员为代表，喜欢人际倾向的活动，通常以服务为主，外向，并喜欢了解人；但是不大喜欢严谨的组织纪律和机械操作。

(5) 企业型：以销售者和管理者为代表，喜欢以社交能力来操纵人们，以达到经济的收获。

(6) 常规型：以会议和簿记业者为代表，喜欢从事资料型工作，不喜欢含糊不清的活动。以内向型大学生为例，他们一般不会选择需要较多自我表现、自我强调的职业，如推销员、演说员、律师、记者这类职业。即使选择了这类职业，也会感到极不适应，由此造成的障碍会影响到他们的职业成功，而图书管理、理论研究、微机操作等职业对它们有较强的吸引力，因为这类职业较少与人交往，需要高度的细心和耐心，需要在安静和孤独中完成工作。

2. 能力

能力是指完成一定活动的本领，包括完成一定活动的具体方式以及所必需的心理特征。能力常与知识相提并论，任何一种职业的完成都需要能力和知识的参与和配合。能力属于动态系统，知识属于经验系统，掌握知识必须以一定的能力为前提，知识的掌握又要求相应能力的提高。

能够跨入大学校门，这一事实已证明大学生具备了一般能力，即在基本活动中表现出的能力，如观察能力、反应能力、抽象概括能力等。同时，大学生经过多年的基础学习和专业学习，也具有了特殊能力，即在专门活动中要求的能力，如写作能力、数学能力等。无论是一般能力，还是特殊能力，他们都为大学生的职业选择提供了参照系和定位器。在专业选择中，能力因素起到了参考作用，写作能力差的人一般不会选择新闻、文学专业，而语言能力差的人一般不会选择英语、教育专业；在职业选择中，能力因素则起到了定位器作用，不善驾驭文字的大学生是不会首先考虑文职工作的，而具备了初步的理论研究能力，并获得实际成绩的大学生很可能在所学专业上继续深造，以求获得能力的最大限度发挥。

以自身能力强弱作为职业选择考虑因素，是当今大学生中存在的普遍现象。尽管他们会出现能力的错误估计，但进行选择时仍是把能力作为一个方面来权衡的。低能力大学生有意识地选择高能力型职业或高能力大学生有意识地俯就低能力型职业，都是现实存在的。这两种选择或是造成了职业不适应感，或是造成了人才资源的浪费，除非选择者有充分自信或职业具有足够诱惑力，大学生还是应当尽量在自己能力允许的职业群中寻找合适方位，这样职业成功的可能性才会大大增加。

3. 价值取向

价值取向是一个人意识系统的核心部分，而且在根本上制约着主体因素的方方面面。它是隐藏极深的稳定因素，不易被观察和感觉到，但这丝毫不妨碍价值取向因素成为影响大学生职业定向与选择的原本因素。

价值取向是价值观的具体化和方向化，价值观是一个人对各类事物的一般性态度，这种态度表现出比较明确而单一的趋向和情感，便成为了价值取向。随着价值观的基本定型，大学生的价值取向也基本定型。具体到职业认知领域，大学生对某种价值的追求与排斥，对某类事物的偏好与厌恶，对某种情感的向往与躲避便成为价值取向中与职业最密切的部分。一个大学生可以为了维持生计而工作，为了避免生活空虚而工作，或者为了实现自己的梦想而工作。在大学生看来，一种工作可能具有多种意义，这些意义直接作用于职业定向与选择。

排除现实职业，仅仅考察职业追求，这种追求无不是大学生价值取向的表现，或者说对某种价值的追求。一类职业必然体现为一定的价值，必然为一定的价值所支撑。从价值角度而言，如果职业现象底下的价值支撑荡然无存，那么这类职业就丧失了存在的意义。与其说大学生追求物质实惠型的职业，不如说这是对现实生存的关注、对经济利益的渴望，而这也恰恰成为大学生对工人、农民等低收入职业群产生强烈排斥态度的价值取向原因。一部分大学生之所以对精神实现型职业有强烈向往，并不是因为他们对现实生存和物质实现采取漠视甚至否定态度，只是因为他们价值取向结构中精神需求和精神实现超过了物质需求和物质实现，仅仅在于价值观结构中的精神性因素在职业选择中占据了优势地位。

以上是从大学生主体这一角度谈到了价值取向对职业定向与选择的影响。其实，大学生的价值取向、职业社会的价值取向和家长的价值取向都参与了大学生职业定向与选择的构建过程，只不过它们都已融入了大学生主体的价值观系统，成为了其价值观系统的一部分。

(二) 客体因素

客体因素是指职业选择中环境因素的总和，也包括职业本身因素。如果说主体因素起着基础性作用，那么客体因素则发挥了制约和平衡的牵制作用。

1. 社会评价

大学生身处象牙塔，却不是生活在真实状态。职业社会对各类职业所持的倾向性态度总会通过传媒、习惯、舆论等各种渠道渗透到大学生职业评价中，成为大学生社会化认识的重要一面。尽管我们经常会听到关于"职业分工不同，职业没有高低贵贱"之类的强调，但是，在现实社会中，人们实际普遍地存在着职业高低贵贱之分的认识，这种认识即是职业的社会评价。职业的社会评价受到社会心理的强有力制约。一般来说，有什么样的社会心理，就有什么样的社会评价，职业的社会评价往往体现出浓厚的传统色彩和保守色彩。这一点越是在不发达地区，便越是明显。个体工商户虽腰缠万贯，但其社会评价一直不高，这一现象与古代流行的轻商观念有密切联系，而恰恰是轻商意识成为大学生进入个体者行列的主要心理障碍。

职业的社会评价又是一动态发展过程。20 世纪 50 年代，社会公众对农民职业表现出极大兴趣，60 年代社会兴趣转移到工人身上，70 年代以军人为职业向往，改革开放后的80 年代，行政干部、金融职员成为热门职业，90 年代随着市场经济的建立与发育，下海成为许多人义无反顾的职业目标。某种职业被青睐，之所以会如此迅速地演变，正是各个时代的具体内容决定的。

职业的社会评价对大学生职业选择的影响是潜移默化的，它已经进入了大学生的社会认知领域，成为不自觉的考虑因素，尤其是他们对某种职业缺乏深入了解与切身感受时，社会评价作用会格外突出。大学生的社会评价内容也会发生变迁，观念的更新、思想的冲击、价值取向的调整都会改变其原有的内容，以至重新排列、组合理想职业的序列。不过，不管怎样变迁，社会评价对大学生职业选择的影响是始终存在的，问题仅在于影响的大小。

2. 经济利益

经济利益在当今大学生职业选择中扮演着愈加重要的角色。发展中的商品经济必然导致金钱意识的抬升，这是一个好事，又不仅是一个好事，这中间存在着极大的转换性和可能性。说它是好事，是因为职业必须具有物质激励才能保持长久的吸引力，否则将无法获得选择者的青睐。说它不仅是一个好事，是因为金钱意识如果一味膨胀，必然损害许多职业的本色，职业将不再是"职业"，而蜕化成获取经济利益的工具。有人曾说，在当代中国社会，金钱扮演着上帝的角色。此言放在一部分人身上可以，倘若及之于全体(包括大学生)则不免过激。但是，金钱意识的迅速扩散和增强却是任何人都不可否认的事实。

从历史上来看，以上现象是对传统职业选择意识的强烈反弹。计划经济下的职业选择坚决排斥经济因素的介入，不同职业的经济收入几乎是统一的，大学生毕业后的工资由国家统一规定，各种职业的收入差异相当小，小到在职业选择中完全不被考虑的程度。随着经济结构的改革，经济收入在不同职业之间的差距开始迅速扩大，以至扩大到某些职业收入让人无法接受、引起社会不满的程度，加上灰色收入的大量存在，引起了社会心理的失衡，愈演愈烈的金钱上帝角色正是这种失衡心态所导演的一幕幕话剧。

对于刚刚走出象牙塔、尚未迈入职业社会的大学毕业生来说，经济因素不可能被演绎得淋漓尽致。他们只能在其能力范围内追求经济收入，获得经济收入。但是，如果大学生付出的劳动不能以合理的经济报酬加以实现，那么这就会促使其重新选择职业，并且将经济利益放到其考虑因素中更加重要的位置。大学生不是超凡脱俗的圣人，不是精神至上的怪物，经济杠杆在当代大学生职业选择中发挥着举足轻重的作用。

3．家庭

家庭在人生大事上会留下深刻痕迹，其中，大学生职业选择就融合了家长意志。职业选择的前奏是专业选择，许多家长对子女的专业选择并不是耳提面命式的命令，父母更多的是通过家庭环境的熏陶，逐渐融入了大学生的心理结构。出身农民家庭的大学生，对父母脸朝黄土背朝天的农作生活有着强烈感受，从父母的言谈举止和谆谆教诲中，作为子女的大学生就会拒绝选择父母从事的职业。艺术家庭出身的大学生，在长期的家庭成员接触中，很可能继承父母的职业价值观，从而走上父母的职业道路。但是，当子女与家长在职业目标上发生冲突，或者子女极力摆脱家长的意志的时候，两者的矛盾就会产生。父母们有一个天然的倾向，即把对子女的爱同对子女的控制乃至干涉简单地等同起来，父母对子女常说的一句话是："我这样做是为了你好。""这样做"是父母对子女的控制措施，"为了你好"是父母对子女的爱的表达，通过这么简简单单的一句话，父母控制子女就会获得合法形式和情感支持。

大学毕业后，大学生又面临着具体职业的选择。这时家庭作用又会凸现出来。不过，此时它的影响力已远不如昔，因为大学生专业知识已较为丰富，职业意识也更加明晰，心理正在日渐成熟，相应地对家庭的心理依赖也就大为减弱。但是，家庭作为大学生的后盾力量，对职业选择发挥的影响不会从根本上丧失，尤其当子女在职业选择道路上犹豫不决并寻求帮助时，父母意志的作用又会放大，对子女的职业选择产生重要影响。有些大学生完全按照自己的意愿选择了某种职业，有些大学生则被引入了父母正在从事或者希望子女从事的职业。在后者的情况下，子女是被看做父母希望的延伸，或者家庭的代表，他们的使命是实现父母的理想。这种职业选择的效果不能一概而论，不过，这也在无形中隐藏了一种危险，即如果职业实践不尽如人意，那么子女很可能会将这种结果归咎于父母，让父母来承担职业实践不理想的责任。

职业选择对于每一个大学生的一生都具有十分重要的意义。尽管大学生的职业选择受到了多重因素的影响乃至干扰，但是大学生经过多年学习，必须从第一个职业选择开始。经过现实职业尝试后，他们发现了适合自己特征以及与自己能力相适应的职业，或坚持首选职业，或做出职业修正，直至寻找到合适职业。也就是在这一过程中，大学生的职业意识完全现实化，职业能力与职业要求、职业现实与职业理想才能获得平衡。

(三) 职业资格证书

1．职业资格证书的概念

职业资格证书指的是具备从事什么职业的资质，比如想从事教师职业，必须先取得教师资格证，当上教师后可以按条件要求评助理、中级、高级等职称。

职称一般由政府职改办审发，前提是通过了职称评审。不同的职业工种职业资格证书发放的单位不一样，更多是由劳动部门考核发放，有的由行业部门审核发放，视具体情况而定。

2．职业资格证书的作用

职业资格证书已成为职场中获得职位晋升及扩展事业的有力砝码，是人们趋之若鹜的"硬通货"。有人还说："21世纪将是职业资格证书的时代"。21世纪，考证时代来临了。

据了解，目前我国 3000 万专业技术人员中，有 20%是通过这些考试获得相应资格的。所谓的专业技术考试分为三大类：专业技术资格考试，包括会计、计算机软件水平等；执业资格考试，包括注册建筑师、注册资产评估师等；第三类就是包括英语在内的职务评聘专项考试。其中比重最大的还是 IT 行业的职业资格证书。

伴随着考证热，每年的 9～10 月，中国都有大量的人才奔波在考证的路上，参加包括注册城市规划师、执业药师、造价工程师、计算机软件水平、统计资格、审计资格、秘书职业资格、国际商务师资格等在内的名目繁多的考试，以取得进入这些行业的职业资格证书。随着中国成为世贸组织的成员，许多职业的就业标准开始国际化。只有获得职业资格证书，才会在职场中发展得更好。

很多国外的教育培训机构瞄准了中国市场，纷纷在中国开设考点，国际认证变得炙手可热。大量的"洋"职业资格证书涌入中国，令中国的"考证族"应接不暇。一时间，职业资格证书认证考试掀起了一股"洋"流。国外的一些顶级行业的资格考试，如国际注册会计师证书(ACCA)、CCNA(CISCO 职业认证)、CCIE(国内互联网专业证书)等国际认证，都受到就业者的普遍欢迎，而许多证书目前在国内获得人数甚至不足百人。最近的计算机职业资格证书也受到很多企业和员工的青睐。

职业资格证书对就业有用是毋庸置疑的。证书带给人们的，除了是有关部门认定的权威性之外，更重要的是职业上的自信和安全感。同时，收入也有一定程度的增加。无疑，后者是人们对考证执著不已的关键所在。可见职业资格证书已经影响着各行各业。北京某信息技术公司的一项调查结果显示，获得一项职业资格证书，个人的薪金就能得到一定比例的提高。以 IT 认证为例，大致情况如下：如果通过职业资格证书认证，薪金一般提高40%～50%；如果通过微软 MCSE 认证，薪金一般提高 30%～50%；如果通过微软 MCSD认证，薪金一般提高 40%～60%；如果通过 Cisco 认证，薪金一般提高 50%～60%。正是职业资格证书带给人们太多的惊喜，所以受到欢迎和追捧，如今的你手中握有几个职业资格证书呢？

第三节　职业道德

一、职业道德的概念

所谓职业道德，就是同人们的职业活动紧密联系的符合职业特点所要求的道德准则、道德情操与道德品质的总和。

职业道德的涵义包括以下八个方面：① 职业道德是一种职业规范,受社会普遍的认可；② 职业道德是长期以来自然形成的；③ 职业道德没有确定形式，通常体现为观念、习惯、信念等；④ 职业道德是依靠文化、内心信念和习惯，通过员工的自律实现；⑤ 职业道德大多没有实质的约束力和强制力；⑥ 职业道德的主要内容是对员工义务的要求；⑦ 职业道德标准多元化，代表了不同企业可能具有不同的价值观；⑧ 职业道德承载着企业文化和凝聚力，影响深远。

二、职业道德分析

(一) 职业道德的特征

1. 稳定性与继承性

任何一种职业道德都是在继某一职业特有的道德传统和道德习惯的基础上发展起来的。

2. 多样性与适用性

各行各业都有自己的职业道德规范，有多少种职业，就有多少种职业道德。

3. 针对性与特殊性

不同的职业有不同道德要求，任何一种职业道德都只是针对本行业起作用，对不属于本职业的人或本职业人员在该职业之外的行为活动往往起不到调节和约束作用。

4. 职业化与成熟化

职业道德主要表现在实际从事一定职业的人们中间，即表现在成人的意识和行为中，表现为家庭教育、学校教育、社会教育初步形成的道德品质的进一步发展，标志着个体的道德品质已走向成熟阶段。

(二) 职业道德的体现

1. 职业道德具有适用范围的有限性

每种职业都担负着一种特定的职业责任和职业义务。由于各种职业的职业责任和义务不同，从而形成各自特定的职业道德的具体规范。

2. 职业道德具有发展的历史继承性

由于职业具有不断发展和世代延续的特征，不仅其技术世代延续，其管理员工的方法、与服务对象打交道的方法，也有一定历史继承性。如"有教无类"、"学而不厌，诲人不倦"，从古至今始终是教师的职业道德。

3. 职业道德表达形式多种多样

由于各种职业道德的要求都较为具体、细致，因此其表达形式多种多样。

4. 职业道德兼有强烈的纪律性

纪律也是一种行为规范，但它是介于法律和道德之间的一种特殊的规范。它既要求人们能自觉遵守，又带有一定的强制性。就前者而言，它具有道德色彩；就后者而言，又带有一定的法律色彩。就是说，一方面遵守纪律是一种美德，另一方面，遵守纪律又带有强制性，具有法令的要求。例如，工人必须执行操作规程和安全规定；军人要有严明的纪律等。因此，职业道德有时又以制度、章程、条例的形式表达，让从业人员认识到职业道德又具有纪律的规范性。职业道德的社会作用：职业道德是社会道德体系的重要组成部分，它一方面具有社会道德的一般作用，另一方面它又具有自身的特殊作用，具体表现在：

(1) 调节职业交往中从业人员内部以及从业人员与服务对象间的关系。

职业道德的基本职能是调节职能。它一方面可以调节从业人员内部的关系，即运用职业道德规范约束职业内部人员的行为，促进职业内部人员的团结与合作。如职业道德规范要求各行各业的从业人员，都要团结、互助、爱岗、敬业、齐心协力地为发展本行业、本职业服务。另一方面，职业道德又可以调节从业人员和服务对象之间的关系。如职业道德规定了制造产品的工人要怎样对用户负责；营销人员怎样对顾客负责；医生怎样对病人负责；教师怎样对学生负责等。

(2) 有助于维护和提高本行业的信誉。

一个行业、一个企业的信誉，也就是它们的形象、信用和声誉，是指企业及其产品与服务在社会公众中的信任程度，提高企业的信誉主要靠产品的质量和服务质量，而从业人员职业道德水平高是产品质量和服务质量的有效保证。若从业人员职业道德水平不高，很难生产出优质的产品和提供优质的服务。

(3) 促进本行业的发展。

行业、企业的发展有赖于高的经济效益，而高的经济效益源于高的员工素质。员工素质主要包含知识、能力、责任心三个方面，其中责任心是最重要的。而职业道德水平高的从业人员其责任心是极强的，因此，职业道德能促进本行业的发展。

(4) 有助于提高全社会的道德水平。

职业道德是整个社会道德的主要内容。职业道德一方面涉及每个从业者如何对待职业，如何对待工作，同时也是一个从业人员的生活态度、价值观念的表现；一个人的道德意识，道德行为发展的成熟阶段，具有较强的稳定性和连续性。另一方面，职业道德也是一个职业集体，甚至一个行业全体人员的行为表现，如果每个行业，每个职业集体都具备优良的道德，对整个社会道德水平的提高肯定会发挥重要作用。

三、职业道德的基本规范

(一) 爱岗敬业

爱岗就是热爱自己的工作岗位，热爱本职工作，亦称热爱本职。敬业包含两层涵义：一为谋生敬业，二为真正认识到自己工作的意义敬业。爱岗敬业要求做到乐业、勤业、精业、干一行爱一行。

(二) 诚实守信

诚实守信是指忠诚老实，信守诺言，是为人处世的原则。

诚实，就是忠诚老实，不讲假话。守信，就是信守诺言，说话算数，讲信誉，重信用，履行自己应承担的义务。"言必行，行必果"。诚实守信不仅是做人的准则，也是做事的原则，更是树立行业形象的根本。诚实守信要求我们做到诚信无欺、讲究质量、信守合同。诚信无欺，即待人接物诚恳可信，不采用欺骗手段。讲究质量，即要树立质量第一的观念，严把质量关。信守合同，即要说到做到，言而有信，认真履行承诺或合同。

(三) 办事公道

办事公道是指从业人员在办事情、处理问题时，要站在公正的立场上，按照同一标准和同一原则办事的职业道德规范。

办事公道要求人们做到客观公正，照章办事。客观公正，即遇事从客观事实出发，并能做出客观、公正地判断和处理。照章办事，就是按照规章制度来对待所有的当事人，不徇情枉法、不徇私枉法。办事公道的核心就是要克服私心，正直无私。要做到办事公道，还必须加强学习，不断提高认识能力，能明确是非标准，分辨善恶美丑，并有敏锐的洞察力，才能公道办事。

(四) 服务群众

服务群众就是为人民群众服务。服务群众要求做到热情周到，满足需要。热情周到，即从业人员对服务对象抱以主动、热情、耐心的态度，把群众当做亲人，服务细致周到，勤勤恳恳。满足需要，即从业人员努力为群众提供方便，想群众之所想，急群众之所急，关心他人疾苦，主动为他人排忧解难。最后，做每件事都要方便群众。

(五) 奉献社会

奉献社会，就是全心全意为社会做贡献，是为人民服务精神的最高表现。奉献，就是不期望等价的回报和酬劳，而愿意为他人、为社会或为真理、为正义献出自己的力量，包括宝贵的生命。

奉献社会要求人们做到把公众利益、社会效益摆在第一位。

(1) 奉献社会是职业道德中的最高境界。

(2) 奉献是一种人生境界，是一种融在一生事业中的高尚人格。

第四节　企业文化

关于企业文化企业界有这样一种说法："一流企业靠文化，二流企业靠营销，三流企业靠生产"，可见企业文化的重要地位。

20世纪80年代初，美国哈佛大学教育研究院的教授泰伦斯·迪尔和麦肯锡咨询公司顾问艾伦·肯尼迪对80家企业进行了详尽的调查，出版了《企业文化——企业生存的习俗和礼仪》一书。该书被评为20世纪80年代最具有影响的10本管理学专著之一，成为论述企业文化的经典之作。它用丰富的例证指出：杰出而成功的企业都有强有力的企业文化，即为全体员工共同遵守，但往往是自然约定俗成的而非书面的行为规范。正是"企业文化"这一非技术、非经济的因素，影响则大到决策的产生，小至员工们的行为举止、衣着。在两个其他条件都相差无几的企业中，由于其文化的强弱，对企业发展所产生的结果完全不同。

一、企业文化的概念与内涵

企业文化有广义和狭义两种理解。广义上说，文化是人类社会历史实践过程中所创造的物质财富与精神财富的总和；狭义上说，文化是社会的意识形态以及与之相适应的组织机构与制度。而企业文化则是企业在生产经营实践中，逐步形成的，为全体员工所认同并遵守的、带有本组织特点的使命、愿景、宗旨、精神、价值观和经营理念，以及这些理念在生产经营实践、管理制度、员工行为方式与企业对外形象体现的总和。它与文教、科研、军事等组织的文化性质是不同的。

企业文化是企业的灵魂，是推动企业发展的不竭动力。它包含着丰富的内容，其核心是企业的精神和价值观。企业文化的内涵包括以下内容：

(1) 企业文化是在工作团体中逐步形成的规范。

(2) 企业文化是为一个企业所信奉的主要价值观，是一种含义深远的价值观、神话、英雄人物标志的凝聚。

(3) 企业文化是指导企业制定员工和顾客政策的宗旨。

(4) 企业文化是在企业中寻求生存的竞争"原则"，是新员工要为企业所录用必须掌握的"内在规则"。

(5) 企业文化是企业内通过物体布局所传达的感觉或气氛，以及企业成员与顾客或其他外界成员交往的方式。

(6) 企业文化就是传统氛围构成的公司文化，它意味着公司的价值观，诸如进取、守势或是灵活——这些价值观构成公司员工活力、意见和行为的规范。管理人员身体力行，把这些规范灌输给员工并代代相传。

(7) 企业文化就是在一个企业中形成的某种文化观念和历史传统，及共同的价值准则、道德规范和生活信息，它将各种内部力量统一于共同的指导思想和经营哲学之下，汇聚到一个共同的方向。

(8) 企业文化是经济意义和文化意义的混合，即指在企业界形成的价值观念、行为准则在人群中和社会上发生了文化的影响。它不是指知识修养，而是指人们对知识的态度；不是利润，而是对利润的心理；不是人际关系，而是人际关系所体现的为人处世的哲学。企业文化是一种渗透在企业的一切活动之中的东西，它是企业的美德所在。

(9) 企业文化是指企业组织的基本信息、基本价值观和对企业内外环境的基本看法，是由企业的全体成员共同遵守和信仰的行为规范、价值体系，是指导人们从事工作的哲学观念。

(10) 企业文化是在一定的社会历史条件下，企业生产经营和管理活动中所创造的具有本企业特色的精神财富和物质形态。它包括文化观念、价值观念、企业精神、道德规范、行为准则、历史传统、企业制度、文化环境、企业产品等。其中，价值观是企业文化的核心。

二、企业文化的表现形式

企业文化是一个国家的微观组织文化，它是这个国家民族文化的组成部分，因此，一个国家企业文化的特点实际就代表这个国家民族文化的特点。

美国的企业文化以个人主义为核心，但这种个人主义不是一般概念上的自私，而是强调个人的独立性、能动性、个性和个人成就。实行个人负责、个人决策。因此，在美国企业中个人英雄主义比较突出，许多企业常常把企业的创业者或对企业做出巨大贡献的个人推崇为英雄。企业对职工的评价也是基于能力主义原则，加薪和提职也只看能力和工作业绩，不考虑年龄、资历和学历等因素。

欧洲文化是受基督教影响的，基督教给欧洲提供了理想价值的道德楷模。基督教信仰上帝，认为上帝是仁慈的，上帝要求人与人之间应该互爱。受这一观念的影响，欧洲文化崇尚个人的价值观，强调个人高层次的需求。欧洲人还注重理想和科学，强调逻辑推理和理性的分析。

日本是一个单一民族的国家，社会结构长期稳定统一，思想观念具有很强的共同性。同时，日本民族受中国儒家伦理思想的影响较深，尤其是"和"、"信"、"诚"等伦理观念，使日本高度重视人际关系的处理。这决定了企业文化以"和亲一致"的团队精神为其特点。"和"被日本企业作为运用到管理中的哲学观念，是企业行动的指南。

企业文化的内容是十分广泛的，最主要的应包括如下几点。

(一) 经营哲学

经营哲学也称企业哲学，是一个企业特有的从事生产经营和管理活动的方法论原则。它是指导企业行为的基础。例如，日本松下公司"讲求经济效益，重视生存的意志，事事谋求生存和发展"，这就是它的战略决策哲学。北京蓝岛商业大厦创办于 1994 年，它以"诚信为本，情义至上"的经营哲学为指导，"以情显义，以义取利，义利结合"，使之在创办三年的时间内营业额就翻了一番，跃居首都商界第四位。

(二) 价值观念

价值观不是人们在一时一事上的体现，而是在长期实践活动中形成的关于价值的观念体系。企业价值观决定着职工行为的取向，关系企业的生死存亡。只顾企业自身经济效益的价值观，就会偏离社会主义方向，不仅会损害国家和人民的利益，还会影响企业形象；只顾眼前利益的价值观，就会急功近利，搞短期行为，使企业失去后劲，导致灭亡。北京西单商场的价值观念以求实为核心，即"实实在在的商品、实实在在的价格、实实在在的服务"。

(三) 企业精神

企业精神是指企业基于自身特定的性质、任务、宗旨、时代要求和发展方向，并经过精心培养而形成的企业成员群体的精神风貌。企业精神是企业经营宗旨、价值准则、管理信条的集中体现，是构成企业文化的基石，也是企业文化的核心。企业精神通常用一些既富于哲理，又简洁明快的语言予以表达，便于职工铭记在心，时刻用于激励自己；也便于对外宣传，从而在社会上形成个性鲜明的企业形象。

(1) 美国 IBM 公司："IBM 就是服务。"

(2) 美国德尔塔航空公司："亲如一家。"

(3) 波音公司："我们每一个人都代表公司。"

(4) 日本丰田汽车公司："好产品，好主意。"

(5) 日产公司："品不良在于心不正。"

(6) 百事可乐公司："胜利是最重要的。"

(四) 企业道德

企业道德是调整本企业与其他企业之间、企业与顾客之间、企业内部职工之间关系的行为规范的总和。企业道德与法律规范和制度规范不同，不具有那样的强制性和约束力，但具有积极的示范效应和强烈的感染力，是约束企业和职工行为的重要手段。中国老字号同仁堂药店之所以 300 多年长盛不衰，在于它把中华民族优秀的传统美德融于企业的生产经营过程之中，形成了具有行业特色的职业道德，即"济世养身、精益求精、童叟无欺、一视同仁"。

(五) 团体意识

团体即组织，团体意识是指组织成员的集体观念。团体意识是企业内部凝聚力形成的重要心理因素。企业团体意识的形成使企业的每个职工把自己的工作和行为都看成是实现企业目标的一个组成部分，使他们对自己作为企业的成员而感到自豪，对企业的成就产生荣誉感，从而把企业看成是自己利益的共同体和归属。因此，他们就会为实现企业的目标而努力奋斗，自觉地克服与实现企业目标不一致的行为。

(六) 企业形象

企业形象是企业通过外部特征和经营实力表现出来的，被消费者和公众所认同的企业总体形象。由外部特征表现出来的企业形象称为表层形象，如招牌、门面、徽标、广告、商标、服饰、营业环境等；通过经营实力表现出来的形象称深层形象，它是企业内部要素的集中体现，如人员素质、生产经营能力、管理水平、资本实力、产品质量等。表层形象是以深层形象为基础，没有深层形象这个基础，表层形象就是虚假的，也不能长久地保持。

(七) 企业制度

企业制度是在生产经营实践活动中所形成的，对人的行为具有强制性，并能保障一定权利的各种规定。从企业文化的层次结构看，企业制度属中间层次，它是精神文化的表现形式，是物质文化实现的保证。

三、企业文化的作用

(一) 凝聚作用

企业文化像一根纽带，把员工和企业的追求紧紧联系在一起，使每个员工目的明确、协调一致并产生归属感和荣誉感。以华为的企业文化为例，华为之所以能发挥员工凝聚在一起的功能作用，关键在于华为文化的假设系统，也就是隐含在华为核心价值观背后的假设系统。如"知识是资本"的假设，"智力资本是企业价值创造的主导因素"的假设。再如学雷锋的文化假设是：雷锋精神的核心本质就是奉献，做好本职工作就是奉献，踏踏实实地做好了本职工作的精神，就是雷锋精神。正是这种文化的假设系统使全体华为人认同公司的目标，并把自己的人生追求与公司的目标相结合，帮助员工了解公司的政策；调节人与人之间、个人与团队之间、个人与公司之间的相互利益关系，从而形成文化对华为人的行为的牵引和约束。

(二) 导向作用

企业价值观与企业精神，能够为企业提供具有长远意义的、更大范围的正确方向，为企业在市场竞争中基本竞争战略和政策的制定提供依据。无锡小天鹅股份有限公司曾提出并实施了"观念比资金更重要"的口号，认为观念是产生生产力和利润的源泉。以这种企业价值观念和思维方式带领全体员工朝着正确的目标不断努力、创新，并从 1999 年到 2009 年连续 10 年保持行业市场占有率第一的成绩。

(三) 激励作用

企业文化注重研究的是人的因素，强调尊重每一个人，相信每一个人，凡事都以员工的共同价值观念为尺度，能最大限度地激发员工的积极性和创造性。例如美国通用电气公司对员工设定了很高的任务目标，但是在业绩考核方面却不仅以是否实现了目标为标准，而是将指标与去年同期比较，若没有完成指标，会充分考虑造成指标没有完成的原因，是环境因素还是个人问题。如果是个人问题，分析该员工与以前比较是否有较大的进步，并且以正面奖赏的形式对员工在成长的过程中遭遇的挫折进行鼓励，不像有些企业，员工一犯错就对其进行惩罚。这样有效地保护了员工的创新精神。因此通用电气的高指标不仅仅是一种考核标准，更是一种激励手段。

(四) 协调作用

企业文化的协调作用可分为两个方面：对内，使企业员工有了共同的价值观念，对很多问题的认识趋于一致，增强了他们相互之间的信任、交流和沟通，使企业的各项活动更加协调；对外，企业文化能够协调企业和社会关系，能使社会和企业和谐一致。因为无论中国还是外国的企业文化，其精神内容都是要使企业自觉地为社会服务。具体来说，就是通过企业文化建设，企业尽可能去调整，以便适应公众的需求倾向，满足顾客不断增长的需求，跟上政府新法规的实施，避免企业和社会之间出现裂痕，即使出现了也能很快弥合。

(五) 约束作用

企业文化、企业精神为企业确立了正确的方向，对那些不利于企业长远发展的不该做、不能做的行为，常常发挥一种"软约束"的作用，为企业提供"免疫"功能。约束功能能够提高员工自觉性、积极性、主动性和自我约束，使员工明确工作意义和方法，提高员工责任感和使命感。如 1995 年 LG 电子(惠州)有限公司成立之初，各部门内部工作流程及互相协作均无现成的模式，在生产及经营过程中产生了大量问题。公司各部门仅按自己的业务范围制定规章制度，各辅助部门对生产支援工作缺乏积极主动的意识，员工对经营理念、生产及品质的管理都缺乏完整的概念。针对这种情况，公司展开了"生产早期安定化"SUPERA 活动。这一活动为实现公司管理水平、生产效率、产品品质的提高做出了突出的贡献。公司也开始起用新口号——"品质靠你、靠我、靠大家"。经过一年多的品质革新活动，公司产品品质有了很大的提高。

（六）塑造形象作用

优秀的企业文化向社会大众展示着企业成功的管理风格、良好的经营状况和高尚的精神风貌，为企业塑造良好的整体形象，树立信誉，扩大影响，是企业巨大的无形资产。

（七）辐射作用

企业文化塑造着企业形象，优良的企业形象是企业成功的标志。包括两个方面：一是内部形象，他可以激发员工对本公司的自豪感、责任感和崇尚心理；二是外部形象，他能够更深刻地反映出企业文化的特点和内涵。企业形象还可能对国内外其他企业产生一定的影响，具有巨大的辐射作用。

【案例2-1】 **职业道德的重要性**

鲍勃和史蒂夫是非常要好的朋友。两人在事业上都获得了成功，分别成为了两家大型公司的会计主任。因为工作非常繁忙，两人一年中见面的机会并不多。尽管如此，他们都争取在每年中抽出一周的时间一同去狩猎，借此放松一下自己，并且增进彼此间的友谊。

在一年的圣诞节后的第二天，两人又一同出发了。但不幸的是，他们在途中遭遇了风暴。飞机由于机械故障在野外被迫紧急降落，飞行员不幸当场死亡，鲍勃也受了重伤。通讯联络这时也已中断，没有人知晓这次事故和他们目前的位置。

预感到自己不久就要告别人世，鲍勃向史蒂夫讲述了一件事情：在上一次打猎中，鲍勃无意中看到了史蒂夫公文箱中的一些关于史蒂夫公司即将推广的一种新产品的会计资料，鲍勃感到这项产品的推出一定会使史蒂夫的公司的股票大幅上升，因此回去后立即购买了该公司大量的股票。事情果真如鲍勃预期的那样，鲍勃由此大赚了一笔。在弥留之际，鲍勃对这件事感到非常内疚，请求史蒂夫把这笔钱连同利息一并捐给一家一直由史蒂夫的公司资助的慈善机构，并且要求史蒂夫不要把这笔资金的来源告诉任何人。为了安抚自己的挚友，能让他平静地离开人世，史蒂夫答应了鲍勃的请求。

几天后，史蒂夫被几名野营者发现并被送进了医院。又过了几天，他痊愈出院。但是，一想到他对鲍勃的承诺，史蒂夫总感到几分不安，觉得既然他已经因为疏忽让鲍勃看到了公文箱中的资料，也许就应该把这件事向自己公司的总裁汇报，他相信总裁能够理解这件事并对此守口如瓶。

当把那笔钱转交给慈善机构以后，史蒂夫向总裁报告了整个事情的经过，但是出乎意料的是，总裁不仅指责他将内部信息用于谋取个人利益，还因此解雇了他，而且向董事会通报了这件事情。从该故事中，我们学到了什么？

【案例2-2】 **个人特长成为就业优势**

一天，毕业于某职业技术学院广播电视新闻专业的小李应约到南宁某报社进行面试。当天一起面试的学生很多，他们来自驻邕的好几所高校。在这面试的紧张关头，偏偏用于现场面试考核的三台电脑出现了故障，致使面试被迫暂时停止。时间过去了40多分钟，现场的工作人员还没有把电脑修好。面试的学生中议论纷纷，许多人对报社耽误时间表示强烈不满。

报社的招聘主管灵机一动，从应聘者简历中寻找写有"精通电脑"的应聘者试试，看能否把电脑修好。但在这关键时刻，有些人或是名不副实、或是不够自信、或是过于紧张、纷纷打起退堂鼓。而小李果断站出来，毛遂自荐，并凭借在校期间学习掌握的电脑维护与修理技能，冷静地进行各种检测和调试，五分钟时间就找到了第一台电脑的毛病并很快修好，不到十分钟一鼓作气把其他的两台电脑也修好了。

小李在报社出现"危机"时挺身而出，凭借出人意料、在工作中解决实际问题的突出表现，使报社招聘主管眼前一亮，毫不犹豫地聘用了这位拥有多种技能、动手能力强、能为报社解决实际问题的毕业生。

自我认知与分析评价

第一节　自　我　认　知

一、自我认知的含义

自我认知也叫自我意识，或叫自我，是对自己的洞察和理解，包括自我觉察、自我感知、自我概念、自我分析、自我评价等，主要解决"我是一个怎样的人"、"我为什么是这样一个人"等问题。自我觉察是指对自己的感知、思维和意向等方面的觉察。自我概念是一个有机的认知机构，由态度、情感、信仰和价值观等组成，贯穿整个经验和行动，并把个体表现出来的各种特定习惯、能力、思想、观点等组织起来。自我评价是指对自己的想法、期望、行为及人格特征进行判断与评估，这是自我调节的重要前提。

正确的自我认知，是指一个人对自我的认识要与自我的实际情况相符合。它包括两个方面的含义：正确、全面认识自己的特点和长处；正确认识自我与社会、个人与集体的关系，认识到个人的成长离不开集体，自我的人生价值主要是对社会的贡献。人总是在不断发展变化的，因此，我们需要不断更新、完善对自己的认识，这样才能使自己变得更好。要正确认识自己，就必须用全面的、发展的眼光看待自己。

全面认识自己，我们既要认识自己的外在形象，如外貌、衣着、举止、风度、谈吐等，又要认识自己的内在素质，如学识、心理、道德、能力等。一个人的美应是外在美与内在美的和谐统一，内在美对外在美起促进作用。每个人的外在形象和内在素质都有自己的优势和不足，正所谓"金无足赤，人无完人"。我们应该多关注自己的优点和长处，要用欣赏的目光来看自己。面对纷繁复杂的人生世界，如果你把目光都集中在痛苦、烦恼上，生命就会黯然失色；如果你把目光都转移到快乐之中，将会得到幸福。

事物总是发展变化的，没有一成不变的事物。俗话说"士别三日，当刮目相看"，我们每个人也都是在不断发展变化的，我们的优点和缺点也不是一成不变的。因此，我们必须用发展的眼光看自己，及时发现自己新的优点和新的缺点，通过自己的努力，争取变缺点为优点，不断改正自己的缺点来完善自己。

二、自我认知的途径

如果一个人不能正确地认识自我，看不到自己的优点，觉得处处不如别人，就会产生自卑情绪，丧失信心，做事畏缩不前。相反，如果一个人过高地估计自己，就会骄傲自大、盲目乐观，导致工作的失误。因此，恰当地认识自我，实事求是地评价自己，是自我调节和人格完善的重要前提。

(一) 通过自我观察认识自己

要认识自己，我们必须要做一个有心人，经常反省自己在日常生活中的点滴表现，总结自己是一个什么样的人，找出自己的优点和缺点。自我观察是我们自我教育、自我提高的重要途径。自我观察主要包括三个方面：自身外表和体质状况的观察，包括外貌、风度和健康状况等方面的观察；自我形象的观察，主要是对自己在所生活的集体中的位置和作用、公共生活中的举止表现以及社会适应能力等的观察；自己的精神世界的观察，包括对自己的政治态度、道德水平、智力水平、能力、性格、兴趣、爱好、特长等方面的观察。

(二) 通过他人了解自己

大文豪苏轼写道："不识庐山真面目，只缘身在此山中。"认识自己有时候的确比较难，一般来说，当局者迷，旁观者清，周围的人对我们的态度和评价能帮助我们认识自己、了解自己。我们要尊重他人的态度与评价，冷静地分析。对他人的态度与评价我们既不能盲从，也不能忽视。

三、自我认知的作用

(一) 激励功能

合理有效地开展学生评价，能够激发学生的内在动力，从而调动他们的潜能，提高其学习的积极性、主动性和创造性。多元化学生评价认为评价应当成为激发学生动机的源泉。当学生的进步、成就和成绩得到肯定和认可时，能够激发学生的学习热情，增强他们的学习动机，强化正确的学习态度和方法；当学习的困难、问题和不足被发现和确认时，鼓励学生吸取教训，减少和控制失误，弱化或消除错误的学习态度和方法，以避免重蹈覆辙。

(二) 调节功能

调节功能是指对评价对象的教育教学或学习等活动进行调节的功效和能力。这种功能表现在两个方面：一是评价者为被评价者调节目标进程。例如，通过评价，评价者认为被评价者已达到目标并能达到更高目标时，就会将目标调高，将进程相对调快；认为被评价者几乎没有可能达到目标时，就会将目标调低，将进程相对调慢，使之符合被评价者的实际。二是被评价者通过评价了解自己的长短、功过，明确努力方向及改进措施，以实现自我调节。

四、自我认知对职业生涯规划的意义

职业生涯是指一个人一生连续从事和负担的职业、职务、职位的过程。职业生涯不仅仅是职业活动，而且包括与职业有关的行为和态度等内容。职业生涯规划中的自我认知包括四个方面的因素：价值观、兴趣、性格和能力。个体的价值观是后天成长过程中在与环境的互动中逐渐形成的，一旦形成，就具有较强的稳定性，对人们的行为发挥着强有力的内在动力和支配作用。价值观是一个重要的决策因素，学生在职业决策中的许多困惑、困难往往与价值观有重要关系。对自己的价值观有清楚认识的人在做生涯决策时较为容易，他们清楚什么对于自己更重要，并在选择中坚定自己的决定。大学生正处于职业价值观尚未完全定型的阶段，容易陷入误区，如盲目从众，追求热门而忽视自身的特点。要正确地看待自己的人生以及个人与国家、社会、他人的关系，树立正确的职业价值观。职业兴趣在人的活动中有着非常重要的作用，它为个体带来兴趣，提供强有力的内在动力，激发个体的潜能与创造力。有研究表明，如果一个人所从事的工作与其职业兴趣相吻合，能发挥其全部才能的 80%～90%。并能长时间地保持高效率的工作，乐此不疲。反之，则最多只能发挥其全部才能的 20%～30%，还很容易导致厌倦与疲劳。更重要的是，工作也是生活的一部分，工作质量的高低就决定了生活质量的高低。一个人从事着自己喜欢的工作，也是他快乐生活的重要源泉。

第二节 自我分析

一、自我分析的含义

自我分析，是指对自我理性、深刻、全面的分析，它比自我介绍更深刻，同时又包含自我评价的内容。进行自我分析对每个人来说都是非常有必要的，人在不断变化、进步，自我的分析也应该不断更新。古人有曰："知彼知己，百战不殆"，然而"知己"应是首要任务。

自我分析是指通过自己或者通过自己求助相关资源而解决问题、成长的过程。自我分析的相关研究也致力于在这两个方面提升个人的能力或者成长水平。

每个人遇到困扰或者问题，都会通过两种方式来解决：一种是通过自己；一种是求助于身边的朋友或亲人。但是在两种情况下，这两种渠道都无法很好的解决问题：一是没有习得这种自我解决问题的能力、或者这种能力在某些情况下无法正常发挥；二是缺乏求助的能力、或者缺乏必要的求助资源。

二、自我分析的方法

如何进行自我分析？要想深入了解自我，可以有很多方式进行自我分析。我们这里介绍的方法是：通过发掘自己的过去，了解自己真正的志向所在；在此基础上，通过对"做过的事情"、"能做的事情"和"想做的事情"的分析，来制定自己的职业生涯计划。

人格结构理论、人性观与核心假设是自我分析的基础。

(一) 人格结构理论

1. 横向结构

情境：任何心理过程的发生一定依赖于特定的外部环境和背景，外部环境和背景构成了心理结构的情境因素，主要包括身体条件、他人、周边社会与自然环境、文化社会环境等等。

认知：我们对情境、对自我都会形成特定的认识，并且以自己的认知而不是客观的现实为基础来感知社会、行为，我们的认知会直接影响我们的感受和行为，认知又包括对情境的认知和对行为规则的建构。

体验：体验包括需要（或动机）与情绪，需要促动行为，而情绪则反馈需要的满足情况，当负面情绪出现时，减少负面情绪本身可以成为一种需要，而增加积极情绪也可以为另外一种需要。

行为：指所有具体的行为与行为模式，行为本身有特定的形成与发展规律，并且行为模式形成之后本身具体一定的习惯力量，使人倾向于保持现有的行为而不是改变。

自我：自我的核心作用在于调节心理过程，最主要的调节功能在于对自我能力的评估，发起或者制止自己的行为。

横向结构的 5 个方面体现于每一个心理过程之中，体现于每一个当下，并且相互影响，构成一个一个特定的横向心理结构。

2. 纵向结构

潜意识：是指那些没有进入意识、自动化或者被压抑而没有进入意识的心理内容。

意识：是指那些进入意识的心理内容。

自我意识：意识的作用在于聚焦，而自我意识的作用在于对心理过程的觉察与调节。

3. 相互影响

心理结构的每一个成分，在每一个当下、每一个心理过程中都是同时存在，并且相互影响的。自我分析的人格结构理论强调各种因素的现时性以及相互影响，所以改变可以从任何时候开始，也可以从任何一个侧面开始，但不只是因为心理过程形成的原因不同，不同方面改变的难易程度也会不同，自我分析强调从最直接、最容易的方面入手来开始改变。

(二) 人性观与核心假设

1. 人性观

自我分析的观点认为："善"与"恶"的行为都只是一种适应策略，善恶之分是人为划分的，人性可善可恶，但是善的行为从整体上对个体生存、种族生存更有利，所以如果条件具备，个体会在整体上走向建设性的方向，但是当条件不具备时，恶的行为可以让个体更好地生活下去。

2. 核心假设

人通过自我分析来解决自己的问题是可行的，但是自我分析本身也是一种能力，是需要学习的，而且有时候，会受到影响、削弱而不能正常发挥，自我分析方法的目的就在于提升与释放个体的自我分析能力。

三、人才竞争优势自我分析工具——六种竞争力量模型

1. 人才市场供应力

必须了解与所学专业和技能相同或相近的专业人才市场的供应力，如果供应力是强的，

即供大于求，职业竞争优势将是弱的；如果供应力是弱的，即供不应求，那么你的职业竞争优势将是强的。市场可以细分为完全竞争市场、完全垄断市场、垄断竞争市场三类。如果属于完全竞争市场，即求职者众多，竞争充分，供大于求，市场完全由市场规律进行调节，任何力量不对市场作任何干预，那么竞争优势很弱。此时应该采取降低自我心中的工作满意度的措施。如果属于完全垄断市场，即拥有独一无二的专业、专利或技能，没有人与你竞争，那么，你应该采取提高自我心中的工作满意度的措施。如果属于垄断竞争市场，你既有垄断性，又存在竞争性，处于中高端人才领域，那么你的竞争优势介于上述两者之间（多数人才处于该市场），应该采取适度提高自我心中的工作满意度措施。

2．双方谈判力

企业雇主讨价还价的说服能力如果比你强，将会降低你的竞争优势。反之，若你的说服能力比他强，将会提高你的竞争优势，从而提升你的价值和地位。因此，你应该注意提高自己的讨价还价、思辨论理、沟通交流、自我营销能力，不断提高上司的满意度。

3．新进入者危险力

公司引进相同专业和技能的人才，势必对你的竞争优势、工作价值和地位带来威胁，危险程度的大小，取决于企业赋予其权利、地位和他的专业技能。必须对新进入者进行分析，做出相应的反应，需要投入相应资源，注意处理好与新进入者的合作关系，从而降低危险力。

4．内部替代者威胁力

企业内部人才的晋升和重用，有时会替代或分流你的一部分工作，如果做得优秀，在极端的情况下，企业会觉得你的工作、产品或服务显得多余，势必对你形成替代威胁。这样，将不可避免地限制你的竞争优势，降低你的价值。因此，你必须一方面更加努力做好工作，一方面与其处理好合作关系，降低其威胁力。

5．自我学习提升力

学习力就是竞争力。管理变革、科技进步日新月异，知识信息更新之快前所未有，对学习的要求之高前所未有，谁能学得早、学得好，谁就能抓住先机，占据主动，不断提升竞争优势。你不必担心有没有更高的职位，而是要担心你有没有任职的能力。因此，应高度保持忧患意识，保持竞争的学习动力和创新的活力；不断拓展学习领域，加快知识更新，优化知识结构；重视新式的互动式、研究式、共享式学习，在交流、交锋、交融中营造生动活泼的学习氛围，增强团队的满意度。

6．战略调整适应力

战略适应力不是你应付危机的能力，也不是你从价值贬值中反弹的能力，而是你对企业不时的战略调整所具有的意识、观念、知识、专业、技能的调整力。这将严重影响你的传统的竞争优势地位。而对越来越激烈的市场竞争，减小你的战略适应力差距，果断地更正自己的战略定位，随时更新思维模式，始终坚持将战略适应力差距减小到最低程度是价值体现的基本条件。要保持强的战略适应力，应该努力做到：高度的变革认知度、坚定的必胜信念度和快速的应变能力，这三个条件相辅相成，缺一不可。

这六种竞争作用力综合起来，决定了人才的竞争优势、价值大小和获取超出人力资本成本的平均投资收益率的能力。任何单位，无论是国内的或国际的，生产产品的或提供服务的企业还是在政府机构服务的人才，都受此六种力量的影响，竞争规律都将体现在这六种竞争力量上。因此，"六力模型"是适合人才自我制定竞争战略、提高工作"三个满意标准"时方便实用的战略分析工具。

第三节 自 我 评 价

一、自我评价概述

(一) 自我评价的定义

自我评价是自我认知的一种形式，既主体对自己思想、愿望、行为和个性特点地判断和评价。这种评价可能是积极的，也可能是消极的。自我评价是自己行为的主要调节器。自我评价较高的人往往具有较高的抱负水平，可以取得较高的成就。积极的自我评价有助于保持身心健康，有助于适应新环境，有助于摆脱孤独。

(二) 自我评价的内容

人对自己的思想、动机、行为和个性的评价，直接影响学习和参与社会活动的积极性，也影响着与他人的交往关系。每个人从自身兴趣爱好、思维方式的特点、毅力的恒久性、已有的知识结构，献身精神等方面可以作出自我评价。一个人如果能够正确地、如实地认识和评价自己，就能正确地对待和处理个人与社会、集体及他人的关系，有利于自己克服缺点、发扬优点，在工作中充分发挥自己的作用。实事求是地评价自己是进行自我教育、自我完善的重要途径之一。一个心理健康的人能够作出恰当的自我评价，他们能体验到自己存在的价值，对自己的能力、性格、优缺点能客观评价；同时，能接受自己，对自己抱有正确的态度，不骄傲也不自卑。心理不健康的人常缺乏自知之明，对自己的优缺点缺乏正确的评价，自高自大，自我欣赏，还有的是自暴自弃。自我评价的发展规律一般是：评价他人的行为—评价自己的行为—评价自己的个性品质。它是自我教育的重要条件。

二、自我评价原则

(一) 实事求是

实事求是地评价自己是进行自我教育、自我完善的重要途径之一。自我评价的真实性是一致要求。求职者在书写"自我评价"时，千万不要有虚假成分，例如夸大自己的能力、优点或工作经验等。经验丰富的面试官很容易通过求职者的措辞来判断求职者是否中肯而踏实。一旦求职者的话让人感觉到浮夸，面试官往往会不露声色地把求职者的简历淘汰出局。

(二) 描述重点

自我评价要找到真正的闪光点。很多人的自我描述没有重点，或者过于大众化，难以让自己胜出。面试官往往希望看到你是否有闪光之处，并且这些闪光之处到底和这份工作有无联系。因此，建议在写自我描述之前，仔细罗列自己的工作经历，回忆自己在以前的工作中到底积累了什么样的优势，挑选出自己与其他人的不同之处，以突出自我的优势。同时，如果求职者积累了一定的行业资源，也可以在自我描述中提到这一点，起到画龙点睛的作用。

(三) 语言简练

自我描述的语言风格也是一个值得求职者考虑的问题。自我评价要求做到语言简练。有些人喜欢用极感性的话来吸引面试官的注意，这种做法很可能出奇制胜，但多数情况下是一种冒险。通常来说，语言尽量不要过于口语化，在描述自己的学习能力、团队合作精神等方面用语应严谨、平实，让面试官在阅读简历时候能够充分感觉你对这份工作的诚恳态度。

三、自我评价流程

根据不同的分类标准，学生自我评价会有不同的分类。从评价的对象来看可以分为：自我指向性评价和基于任务的评价两种类型。自我指向性评价主要是学生在成长与发展过程中对自己的兴趣、态度、注意品质、动机、情绪等心理层面的因素所进行的评价；基于任务的评价主要是指学生对其学习过程中所参与的任务和活动进行的评价。

在学生的学习和发展过程中，基于任务的学习活动异常普遍，学生自我指向性的评价往往是以学习任务和活动为载体的。因此，我们将主要对基于任务的学生自我评价进行分析。但需要说明的是，在学生实际的自我评价活动，个体往往是将上述两种评价结合在一起，才能使基于任务的各种学习活动更有效果。学生基于任务的自我评价活动遵循一个相对共性的流程，即明确目标定制订标准进行反思性活动的反馈来自我矫正。

(一) 明确目标

明确自我评价目标是高质量自我评价活动的重要导向，是学生自我评价取得成功的关键。只有明确自我评价目标，才能使学生对自我评价活动有清晰的认识，并把这种认识转化成自我评价活动中的具体行为。

(二) 制订标准

制订标准是指根据学生自我评价的目标制订的自我评价的参照和依据。评价标准是衡量或判定评价对象价值程度的准则和尺度，是评价原则和目标的具体体现，是对评价对象质量要求的具体规定，恰当的自我评价标准是学生自我评价成功的有力保证，如何帮助学生制订自我评价标准，如何让学生理解标准的意义，并进一步促使学生将评价标准转化为评价行为，这是搞好学生自我评价的重要问题。

因此，有研究者认为，学生自我评价标准的制订过程就是一个多主体共同协商的过程，协商是制订学生自我评价标准的重要环节。在制订学生自我评价标准的过程中，教师可以请学生一起参与，允许学生和教师在相关领域进行合作，这有助于学生内化自我评价标准，感受到自己在自我评价中的主体地位。

(三) 进行反思性活动

进行反思性活动是学生自我评价流程中的重要环节。只有当学生直接参与反思性活动，通过直接的自我评价和间接的自我评价两种途径进行反思，才能真正达到完善自我、促进自身发展的目的。

一般来说，具有相对明确目标和标准的自我反思活动主要有两类：第一，以目标设定为本的反思性活动。在此类活动中，教师要引导学生在充分理解自我评价目标和标准的基础上，分析自己的需求，并进一步根据目标和标准做出具体的规划，进行以直接的自我评价为主的反思性活动、第二，以比较和对照为主的反思比活动在这一类活动中，教师通过要求学生对一个相对完整的成果或相对优良的表现进行全面分析，在充分认知自己状况的基础上，通过比较和对照，来进行以间接的自我评价为主的反思性活动。

(四) 信息反馈

信息反馈是指自我评价的相关信息或结果，反馈给评价对象，从而影响评价对象，使之发生变化的过程。也有评价研究者认为，信息反馈是根据设定的目标，对评价对象做了什么和没有做什么的描述。在学生自我评价的整个流程中，信息反馈是贯穿始终的，所以，学生的自我评价过程也是一个信息反馈的过程。在这一过程中，及时、可靠的信息和畅通的反馈渠道是最重要的在实践过程中，有效的信息来源是多方面、多渠道的，学生本人、教师、同伴以及参与评价的其他主体都成为信息的"源泉"。

然而这些信息是通过多种方式反馈的，有时是口头的，有时是书面的，有时也是电子化的。建立良好的信息反馈机制是至关重要的，因为在自我评价的流程中，学生正是通过这一反馈机制，进行有效信息的输入和输出，并及时、不断地通过交互性的反思活动调节自身现状和标准之间的距离。

(五) 自我矫正

自我矫正是学生自我评价的真正目标，是促使学生最终达到目标和标准的最关键的环节和步骤。在学生自我评价的流程中，无论信息反馈来自何种渠道，无论所反馈的信息是如何及时、有效，如果它不能为学生创造自我矫正的机会，就毫无价值和意义、事实。学生自我评价的过程也是学生不断进行自我诊断和自我矫正的过程。在这一过程中，激发学生的积极性，给学生以自我矫正的机会，让学生自己解决问题、改进自我，是最为重要的，只有这样，才能使学生真正成为评价的主人，主动为自己的学习承担责任；也只有这样，才能使自我评价内化为学生学习中的一种行为，并成为学生的一种自觉和习惯，进而通过自我矫正真正完善自己、发展自己、实现自我。

以上分别从明确目标、制定标准、进行反思性活动、信息反馈和自我矫正等阶段和环节仪式，对学生基于任务的自我评价分析，通过认真的观察、思考以及与过去情况的比较，形成对自己的评价标准。

四、自我评价途径

从学生个体这一层面来说，评价是通过直接的自我评价和间接的自我评价两种途径或这两种途径的结合来实现的。

(一) 直接的自我评价

直接的自我评价，是指学生通过自我参照和自我反思所进行的评价。从学生的发展过程来看，学生的成长过程也是一个自我反思的过程。在学习过程中，学生常常依据自己的个性特征或以往的成绩，把故我作为一个重要的参照，对自己的行为进行分析和反思；同时，又将外在的评价(他人评价)和自我评价相结合，形成自我判断，获得自我评价的结果。

研究表明，学生的自我参照、自我反思是最直接的自我评价途径，因为，所有的外在评价或他人评价只有与学生的自我评价真正结合，并通过学生的自我体验、自我认识和自我反思，才能真正与原有实践相联结，成为学生的内在需要，最终达到促进学生学习和发展的目标。在学习实践中帮助学生正确实施这一机制，教师首先要帮助学生客观地分析自己各个方面的基础和条件，识别自己不同于他人的特点和长处，扬长避短，以求发展和提高。

(二) 间接的自我评价

间接的自我评价是指学生通过参照他人的评价或通过与同伴的对照与比较进行的自我评价。他人评价是学生自我评价的重要参照和依据，是学生自我评价的"支架"。他人评价是自我评价的一面镜子，处在一定的社会关系中的群体和个体，总是从他人对自己的评价中，看到自己的形象，这种形象便构成了自我评价的基础。"以人为镜"是学生通过与同伴的对照与比较进行自我评价的真实写照。

有研究者认为："主体的自我评价还通过与自己地位、条件相类似的个体与群体进行比较而获得。"由于学生这一群体的特殊性，他们的大多数时间是与同伴在学校一起学习和生活的，因此，学生自我评价中有一个非常重要的途径，就是与同伴或同伴群体相比较而进行自我评价。事实上，在学生自我评价的过程中，同伴或同伴群体与进行自我评价的个体学生之间的关系是非常复杂的。在学生自我评价的过程中，学生的同伴或同伴群体成为其进行自我评价的重要"参照物"。"参照物"的选择直接关系到学生自我评价的效果。研究表明，"参照物"过高或过低都不利于学生的成长与发展。

在现实的教育、教学实践中，教师引导学生参照同伴或同伴群体进行自我评价时，要帮助学生寻找各方面条件相近或略高于自己的同伴比较，这样的"参照物"才较符合自己的实际水平和自己在群体中的位置，进而使自我评价真正成为学生成长的动力。

第四节　完善自我

完善自我是个体在认识自我、接纳自我的基础上，自觉规划行为目标，主动调节自身行为，积极改造自己的个性，使个性全面发展以适应社会要求的过程。完善自我是个体自我教育最重要的方式，它实际上是一个合理确立理想自我，努力提高现实自我的过程，或者说是一个主动改变现实自我以达到理想自我的过程。

一、正确认知

(一) 学会正确地认识和评价自我

正确地认识自我是建立健全自我意识的基础。德国著名作家约翰·保罗说："一个人真正伟大之处，就在于他能够认识自己。"如果一个人能够全面、正确地认识自我，客观准确地评价自我，就能量力而行，确立合适的理想自我，并会为实现理想自我而不懈努力。认识自我，就是要全面地了解自我，不仅要了解自己的性格、气质、能力，而且要了解自己与他人的异同点，了解过去与现在有什么不一样，发生了哪些变化。其中特别要了解自己的长处和短处，从而把握自己在社会中的位置。

(二) 正确认知的途径

1. 在实践中认识自我

大学生通过实践活动充分施展自己的才华，在体力、智力和品德等方面，全面地得以发展和展示。自己的优点和特长在实践活动中得以发挥，缺点和不足在实践活动中得以发现并改正。

2. 在听取他人的评价中认识自我

这是人对自身认识最基本的途径。如自己做某件事时，若总是得到别人的肯定，总是得到别人的赞扬，那么，自己在这方面就是比较优秀的；相反，就是比较差了。当然，在听取他人的评价时不能全盘接受或全盘否定，要经过取舍，应注意与自己关系密切的人对自己的评价；应注意人数众多、异口同声的评价；应注意分析评价者所持的态度、观点，然后有选择地接受他人的评价，形成关于对自我评价的正确概念。

3. 在内省中认识自我

古人云："吾日三省吾身"，即是说，积极地进行与自我内心对话。中学生的心理活动逐渐丰富起来，自我逐渐成为注意的中心。然而，自我认识、自我观察需要自身能积极创造条件，要让自身为自己营造一种和缓、平静、沉着的心态，这样有利于客观公正地对自己进行剖析与认识。

(三) 正确认识自己，建立良好的心态

重视从入学就开始进行职业规划，积极参加高年级学生座谈；了解专业特点及以后工作的性质和条件；正确认识大学生社团对大学生职业规划的重要影响，它有利于大学生主体性和创新精神的培养，促进大学生的社会化进程；学年末，建议写自我总结，剖析对个人能力、未来职业等方面的认识和体会。

二、客观评价

(一) 客观评价自我的基本内容

客观评价自我就是对自我的正确认识。毕业生在找工作之前，首先要了解自己的身体状况、能力、兴趣爱好、性格气质等。其中对能力、兴趣爱好、性格气质的自我评价是最重要的，也是最复杂和最难的。

1．能力是职业选择的根本

能力是直接影响活动效率、使活动顺利完成的个性心理特征。毕业生择业时，要了解自己具备什么能力，正确认识自己的能力并作出客观的分析，根据分析的结果量力而行。如能准确估计物体的比例结构、敏捷地鉴别和感知色彩、具有良好的记忆、形象思维和视觉想象能力的人适合从事绘画；具有精细观察和超凡忍耐能力的人适合从事教育；而具备设计、技术想象和操作能力的人适宜工程设计等。毕业生只有认识自己能力的大小，并知道哪方面的能力表现更突出后，才能作出科学的、适当的选择，避免重大的失误，使自己择业的主要方向和意图得以实现。

2．性格是职业选择的前提

性格是指一个人对现实的态度和习惯化的行为方式中表现出来的比较稳定而具有核心意义的个性心理特征。一般说来，热情、开朗、活泼性格的人比较适合同其他人群交往多的职业，如外贸、公关、文体、教育、服务等工作。倔强、好问、多疑性格的人比较适合科学研究、治学等方面的工作；认真、深沉、严谨性格的人比较适合行政、人事、党务等工作；勇敢、沉着、果断与坚定性格的人比较适合开拓创新性的工作。

3．兴趣是职业选择的关键

兴趣是指以指定活动、事物以及人类的特性为对象，个人在积极选择的爱好上所产生的情绪，是人们积极探究某种事物认识的一种倾向。大学生的思维、爱好和兴趣正值活跃丰富的顶峰，有着不同层次的、丰富多彩的、带有浓厚个性特色的兴趣，具有广泛性与多样性、集中性与稳定Ｊ性、社会性与情绪性等特点，它们从不同角度和程度影响着毕业生对职业的选择。因此，大学生要在广泛的兴趣中确定一个中心兴趣，并以此为主导在选择职业中建立竞争优势。

4．气质是职业选择的基本条件

气质是指人们的心理和行为活动的速度、强度、内外倾向及灵活性等动力性方面的个性心理特征。具有某种气质特征的人，通常会在不同的活动中表现相同的心理活动特点。因此，了解职业对气质的要求，正确认识自己的职业气质类型，有利于发挥自己的长处，提高工作效率。

5．身体状况是选择职业时必须考虑的基本要素

工作节奏的快慢，劳动强度的大小等等对从业人员的身体状况有非常严格的要求。总之，毕业生在选择职业时要充分认识自己，根据自己的不同状况选择职业，让自己的行为方式与所选择的职业相适应，以便更好地发挥自己的聪明才智。

(二) 客观评价的途径

自我评价是自我认识的核心，如果大学生对自己的存在价值、想法、动机、品德、个性特征以及自己的行为，有一个正确的、全面评价，就能够取长补短、接纳自我、控制自我、发展和完善自我，就能够协调自己与他人的交往，处理好个人与社会的关系。相反，如果对自己评价过低或过高，不能全面地、恰当地评价自己的心理与行为，必然难以发挥所长，也不利于克服缺点，同时也难以处理个人与社会、自己与他人的关系。全面认识自己，客观地评价自我并不是一件容易的事，大学生学习自我评价的途径大致有以下两种：

1. 对镜评价

"以铜为镜，可以正衣冠；以史为镜，可以知兴衰；以人为镜，可以明得失。"人正是通过认识他人的言行特一样来认识自己和评价自己。社会就像一面大镜子，个人对自己的认识和评价首先源于他人对自己的评价和肯定。大学生的自我评价能力虽然达到了较高水平，但他人评价的"镜子"作用依然起重要作用。尤其是父母、兄长、教师和同学的评价对个人影响较大。

例如，教师对大学生学习能力的评价会影响大学生自我发展的方向；同学之间对彼此的发型、衣着、仪表风度的看法，会改变大学生对自我的认识；父母兄长对大学生不同的期望也会激发起大学生不同的自我体验。可以说，大学生自我评价的成熟及自我意识的发展是在他人的态度和评价中形成的。

2. 自省评价

大学生的自我评价并不完全以他人评价为依据，有时往往也会进行自我分析。一般而言，大学生的自省评价是通过自己的活动和行为结果来评价自我的能力和品质。例如，通过记忆效果考试来认识自己的记忆水平，评价自己的记忆能力；通过需要克服困难的活动来认识与评价自己的意志品质；通过自己在某些方面获得的成绩及所花费的时间、精力来评价自己的能力水平等。

完善自我是个体在认识自我、接纳自我的基础上，自觉规划行为目标，主动调节自身行为，积极造自己的个性，使个性全面发展以适应社会要求的过程。完善自我是个体自我教育最重要的方式，它实际上是一个合理确立理想自我，努力提高现实自我的过程，或者说是一个主动改变现实自我以达到理想自我的过程。

三、自我提升

理想自我可以说是自我意识在个人成才目标方面的一种形象表达，对大学生的成才起着重要的方向作用。它是在自我认识、自我悦纳的基础上，按照社会的需要和个人的特点来重新确立的自我教育发展目标。

青年期是一个充满激情的年代，青年人一般都富有幻想，希望成为时代的强者，希望自己的一生过得不平凡，希望自己能干一番轰轰烈烈的大事业。加上自身的优越条件，不少大学生容易把未来设计得很完美，对于理想中的自我要求很高，甚至近于苛刻。但是，任何理想都要以现实为基础。不切实际的抱负只能导致一事无成。任何事物的完善都是在发展中相对存在的，没有绝对的完美，也不能要求面面俱到。而且，随着时代的发展和个人的成长，昨天被视为理想的追求，今天已不再是理想。因此理想自我也要随时代与个人的发展不断进行调整。

(一) 建立科学正确的理想自我

现实与理想总是存在差距的，原来期望自己"漂亮、高大、神气、活泼外向、口若悬河、有领导组织才能、能出人头地、讨人喜欢"，却发现自己其实可能"不很漂亮、长得不够高大、内向、受人指使、不讨人喜欢"，这种落差使得大学生很容易从理想与现实的矛盾中走向失望与消沉。因此，要建立科学正确的理想自我，不能只从自己的愿望出发，也不要为虚荣心所诱惑，不做力不能及的事，而是根据自己的特点和社会提供的条件来设计自己，将现实与理想结合起来。古人云：千里之行，始于足下。在构建理想自我时，既要敢于树立远大的理想，又要脚踏实地，从一点一滴做起，发挥自己的聪明才智，为社会作出贡献的同时实现自己的人生价值。

(二) 积极参加社会实践，展示自我

大学生要多参加社会实践活动，一方面，通过自我判断、自我选择、自我提升获得对人生、对世界的看法；另一方面，大学生的自我评价、自我激励和自我教育也需要一个实践过程。通过勤工助学、参观考察、社会调查、志愿服务等各种形式的社会实践活动，逐渐提高大学生自我认知的能力。

自我展示是指大学生善于把自己的思想与别人交流，并同别人一道投入到集体活动中去，恰当地展示自己的才华，获得大家认同的过程。每个大学生都有尚未被接受和充分利用的自我发展和自我超越的可能性。大学生应通过各种社会实践活动发掘自己的潜能，开发自我，展示自我，激励自我。

(三) 不断完善自我、超越自我

加强自我修养，不断进行自我塑造，完善自我、超越自我的境界是健全自我意识的终极目标。一般来说，大学生都有很高的抱负和远大的理想，然而不少大学生虽然制定了一个又一个目标，但却缺乏持之以恒的精神，容易受外界因素的干扰，总是"三天打鱼，两天晒网"，不是"立长志"，而是"常立志"，结果什么事也没有做成。心情好，情绪高涨时，觉得自己什么都行，什么都想去干，心情不好时，情绪跌入低谷，做什么都提不起劲来，行动经常受情绪波动的影响。

因此，要塑造全新的自我，就要求大学生要从调整自己的情绪开始，约束自己的行为，使自己的情绪、情感和行为向着健康正确的轨道前进，努力实现自己的抱负和目标。在困难和挫折面前，不灰心丧气，保持自信乐观的态度是积极的自我意识的集中体现，这也要求大学生努力提高挫折耐受力和各方面的素质，逐步完善和发展自我。自我的完善和发展必然会促进自我意识的形成，而积极的自我意识反过来又必然会促进自我的完善和发展。

四、关注成长

在当今激烈竞争的社会中，出现一个不容忽视的现实：大学校园成为心理疾病的易发

地带。一些心理疾病如：强迫症、抑郁症、焦虑症、恐惧、情绪危机等在一些大学生身上有不同程度的存在，并有日益增高的趋势，更让人触目惊心的是全国一些高校学生自杀事件屡见不鲜。大学生人群中存在着相当数量的心理弱势群体问题已经是不争的事实，重点关注大学生心理弱势群体的健康教育已刻不容缓。

(一) 大学生成为心理弱势群体的诱发因素

1. 与学习有关的原因

一般来说，能进大学的学生在中学都是学习的佼佼者，无形中会产生某种过高的自我评价，对自己期望值很高。进入大学后，由于高手云集，很多学生发现自己的成绩平平，心里落差极大。有的学生为了找回自己在中学时曾经具有的学习优势，废寝忘食的学习，但仍不能达到自己的期望，从而对自己失去信心，反而不能正常的学习。

面对激烈竞争的社会，有的大学生除了学习自己的专业课以外，还学习社会急需的课程，辅修专业的课程，再加上计算机、外语过级考试的重压，使他们处于超负荷的运转中。长期下去，不但学习效果不佳，而且神经紧张、失眠、考试怯场等多种焦虑并发症也会相继出现。

2. 与人际关系有关的原因

在大学，同学来自四面八方，有着不同的家庭背景、生活习惯和处世方式，这就要求大学生在交往中应保持尊重、宽容的心态。但是，有些大学生在与同学交往时总是以自我为中心，认为自己的思想和行为就是正确的，对和自己不同的想法和行为不与认同，从而极易与同学产生矛盾，不能建立良好的同学关系。

每一个大学生都有交往的需要，但由于性格上的原因或以前生活环境的影响，缺乏与人交往的经验和技能，不能与人建立良好的关系。比如，一些性格内向的大学生不善于在人群中表达自己的想法，对于各种自己感兴趣的活动也因害怕失败而回避参与，这使他们的交友圈子越来越窄，几乎没有什么朋友，每天独来独往，内心非常孤独、痛苦。

3. 与自身有关的原因

自卑是许多贫困生最为重要的心理特征。来自农村的贫困生，在和城市同学的比较中，发现自己在学习以外自卑能力的不足，在物质生活上的巨大反差，而忽略了自身优点，产生自卑。同时，这些同学又很自尊，渴望通过自我学习优势的发挥来弥补不足，维护自尊。但由于环境所导致的自我评价和认知上的失调，造成了内心自卑和自尊的冲突。

有些大学生特别希望自己在人群中成为被关注的对象，但又苦于自己成绩平平、相貌平平、能力平平、家境平平，缺少特长。期望与现实的矛盾让他们非常痛苦，内心冲突十分激烈。如果这种内心冲突得不到及时缓解，他们就会产生焦虑、自卑甚至抑郁的心理。

4. 与择业有关的原因

随着计划经济体制下国家"统包统分"的就业模式向通过市场实现"供需见面、双向选择、自主择业"的就业模式的转变，一方面给大学生施展才华提供了机遇，另一方面也给缺乏实践和社会经验的大学生带来了挑战，尤其是对于一些没有名气、层次不高的地方高校学生更是如此。大学生普遍表现出求职焦虑，对前途担忧，缺乏竞争意识，自信心不足。

目前，我国许多高校还没有系统对学生进行职业生涯指导和训练，使大多数学生不能及早地对未来的职业进行规划，并有计划逐步实施。大多数学生并不知道自己适合做什么，有的学生甚至不知道自己想做什么。自我的盲目和职场竞争的激烈给学生带来很多的不安和焦虑。大学生就业压力为中等程度，并具有阶段性的特点，大学毕业班学生是就业的高压力群体.就业压力的来源依次为就业竞争环境、专业供求矛盾、缺少求职帮助、自我认识与定位、职业素质评价、就业心理预期。

(二) 大学生的自律与他律

所谓自律，是指能够自己约束自己，能够自觉地将自己的行为限制在一定的规范之内，也包含了人们应有的自我监督意识和自我控制能力，体现了一种深刻的理性精神。而他律，就是接受他人或外在规定的约束，即法律、法规、舆论等外力对其行为的约束力。

从定义上我们可以看到，自律和他律是一个矛盾的统一体，在人的成长过程中，它们是相辅相成缺一不可的。确实，我们不能想象没有法律、法规的世界会是怎么样的世界，但有了法律法规是不是就天下太平了呢?为什么在法律、法规不断完善的今天，还是不断地有人去以身试法?他律如果撇开自律是不能够起作用的。因为这些法律、法规只有深入到人的心中，变成为人的内心信念，成为人的思想道德和行为的准则去制约人的行为，这样他律才能发挥作用。但要做到将自己的行为限制在一定的规范之内，这就要靠自律了。

因此，只有能自律的人才能做到他律，在自律和他律之间，自律是最重要的。大学生的成长过程也一样，同样是自律占主导地位，大学生必须做到自律。

从以上几方面我们可以看到，大学生成长过程中虽然离不开他律，但更重要的是自律。只有自律的大学生才可能成才，也才可能为祖国的发展、民族的振兴而无私奉献。随着社会主义市场经济体制的建立，知识经济时代的到来，我们更要注重培养大学生的自律意识，提高他们自律的能力，把大学生培养成为既适合社会主义市场经济需要，又具备迎接知识经济挑战的全面发展、素质过硬的建设者和接班人。

【案例 3-1】　　　　　　认 识 自 己

日本保险业泰斗原一平在 27 岁时进入日本明治保险公司开始推销生涯。当时，他穷得连中餐都吃不起，并露宿公园。

有一天，他向一位老和尚推销保险，等他详细地说明之后，老和尚平静地说:"听完你的介绍之后，丝毫引不起我投保的意愿。"

老和尚注视原一平良久，接着又说:"人与人之间，像这样相对而坐的时候，一定要具备一种强烈吸引对方的魅力，如果你做不到这一点，将来就没什么前途可言了。"

原一平哑口无言，冷汗直流。

老和尚又说:"年轻人，先努力改造自己吧!"

"改造自己?"

"是的，要改造自己首先必须认识自己，你知不知道自己是一个什么样的人呢?"

老和尚又说:"你在替别人考虑保险之前，必须先考虑自己，认识自己。"

"考虑自己? 认识自己?"

"是的！赤裸裸地注视自己，毫无保留地彻底反省，然后才能认识自己。"

从此，原一平开始努力认识自己，改善自己，大彻大悟，终于成为一代推销大师。

【案例3-2】 忠 诚 的 狗

小狗汤姆到处找工作，忙碌了好多天，却毫无所获。他垂头丧气地向妈妈诉苦说："我真是个一无是处的废物，没有一家公司肯要我。"

妈妈奇怪地问："那么，蜜蜂、蜘蛛、百灵鸟和猫呢？"

汤姆说："蜜蜂当了空姐，蜘蛛在搞网络，百灵鸟是音乐学院毕业的，所以当了歌星，猫是警官学校毕业的，所以当了保安。和他们不一样，我没有接受高等教育的经历和文凭。"

妈妈继续问道："还有马、绵羊、母牛和母鸡呢？"

汤姆说："马能拉车，绵羊的毛是纺织服装的原材料，母牛可以产奶，母鸡会下蛋。和他们不一样，我是什么能力也没有。"

妈妈想了想，说："你的确不是一匹拉着战车飞奔的马，也不是一只会下蛋的鸡，可你不是废物，你是一只忠诚的狗。虽然你没有受过高等教育，本领也不大，可是，一颗诚挚的心就足以弥补你所有的缺陷。记住我的话，儿子，无论经历多少磨难，都要珍惜你那颗金子般的心，让它发出光来。"

汤姆听了妈妈的话，使劲地点点头。

在历尽艰辛之后，汤姆不仅找到了工作，而且当上了行政部经理。鹦鹉不服气，去找老板理论，说："汤姆既不是名牌大学的毕业生，也不懂外语，凭什么给他那么高的职位呢？"

老板冷静地回答说："很简单，因为他是一只忠诚的狗。"

第四章

个人特质与职业规划

第一节　气质性格与职业规划

　　大学生职业生涯规划的核心是确定职业目标，进而找准努力方向，增强发展动力。确定职业目标必须考虑两大因素：首先是社会因素，包括社会经济发展水平与程度，与职业目标相关的科技发展水平，职业环境和职业制度，就业形势的发展、变化，就业市场的需求与前景等；其次是自身因素，包括人的气质、性格、能力、兴趣、需要、态度、价值观等。社会因素对职业目标的确定有着重要的影响，自身因素对职业目标确定的作用则更显突出。高校学生只有通过分析自身气质、性格、能力等因素与职业的关系，把握这些因素对职业选择的影响和作用，才能真正确定自己切实可行并值得终身追求的职业目标。

　　分析人的气质、性格、能力等因素的过程就是认识自己的过程。本章通过对气质、性格及与职业的匹配关系剖析，使大学生认识到更适合做什么，在哪些方面更易于取得成功；通过对能力及与职业的匹配关系剖析，让学生明白自身能够做什么，在哪些方面更易于发挥优势，更能调动自身的工作热情，体现追求的价值。

　　气质作为个性心理特征的一个方面，显得十分特别。气质是先天性的，是一个人与生俱来的，在婴儿诞生之时就已具有，终身也不会改变。我们了解气质的基本内容，分析各类气质的基本特征，通过一定方法测试自身的气质类型，目的是要把握它与职业之间存在的联系，确定两者之间是否存在"相适应"的关系。

一、气质与气质测试

　　气质是一个人表现在心理活动和动作方面的动力特征，即心理过程和动作发生的强度、速度、灵活性、持久性和心理指向性等方面特点的总和。气质与人们通常所说的"脾气"、"秉性"的意思相近。在人的各项活动中可以看到，有的人活泼好动，反应灵敏；有的人安静稳重，反应迟缓；有的人总是显得十分急躁，情绪明显外露；有的人则总是不动声色，情绪体验细腻深刻。人与人之间在这些心理特征方面的差异或相似，就表现为气质的异同。

　　两千多年前，古希腊的学者希波·克拉底将人分成四种类型：血液型、黄胆汁型、黑胆汁型和黏液型。希波·克拉底指出，人体里有四种液体：出自于心脏的血液、出自于肝脏的黄胆汁、出自于胃部的黑胆汁、出自于脑部的黏液。这几种液体在不同的人身体中所占的比例不同，就造成了不同的思维和行为方式，因而也就有四种类型的人。四种体液中血液占优势的就是多血质，黄胆汁占优势的就是胆汁质，黏液占优势的就是黏液质，黑胆汁占优势的就是抑郁质。这就是古代医学上的体液学说，这一学说显然缺乏科学依据。现代医学和心理学家在此基础上，经过科学的实验观察和应用测试，形成了现代气质学说，把人的气质分为多血质、胆汁质、黏液质、抑郁质四类。

下面的 60 道题可以帮助你大致确定自己的气质类型。在回答这些问题时，你认为很符合自己情况的计"2"分，比较符合的计"1"分，介于符合与不符合之间的计"0"分，不太符合的计"–1"分，完全不符合的计"–2"分。请回答：

(1) 做事力求稳妥，不做无把握之事。

(2) 遇到可气的事就怒不可遏，想把心里话全说出来才痛快。

(3) 宁肯一个人干事，不愿很多人在一起。

(4) 到一个新环境很快就能适应。

(5) 厌恶那些强烈的刺激，如尖叫、噪音、危险镜头等。

(6) 和人争吵时，总是先发制人、喜欢挑衅。

(7) 喜欢安静的环境。

(8) 善于和人交往。

(9) 羡慕那种善于克制自己感情的人。

(10) 生活有规律，很少违反作息制度。

(11) 在多数情况下情绪是乐观的。

(12) 碰到陌生人觉得很拘束。

(13) 遇到令人气愤的事，能很好地自我克制。

(14) 做事总是有旺盛的精力。

(15) 遇到问题常常举棋不定，优柔寡断。

(16) 在人群中从不觉得过分拘束。

(17) 情绪高昂时，觉得什么都有趣；情绪低落时，又觉得什么都没有意思。

(18) 当注意力集中于一事物时，别的事物很难使你分心。

(19) 理解问题总比别人快。

(20) 遇到危险情景时，常有一种极度恐怖感。

(21) 对学习、工作事业怀有很高的热情。

(22) 能够长时间做枯燥、单调的工作。

(23) 符合兴趣的事情，干起来劲头十足，否则就不想干。

(24) 一点小事就能引起情绪波动。

(25) 讨厌做那种需要耐心、细致的工作。

(26) 与人交往不卑不亢。

(27) 喜欢参加热烈的活动。

(28) 喜欢感情细腻、描写人物内心活动的文学作品。

(29) 工作学习时间长了常感到厌倦。

(30) 不喜欢长时间谈论一个问题，愿意实际动手干。

(31) 宁愿侃侃而谈，不愿窃窃私语。

(32) 别人说我总是闷闷不乐。

(33) 理解问题常比别人慢些。

(34) 疲倦时只需短暂休息就能精神抖擞，重新投入工作。

(35) 心里有话，宁愿自己想，不愿说出来。

(36) 认准一个目标就希望尽快实现，不达目的，誓不罢休。

(37) 同样和别人学习、工作一段时间后，常比别人更疲倦。

(38) 做事有些莽撞，常常不考虑后果。

(39) 老师或师傅传授新知识、技术时，总希望他讲慢些，多重复几遍。

(40) 能够很快地忘记那些不愉快的事情。

(41) 做作业或完成一件工作总比别人花的时间多。

(42) 喜欢运动量大的剧烈体育活动，或参加各种文艺活动。

(43) 不能很快地把注意力从一件事转移到另一件事上去。

(44) 接受一个任务后，就希望把它迅速解决。

(45) 认为墨守成规比冒风险强些。

(46) 能够同时注意几件事物。

(47) 当烦闷的时候，别人很难使你高兴起来。

(48) 爱看情节起伏跌宕、激动人心的小说。

(49) 对工作抱认真严谨、始终一贯的态度。

(50) 和周围的人的关系总是处理不好。

(5l) 喜欢复习学过的知识，重复做已经掌握的工作。

(52) 希望做变化大、花样多的工作。

(53) 小时候会背的诗歌，似乎比别人记得更清楚。

(54) 别人说你"出语伤人"，可你并不觉得这样。

(55) 在体育活动中，常因反应慢而落后。

(56) 反应敏捷，头脑机智。

(57) 喜欢有条理而不甚麻烦的工作。

(58) 老师讲新概念，常常听不懂，但是弄懂以后就很难忘记。

(59) 兴奋的事常常使你失眠。

(60) 假如工作枯燥无味，马上就会情绪低落。

确定气质类型的方法如下：

(2)、(6)、(9)、(14)、(17)、(21)、(27)、(31)、(36)、(38)、(42)、(48)、(50)、(54)、(58)题是胆汁质的得分(15 题)。

(4)、(8)、(11)、(16)、(19)、(23)、(25)、(29)、(34)、(40)、(44)、(46)、(52)、(56)、(60)题是多血质的得分(15 题)。

(1)、(7)、(10)、(13)、(18)、(22)、(26)、(30)、(33)、(39)、(43)、(45)、(49)、(55)、(57)题是黏液质的得分(15 题)。

(3)、(5)、(l2)、(15)、(20)、(24)、(28)、(32)、(35)、(37)、(41)、(47)、(5l)、(53)、(59)

题是抑郁质的得分(15 题)。

如果某一项得分在 20 分以上，则为典型的该种气质；如果某两项或三项之间相差不过 5 分，则为混合气质，略倾向于分值高的选项。

二、气质类型与职业匹配

通过测试，我们可以确定自身的气质类型。如果要了解各种气质类型的行为表现和心理特点，则需要对四种气质类型的特征进行认真分析。

(一) 多血质特征分析

多血质的人活泼，好动，敏感，反应迅速，善于交际，情感易外露；对一切吸引他注意的事物都会做出兴致勃勃的反应，在群体中比较受欢迎，言语富有感染力，表情生动，反应灵敏，但情绪不稳定，喜怒易变，常有不守信用的行为表现；注意力容易转移，对事物的热情维持时间不长；灵活性高，活泼好动，但往往不求甚解；工作适应能力强，讨人喜欢，交际广泛，容易接受新事物，也容易因见异思迁而显得轻浮。

(二) 胆汁质特征分析

胆汁质的人直率，热情，精力旺盛，情绪易于冲动，为人直爽坦诚，工作主动，行为果断，爱指挥人，心境变化剧烈，脾气急躁，情绪明显外露；但自制力比较差，容易感情用事，行为具有攻击性，又可称"好斗型"；他们对工作、生活中碰到的眼前困难能坚决克服，但如果短期内不能解决困难，则会情绪低落，主动性较差；这种人的情感和情绪发生迅速，爆发力很好，同时，情感和情绪消失得也快；智力活动灵敏有力，但理解问题时容易粗心大意；意志力坚强，不怕挫折，勇敢果断，但容易冲动的缺点会影响决策；他们在工作中热情高，表现得雷厉风行，顽强有力。

(三) 黏液质特征分析

黏液质的人安静，稳重，反应迟缓，沉默寡言，善于忍耐，不尚空谈，富有理性；情感不易发生且不外露，自制力强；行动缓慢沉着，善于完成需要意志力和长时间注意的工作；有时情感过于冷淡，行动拘谨，不善随机应变，缺乏创新精神；灵活性低，情绪比较稳定，变化缓慢，喜欢沉思；思维和言行稳定而迟缓，冷静而踏实；对工作考虑细致周到，坚定地执行自己已做出的决定，往往对已经习惯了的工作表现出高度热情，而不容易适应新的工作和环境。

(四) 抑郁质特征分析

抑郁质的人孤僻，好静，行为迟缓，多愁善感，感情细腻，沉稳冷静，情绪体验深刻，富于想象，工作认真，不轻易许诺；情绪不易外露，善于觉察细小事物；在群体中会周到地领会别人的想法和感觉，但不善于与人交往，在处理事情时优柔寡断，主动性较差；在工作过程中常常显得信心不足，缺乏果断性，交际面较窄，常常有孤独感。

从以上四种气质类型的特征分析可以看出，每种气质的特征中都有优点和缺点、积极和消极的方面，各有偏重，各有长短。因此，气质类型间不存在优劣、好坏之分，与一个人活动的社会价值和成就高低也无直接关系。但是，气质与一个人处理问题的方式及反应是有关联的，对所从事的工作的性质和效率有一定的影响。

一位心理学家用一个有趣的例子揭示了不同气质的人在同一情景下所做的不同反应。四个不同气质的人去剧院看戏，不幸的是都迟到了。按照规定，在第一幕开演后就不许观众进场，只有幕间休息的时候才可以进出。多血质的人遇到这种情况，就会想方设法另找入口，最后从楼上的小门里翻了进去；胆汁质的人一定是要跟检票员争执不休，认为检票员在为难他并且非要闯进去不可；黏液质的人则规规矩矩地守在门外，觉得剧院的规定有理，等待幕间休息；而抑郁质的人则会垂头丧气地回家去，边走边哀叹自己命运不济，连看戏这种事情也倒霉。

由于不同气质类型的人对同一事情的反应和处置不同，因而对其从事的工作性质和效率产生一定的影响，产生不同结果。气质会影响人活动的特点、方式和效率。一定的职业活动的顺利进行，要求从事者必须具有某些气质特征，发挥其优点，避免其缺点。因此，气质和职业之间存在着一定的匹配关系，各种气质类型有其较为适应的职业范围。

多血质的人，比较适合做社交性、文艺性、多样化，要求反应敏捷且均衡的职业，而不太适合做需要细心钻研的职业。他们可从事的职业范围广泛，如外交人员、管理人员、驾驶员、医务人员、律师、运动员、公关营销人员、新闻记者、教师、冒险家、服务员、侦察员、警察、演员等。他们不太适合从事流水线工作、出版业和报业的编辑校对、IT 制造业工程师、电子维护及软件工程师等职业。

胆汁质的人，较适合做反应迅速、动作有力、应急性强、危险性较大、难度较高而费力的职业。他们可以成为出色的导游、公务员、勘探工作者、推销员、节目主持人、演讲者、外事接待人员等。他们不适宜从事稳重、细致的职业，如外科医生、财务会计员、计算机程序员、出版和媒体采编人员等。

黏液质的人，较适合从事有条不紊、刻板平静、耐受性较高的职业，而不太适宜从事激烈多变的职业。他们可从事的职业有外科医生、法官、IT 产业人员、编辑、行政人员、出纳员、播音员、会计、调解员、咨询员等，不太适合从事外事人员、公关人员、营销员、媒体策划者等职业。

抑郁质的人，能够兢兢业业地工作，适合从事持久细致的职业，如技术人员、打字、排版员、检录师、化验员、研究员、艺术工作者、护士、心理咨询员、幼儿教师、软件开发人员、机要秘书、保管员等。他们不适合从事要求反应灵敏、处理果断的职业，如演讲主持、推销员、运动员、军事指挥员、探险者等职业。

三、性格与职业生涯规划

性格影响气质，还对能力的形成和发展起制约作用。性格中影响工作态度的成分，往往影响到职业的选择和成就。自私、傲慢、孤僻、暴躁，对公益事业漠不关心，轻视社会行为规范的人，就不适宜从事与人打交道的职业，如教师、服务员、公关人员、外交人员、机关干部等。而意志中缺乏坚韧性的人不适宜从事诸如外科医生、科学研究人员、资料管理人员、运动员等要求耐力很强的工作；动摇、怯懦、散漫的人，不适宜选择诸如思想政治工作、服务员、教师等职业。

(一) 性格的分类

美国心理学家和职业指导专家霍兰德经过十几年的跨国研究，提出了职业人格理论(参考霍兰德职业倾向测验量表)。他认为人的性格大致可以划分为六种类型，这六种类型分别与六类职业相对应，如果一个人具有某一种性格类型，便易于对这一类职业发生兴趣，从而也适合从事这种职业。

1. 现实型（R——Realistic）

现实型的人喜欢有规则的、具体劳动和需要基本技能的工作。这类职业一般是指熟练的手工业行业和技术工作，通常要运用手工工具或机器进行劳动。这类人往往缺乏社交能力。现实型的人适于作工匠、农民、技师、工程师、机械师、鱼类和野生动物专家、车工、钳工、电工、报务员、火车司机、机械制图员、电器师、机器修理工、长途公共汽车司机等。

2. 研究型（I——Investigative）

研究型的人喜欢智力的、抽象的、分析的、推理的、独立的任务。这类职业主要指科学研究和实验方面的工作。但这类人往往缺乏领导能力。

3. 艺术型（A——Artistic）

艺术型的人喜欢通过艺术作品来达到自我表现，爱想象，感情丰富，不顺从，有创造性，能反省。艺术型的人缺乏办事员的能力，适于作室内装饰专家、摄影家、作家、音乐教师、演员、记者、作曲家、诗人、编剧、雕刻家、漫画家等。

4. 社会型（S——Social）

社会型的人喜欢社会交往，常出入社交场所，关心社会问题，愿为别人服务，对教育活动感兴趣。社会型的人适于作导游、福利机构工作者、社会学者、咨询人员、社会工作者、学校教师、精神卫生工作者、公共保健护士等。

5. 企业型（E——Enterprising）

企业型的人性格外向，爱冒险活动，喜欢担任领导角色，具有支配、劝说和言语技能。这类人往往缺乏科学研究能力。企业型的人适于作推销员、商品批发员、进货员、福利机构工作者、旅馆经理、广告宣传员、律师、政治家、零售商等。

6. 传统型（C——Conventional）

传统型的人喜欢系统的、有条理的工作任务，具有实际、自控、友善、保守的特点。这类人往往缺乏艺术能力。传统型的人适于作记账员、银行出纳、成本估算员、核对员、打字员、办公室职员、统计员、计算机操作员、秘书、法庭速记员等。

(二) 性格与职业的选择

人们常说性格决定命运，性格也影响着我们的职业(比如工作方式)和生活习惯(比如起居饮食)以及行为方式(比如人际交往)等方方面面，其实这也在无形中要求我们的性格必须与我们的职业相对应。因此，当开始我们的职业生涯时，也应该结合相应的职业规划。职业生涯是指一个人一生中所有与职业相联系的行为与活动，以及相关的态度、价值观、愿望等连续性经历的过程，也是一个人一生中职业、职位的变迁及工作理想的实现过程。职业规划则是针对决定个人职业选择的主观和客观因素进行分析和测定，确定个人的奋斗目标并选择实现这一职业目标。职业规划要根据自身的兴趣、特点，将自己定位在一个最能发挥自己长处的位置，选择最适合自己能力的事业。从这个意义上来说，最初的专业选择和最初的职业选择就显得极为重要。职业准备阶段作为个人职业生涯的起步阶段，也是人生的第一个转折点。在选择的过程中，我们应弄清楚以下几个问题。

1. 兴趣倾向

西方有句谚语：如果你不知道你要到哪儿去，那通常你哪儿也去不了。意思是，一个人若是不知道自己想要做什么，通常什么也做不好。所以，确立一个具体的职业目标和工作方向，清楚地知道自己未来想做什么，是职业规划的第一步。从事一项感兴趣的工作本身就能给人以满足感，职业生涯也会从此变得妙趣横生。一代球王贝利视足球为生命的执著追求，终于使他成为世界瞩目的球星。浓厚的职业兴趣是一个人事业成功的巨大推动力。

2. 个人能力

必须指出的是，我们仅仅凭兴趣去选择毕竟是不全面和不客观的，感兴趣的事情并不代表自己有能力去做，某些职业所必备的个性能力特征决定了不只是有兴趣就能做好的。因此，清楚自己能做什么、适合做什么是选择专业的必备条件。因为不同能力优势和未来从事的职业是有所区别的，如空间能力强的人适合于从事机械制造、工程设计、建筑等与之相对应的职业；言语能力强的人适合于学习语言文学、文字编辑等专业和从事相应的职业，比如爱因斯坦因思考方式偏向直觉，就没有选择数学而是选择了更需要直觉的理论物理作为事业的主攻方向。相信每个人都有自己的能力优势和个性特征，有自己的强项、弱项，只有在充分认识自己的前提下，才能恰当地选择好适合自己的职业方向。

3. 社会需求

在明确自己想干、能干的专业领域和事业方向的同时，还应兼顾考虑社会的需求和未来发展前景等外在因素，这是职业选择是否成功的基本保证。如果所选择的职业自己既感兴趣又符合能力要求，但社会没有需求或需求极少，这样的职业规划其起步就是失败的。由于社会人才需求、劳动力市场变化发展的不确定性，衡量社会需求以及发展前景不是件简单的事情，因而在选择专业时，应综合权衡、统筹考虑，理智地走好职业规划的第一步。

在职业选择阶段，就需要对自己进行最终的职业定位，从而确定自己的职业方向，找到自己喜欢的工作。好高骛远，只会是一事无成；妄自菲薄，终将悔恨终身。这一阶段生涯规划的核心内容就是在充分做好自我评价和内外环境分析的基础上，选择适合自己的职业——与自己兴趣、能力匹配，符合自己职业发展方向的理想职业。

在选择职业之初，我们就应该有个大体的目标和规划，首先要考虑的不是薪水问题，而是兴趣爱好和个人能力问题，尤其是这个企业能否带给你更大的发展空间，充分挖掘出你的潜力和才能问题。在这种情况下，性格与职业的相互吻合和一致就显得比较重要了。要将自己的性格与职业的选择放在一起进行比较和衡量，看看自己是否喜欢这个职业，自己的性格是否适合这个职业，然后才有可能将自己的能力发挥得淋漓尽致。

第二节　兴趣与职业规划

面对日益严峻的就业形势，大学生越来越有必要按照职业生涯规划理论加强自我认知度，也就是对自身的认识与了解，找出自己感兴趣的领域，确定自己的价值观，了解自己的气质与性格，以及以自己的能力能干什么样的工作。

兴趣即对事物喜好或关切的情绪。丁肇中曾经说过："兴趣比天才更重要。"兴趣就像一根无形的指挥棒，是一种无形的动力，当我们对某件事情或某项活动感兴趣时，就会很投入，而且印象深刻。而实践也证明：在影响个人职业生涯规划与发展的众多主观因素当中，兴趣起到的作用是最大的。那么，什么是兴趣？兴趣是怎样发展和影响大学生职业生涯规划的呢？

一、兴趣的含义

兴趣是人们学习知识、掌握某种事物，并经常参与该种活动的心理倾向；或者说，兴趣是人们积极探究某种事物的认识倾向。例如，你对某种职业感兴趣，就会对该种职业活动表现出肯定的态度，并积极思考、主动探索和追求。

我们可以把兴趣分为精神兴趣、物质兴趣和社会兴趣。精神兴趣主要是指人们对精神生活、文化、科学和艺术(如学习、研究、文学艺术、知识)的迷恋和追求，例如绘画、书法、摄影、旅游、写作、发明创造等；物质兴趣主要指人们对舒适的物质生活，如衣、食、住、行方面的兴趣和追求，例如收藏的兴趣等；社会兴趣主要是指对社会工作等活动的兴趣。

兴趣又分为直接兴趣和间接兴趣。例如，你喜欢跳舞、打球，可能是因为这些活动本身对你有吸引力，通过这些活动你会获得愉快和满足；再比如说有的学生想象力丰富，富于创造性，喜欢制作各种模型，在制作过程中，全神贯注，表现出浓厚的兴趣——这就是直接兴趣。而间接兴趣主要指对活动过程所产生的结果的兴趣。有的学生业余喜欢绘画，每当完成一幅画，他都会对自己取得的成果表现出极大的兴趣；再比如说你可能感到学外语是一件很枯燥的事情，但对它仍然兴致很浓，这并不是学外语本身会给你带来轻松愉快，而是学外语可以继续攻读学位，可以直接了解国外最新信息，可以找到满意的工作，可以出国学习或交流等，是这些结果在吸引你学习——这就是间接兴趣。直接兴趣和间接兴趣是相互联系、相互促进的，如果没有直接兴趣，制作各种模型的过程就很乏味、枯燥；而没有间接兴趣的支持，也就没有目标，过程就很难持久下去。因此，只有把直接兴趣和间接兴趣有机地结合起来，才能充分有效地发挥一个人的积极性和创造性，才能持之以恒，目标明确，取得成功。

二、兴趣的产生和发展过程

兴趣的产生和发展一般要经历这样一个过程：有趣—乐趣—志趣。有趣是兴趣过程的第一个阶段，也是兴趣发展的低级阶段，它往往短暂易逝，非常不稳定。处于这一阶段的兴趣常常与你对某一事物的新奇感相联系，随着这种新奇感的消失，兴趣也会自然地逝去。

兴趣过程的第二个阶段是乐趣，它是在有趣定向发展的基础上形成的，是兴趣发展的中级阶段。在这一阶段中，你的兴趣变得专一、深入起来，如喜爱网络文学的你很可能会成天沉溺于网络文学作品中。

兴趣发展过程的第三个阶段是志趣，当乐趣与你的理想、奋斗目标以及社会责任感等结合起来的时候，乐趣就变成了志趣。所以志趣具有社会性、自觉性和方向性，是我们取得成就的根本动力，也是成功的重要保证。

三、兴趣对职业生涯规划的影响

(一) 兴趣是职业生涯选择的重要依据

兴趣是最好的老师，是一种强大的精神力量。兴趣可以使人集中精力去获得你所喜欢的职业知识，启迪智慧并创造性地开展工作。当一个人对某种职业发生兴趣时，他就能发挥主观能动性，就能积极地感知和关注该职业知识、动态，并且积极思考，大胆探索；就能情绪高涨、想象丰富；就能增强记忆效果，增强克服困难的意志。反之，"强按牛头不喝水"，是不会取得良好效果的，当然也就很难在该职业上发挥个人的优势、做出巨大贡献了。正像你在日常生活中喜欢从事自己感兴趣的活动一样，具有一定兴趣类型的你更倾向于寻找与此有关的职业，特别是在外界环境限制较小时，你更倾向于选择自己感兴趣的职业。

(二) 兴趣可以提高你的工作效率，充分发挥你的才能

一个人对某一方面的工作有兴趣时，枯燥的工作会变得丰富多彩、趣味无穷。兴趣使工作不再是一种负担，而是一种享受。因为兴趣可以调动人的全部精力，以敏锐的观察力、高度的注意力、深刻的思维和丰富的想象力投入工作，促进你能力的发挥，兴趣和能力的合理结合会大大提高工作效率。曾有人进行过研究：如果你从事自己感兴趣的职业，则能发挥你全部才能的 80%～90%，并且长时间保持高效率而不感到疲劳；若对所从事的工作没有兴趣，只能发挥你全部才能的 20%～30%。

(三) 兴趣是保证职业稳定、职场成功的重要因素

对某一职业有浓厚的兴趣，是智力开发的"孵化器"。兴趣是工作动力的主要源泉之一。对于一个人来说，对工作感兴趣，就愿意钻研，就会出成就——这正是兴趣的作用所在。一般来说，兴趣是你职业生涯适应的一个基本方面，可以为职业生涯选择提供有效的信息。兴趣主要用于预测你的工作满意感和工作稳定性，工作满意是职业生涯适应的一大标志。在其他条件相似的情况下，从事自己感兴趣的职业不但让你感到满意，而且能够让你的工作单位感到满意，并由此导致工作的长期性和稳定性。此外，多方面的兴趣可以使人善于应付多变的环境。如需变换工作，只要自己感兴趣，就能够很快地适应这项工作，并能够在新的岗位很快地熟悉和适应新的工作。因此，兴趣是职场成功的一个重要因素，它能将你的潜能最大限度地调动起来，使你长期专注于某一方向，做出艰苦的努力，取得令人瞩

目的成绩。

　　一个人如果能根据自己的爱好去选择职业，他的主动性将会得到充分发挥。即使十分疲倦和辛劳，也总是兴致勃勃，心情愉快；即使困难重重也绝不灰心丧气，而能想尽办法，百折不挠地去克服它，甚至废寝忘食，如醉如痴。爱迪生就是个很好的例子。他几乎每天都在实验室里辛苦工作十几小时，在那里吃饭、睡觉，但丝毫不以为苦，"我一生中从未间断过一天工作"。他宣称："我每天其乐无穷。"难怪他会成功。

　　因此，在选择长期、稳定的大学生职业生涯规划时，不仅需要知道自己有能力从事什么样的工作，更重要的是需要知道自己对哪类工作感兴趣。只有将能力和兴趣结合起来考虑，才更有可能规划好职业生涯并取得职业生涯的成功。

第三节　价值观与职业规划

一、价值观的含义

(一) 价值观的意义

　　工作价值观也叫职业价值观，是价值观在所从事的职业上的体现，是人们对待职业的一种信念和态度，或者在职业生涯中表现出来的一种价值取向。职业价值观是个人对某项职业的价值判断和希望从事某项职业的态度倾向，即个人对某项职业的希望、愿望和向往。职业价值观表明了一个人通过工作所要追求的理想是什么，是为了财富，还是为了地位或其他因素，是无论你从事什么工作，都会努力在工作中追求的东西。从另一个角度来讲，工作价值观就是你最期待从工作中获得的东西。

　　价值观支配着人的行为、态度、观察、信念、理解等，支配着人认识世界、了解事物对自己的意义和自我了解、自我定向、自我设计等；也为人自认为正当的行为提供充足的理由。我们这里考察的职业价值观，是探讨人们在职业选择和职业生活中，在众多的价值取向里，优先考虑哪种价值。

(二) 价值观的特征

　　价值观具有相对的稳定性和持久性。在特定的时间、地点、条件下，人们的价值观总是相对稳定和持久的。比如，对某种事物的好坏总有一个看法和评价，在条件不变的情况下这种看法不会改变。但是，随着人们的经济地位的改变，以及人生观和世界观的改变，这种价值观也会随之改变。这就是说价值观也处于发展变化之中。价值观是人形成的一种关于某种价值的观念，它具有持久、稳定的特点，而且会一直支配着人的日常行为和活动。

　　价值观分为普适性价值观和特定性价值观。人们以追求真善美为价值取向的观念，是为普适性价值观。而个体对周围的客观事物(包括人、事、物)的意义、重要性的总评价和总看法，是为特定性价值观。价值观的特性可以概括为以下几个方面：

1．价值观是因人而异的

由于每个人的先天条件和后天环境不同，人生经历也不尽相同，每个人的价值观的形成会受到不同的影响，因此，每个人都有自己的价值观和价值观体系。在同样的客观条件下，具有不同价值观和价值观体系的人，其动机模式不同，产生的行为也不同。

2．价值观是相对稳定的

价值观是人们思想认识的深层基础，它形成了人们的世界观和人生观。它是随着人们认知能力的发展，在环境、教育的影响下，逐步培养而成的。人们的价值观一旦形成，便是相对稳定的，具有持久性。价值观在特定的环境下又是可以改变的。由于环境的改变、经验的积累、知识的增长，人们的价值观有可能发生变化。

二、当代大学生价值观的特点与现状

(一) 当代大学生的价值观特点

价值取向属于价值哲学的重要范畴，它指的是一定主体基于自己的价值观在面对或处理各种问题时所采取的行动准则和表现出来的基本价值倾向，它对主体的价值选择起决定性作用。从整体看，当代大学生人生价值观的主流是健康向上的，他们的自主、竞争、公平、效率等时代意识明显增强；从个体看，多数大学生尚未形成完整的、稳定的人生价值观，在一些问题上常常表现出矛盾或多变状态。当代大学生价值取向的特点如下：

1．可塑性

当代大学生拥护党的改革开放政策，对中国的前途充满信心，他们有着较深厚的爱国主义情感和强烈的民族精神，他们具有自强自立、奋发向上的进取精神，他们是"最有希望的一代"、"思考的一代"和"走在改革的最前列的一代"。中国社会正在变革中发展和进步，这也为当代大学生价值观的形成及成熟提供了宏观背景和客观的环境条件。所以，当代大学生价值观的形成具有很大的可塑性。

2．多元性

当代大学生的价值观具有多元性的特征。比如，在价值标准上，有的"唯书"，有的"唯上"，有的"唯实"；有的以社会利益为标准，有的以小团体利益为标准，有的以个人利益为标准。在价值取向和价值目标上，有的重钱、有的重义，有的重享乐、有的重事业，有的重理想、有的重现实。当代大学生价值观的多元性特征与多元化主体组成的多元化社会格局相关，使得社会生活异彩纷呈，但也可能引起思想的混乱和社会的无序。应当指出的是，在当代大学生的价值观的多元格局中，健康、向上的价值观仍居主导地位。

3．两重性

当代大学生冲破了传统观念和教条主义的藩篱，开始注重自我价值的实现。但是，从价值评判标准来看，他们的价值观具有明显的两重性，即以集体主义的价值标准评判别人，以利己主义的价值标准评判自己。这说明，他们对见义勇为等行为在观念上是认同的，但却不能转化为自觉的实际行动，这种矛盾性和双重标准，反映了当前社会的不良思潮对大学生的思想和行为的影响。

4. 务实性

新时期，我国大学生的个体本位思想表现得极其突出，他们考虑问题、判断事物、确立目标都会从自身利益出发，崇尚个性的彰显，谋求个人的发展，充分体现了以自我为中心的价值取向。一方面大学生在考虑个人价值的时候会认真思考与社会价值的对应性；另一方面，大学生的价值观念受到社会转型的影响，变得更自主、更明确、更现实，理想信念型的择业观，不知从何时起早已从当代大学生的思想中逐渐淡出。

(二) 当代大学生价值观的现状

进入 21 世纪以来，社会处于转型期，全球化浪潮对整个人类的认知和生存状态都产生了深远的影响，伴随全球经济的增长，不同文化和不同地域之间的联系凭借现代媒体、先进的交通工具在更大范围、更多领域、以更快捷的方式得以实现，人们在全球化的进程中逐渐形成了世界性的眼光。然而，在全球化的进程中也出现了负面效应，最为突出的就是由于社会价值观的多样化发展趋势，人们的价值取向伴随各自的条件、信念与选择的不同，呈现出更加多样化、多向化、多维化、多层化、立体化的状态。这一方面说明中国社会在快速发展中充满了向上的活力，另一方面也使得一些社会成员在转型期出现了程度不同的价值困惑。大学生是社会宝贵的人才资源，是一个知识型、思考型群体，也是期望值最高的群体，同时又是变动性和可塑性很强的群体。但在当今一些大学生身上不同程度地存在着政治信仰迷茫、理想信念模糊、价值取向扭曲、诚信意识淡薄、社会责任感缺乏、艰苦奋斗精神淡化、团结协作观念较差、心理素质欠佳等问题，造成这些问题的成因很多，我们应该在对这些成因加以分析的基础上，来探讨学校应如何加强对大学生价值观的教育，引导当代大学生树立正确的价值观。当代大学生价值观的现状总结说来有以下几点：

1. 政治观方面，政治参与意识强，政治观点正确，但辨别能力较弱

当代大学生热爱党，热爱祖国，热爱社会主义，坚决拥护党的路线方针政策，高度认同邓小平理论和"三个代表"重要思想，充分信赖以习近平同志为总书记的党中央，对建设中国特色社会主义道路、实现中华民族的伟大复兴充满信心，同时对任何有损民族利益的言行都是坚决反对的。不少大学生在政治上积极追求进步，入党已成为现今在校大学生的主要政治选择，而他们在申请入党和入党以后，基本上都能在学习、工作、生活上严格要求自己，并起到表率作用。他们的政治敏感度高，参与意识强，关注国内外大事。但不少学生政治上的辨别能力较弱，表现出激情有余，理性不足。

2. 核心价值观方面，由注重集体利益向关注自身发展转变

市场经济强调公平竞争，自身努力对前途的影响具有关键意义。因此，当前大学生更为关心自我发展，这在扩充自身知识和提高身体素质上都得到体现，当然这有利于个人全面发展。但是事物具有两面性，不难发现，在当代大学生中漠视他人与集体利益的现象广泛存在。集体主义精神在大学生价值观中的地位不如以往突出。由于他们对个人价值和个人发展考虑多，而从集体、社会利益方面考虑少，对社会、对集体的责任感和使命感有所下降。有些大学生在自我设计，自我奋斗时，无视他人、社会和国家的需要，只讲自我价

值，不讲社会价值，过分强调自我，追求个人利益，而丢弃了集体主义价值观。

3．价值观标准方面，由讲求奉献向追求物质利益转变

社会主义市场经济条件下，人们的价值观由崇尚奉献精神、轻视个人物质利益向追求利益最大化转变。这点较为突出地表现在大学生的择业观上。以往是"我是一块砖，哪里需要哪里搬"。如今自主择业，大学生普遍选择机关单位或知名外企，看中前者的稳定和后者的高薪。大学生在思想和行动上越发务实，特别看重自身利益的实现。另一方面，社会主义市场经济的求利原则也冲击了安贫乐道、鄙视物质利益的传统观念，这对大学生的价值观产生的积极影响是能激励他们成功的激情和欲望，但是这种求利原则也会使一些大学生一味地注重实惠和功利，易于滋生拜金主义和享乐主义。在实现人生追求中，一些大学生缺乏远大的理想抱负，重物质利益而轻无私奉献，重金钱而轻理想追求，重等价交换而不愿奉献，把"挣很多钱"、"当官发财"作为人生幸福的标准，把奢侈、享乐作为人生的最大追求。

4．价值观评价方面，由单一向多元和宽容转变

我国政治生活氛围日渐融洽，私人空间不断扩大，加之多元价值观的出现，使得价值观评价标准日趋多样化。大学生思想较为开放，易于接受新事物，在评价价值观时，显得较为宽容。他们的价值观评价标准已不再像过去那样单一，对一些新事物表现出充分的理解和宽容。

(三) 引发大学生价值观变化的主要因素

1．社会因素

随着全球经济一体化进程的加快，价值观层面呈现日趋多元化的趋势。我国在经济上由本国经济向全球经济转变，政治上由权威型向民主型转变，文化上由国家统管向百花齐放转变。西方各种思潮也随着经济一体化的浪潮向大学生席卷而来。个人主义、拜金主义等资本主义的腐朽思想对涉世未深的大学生来说是场巨大的冲击。大学生缺乏社会阅历，面对复杂的社会现象，他们感到困惑和迷茫，尤其是当他们受到挫折后，往往容易认为高尚的思想道德是虚无缥缈的，金钱和权力才是最管用的。因此，从理论上讲，大学生知道价值取向中的对与错，但践行起来，却是实用主义大行其道，由此产生理想主义与现实主义、理论与实践的价值冲突。

2．传统的思想政治理论课教育机制的影响

随着社会主义市场经济体制的建立和完善，高校思想政治理论教育工作根据形势发展的需要，已逐步建立新的工作体系，但是还不完善，不健全。传统的思想政治理论教育依然存在，如教育形式单调、内容僵化、针对性不强、手段落后、教育力度不够等问题比较突出。学校在学生价值观教育上过度强调认知、理论与实际脱离，价值观教育变成了单纯的知识教育；方法缺乏科学性和针对性，把价值观教育过程看成单纯的外炼过程，把教育过程和内化过程分离，忽视了学生的主观能动性和自我教育功能的发挥。

3．家庭因素的影响

家庭教育对大学生价值观的形成具有长期、深刻的影响。目前尽管多数家长在主观上

也认同社会主导价值观，但出于对子女适应现实社会的担忧和对其眼前利益的维护，往往在具体问题处理上又采用实用主义的做法，在价值观教育上倾向于个人本位和"金钱"本位，这种倾向直接影响了大学生正确价值观的形成。

4．大学生自身特点的影响

在事物变化的过程中，外因是变化的条件，内因是变化的根据，外因通过内因起作用。当前大学生具有接受新思想、新事物快的特点。但是由于他们对各种价值观的接受程度不同，在多种价值观并存的情况下，很难独立进行正确地选择。他们的价值观往往呈现出矛盾、多元和不稳定的特点。另外，他们喜欢按照自己的方式和个人的经验判断是非和处理问题，客观地对待环境和社会，主观唯心地认识自己。这样很容易在价值观的选择上产生偏差。

(四) 加强大学生价值观教育的几点对策

1．引导积极投身社会实践，促进知行统一

解决大学生的价值观冲突，就要加强大学生的社会实践。大学生只有投身社会实践，才能正确了解国情，加深对书本知识的理解，并在实践中自觉学习和思考，把经过实践检验的正确思想内化，构建起符合社会规范和时代要求的价值体系。也只有通过社会实践，才能将内在价值最大限度地发挥出来，满足社会和他人的需要，做到内在价值与外在价值的统一，并在为社会做贡献、为群众服务的实践过程中完善和发展自己，积极地把社会认同的道德准则和价值观念内化为自己的东西，实现人生价值观的不断升华。可以开展"三下乡"、敬老院或福利院送温暖等活动，让大学生亲自去开展社会调研，更深刻地了解社会现状，对孤寡老人及需要关爱的孤儿出一份力，从他人的笑脸上看到自己的价值。

2．高校发挥思想政治理论课主渠道作用

当前，大学生思想道德层面存在的种种困惑与偏差，最根本的原因是他们对市场经济体制缺乏足够的认识，对改革中出现的问题不能正确看待，对社会变化缺乏足够的心理准备。因此，我们要加强大学生的思想理论教育，要把马列主义、毛泽东思想，邓小平理论和"三个代表"重要思想等理论教育同大学生的世界观、人生观、价值观教育紧密地结合起来，教会他们运用马列主义的立场、观点与方法来正确认识和看待社会现实问题。同时，要培养一支志立献身思想政治教育、具有坚定的共产主义信仰的教师队伍，努力提高他们的思想政治素质和业务素质。还要改革教育内容、改进教学方法，使思想政治理论教学既具有理论上的科学性和坚定性，又具有鲜明的时代感和强烈的现实针对性。

3．优化家庭教育

家庭是学生的第一课堂，家庭对学生的价值观的形成具有长期、深刻的影响，家庭教育有着学校教育和社会教育无法比拟的优势。父母与子女朝夕相伴，对子女的情况最熟悉，教育也最具有针对性和及时性。同时家庭教育增加了情感教育，可以更好地做到动之以情、晓之以理、导之以行。为此父母要为当代大学生提供良好的家庭氛围，同时注意加强对他们的品德、人格教育，使家庭教育建立在科学、民主的基础之上，倡导科学、健康的生活方式。

4. 加强大学生的自我管理和自我教育

大学生自身身心发展的影响是大学生价值观变化的主观原因，有效地接受价值观教育，有效抵制不良网络文化的冲击，需要大学生强化自我管理、自我教育的意识，来塑造坚强的自制力。大学生价值观的形成是主体与社会相互作用的结果，心理特征是其人生价值观形成和发展的主观因素，要通过开展大学生心理健康教育，消除大学生心理冲突和矛盾，培养学生良好的个性，优秀的品质和思想道德素质，从而达到身心和谐。进入青春期以后，青年人的自我意识有了很大的提高，大学生的自我意识更加强烈，自信心、自尊心和好胜心也更为显著。他们对环境的情绪反应也更加强烈，对自己感兴趣的事情表现出较高的热情，对兴趣不大的事情冷漠相待，顺利时踌躇满志，挫折时无精打采，所以他们的价值观很不稳定。青春期的另一特点就是逆反心理，大学生用怀疑和批判的眼光来审视现实，由于缺少社会阅历，很容易冲动不考虑后果，心理承受能力低，所以必须引导他们形成良好的心理素质，培养强烈的自制力，加强大学的自我管理和自我教育的意识。

通过以上分析我们可以看到，当代大学生价值观的主流是积极的，存在的负面现象是可以通过教育和引导逐步克服的，这需要社会家庭和学校的共同努力和共同教育，只有这样，才能通过教育和引导使他们提高认识能力，明辨是非，形成正确的人生观、价值观。我们要面对现实，审时度势，把握未来，迎接挑战，这样才能使大学生树立无愧于时代的正确的价值观，以适应未来社会发展的需要。

三、价值观与职业生涯规划

(一) 从理想、信念和世界观角度对价值观的分类及适合的职业类型分析

职业价值观指人生目标和人生态度在职业选择方面的具体表现，也就是一个人对职业的认识和态度以及他对职业目标的追求和向往，同时也是人认识世界和改造世界以实现人生价值的途径之一。

理想、信念、世界观对于职业的影响，集中体现在职业价值观上。俗话说："人各有志"，这个"志"表现在职业选择上就是职业价值观，它是一种具有明确的目的性、自觉性和坚定性的职业选择的态度和行为，对一个人职业目标和择业动机起着决定性的作用。

每种职业都有各自的特性，不同的人对职业意义的认识、对职业好坏有不同的评价和取向，这就是职业价值观。职业价值观决定了人们的职业期望，影响着人们对职业方向和职业目标的选择，决定着人们就业后的工作态度和劳动绩效水平，从而决定了人们的职业发展情况。哪个职业好？哪个岗位适合自己？从事某一项具体工作的目的是什么？这些问题都是职业价值观的具体表现。职业专家通过大量的调查，从人们的理想、信念和世界观角度把职业分为九大类：

1. 自由型(非工资工作者型)

特点：不受别人指使，凭自己的能力拥有自己的小"城堡"，不愿受人干涉，想充分施展本领。

相应职业类型：室内装饰专家、图书管理专家、摄影师、音乐教师、作家、演员、记

者、诗人、作曲家、编剧、雕刻家、漫画家等。

2. 经济型(经理型)

特点：他们断然认为世界上的各种关系都建立在金钱的基础上，包括人与人之间的关系，甚至父母与子女之间的爱也带有金钱的烙印。这种类型的人确信，金钱可以买到世界上所有的幸福。

相应职业类型：各种职业中都有这种类型的人，商人为甚。

3. 支配型(独断专行型)

特点：相当于组织的一把手，飞扬跋扈，无视他人的想法，为所欲为，且视此为无比快乐。

相应职业类型：进货员、商品批发员、旅馆经理、饭店经理、广告宣传员、调度员、律师、政治家、零售商等。

4. 小康型

特点：追求虚荣，优越感也很强。很渴望能有社会地位和名誉，希望常常受到众人尊敬。欲望得不到满足时，由于过于强烈的自我意识，有时反而很自卑。

相应职业类型：记账员、会计、银行出纳、法庭速记员、成本估算员、税务员、核算员、打字员、办公室职员、统计员、计算机操作员等。

5. 自我实现型

特点：不关心平常的幸福，一心一意想发挥个性，追求真理。不考虑收入、地位及他人对自己的看法，尽力挖掘自己的潜力，施展自己的本领，并视此为有意义的生活。

相应职业类型：气象学者、生物学者、天文学家、药剂师、动物学者、化学家、科学报刊编辑、地质学家、植物学者、物理学者、数学家、实验员、科研人员等。

6. 志愿型

特点：富于同情心，把他人的痛苦视为自己的痛苦，不愿干表面上哗众取宠的事，默默地帮助不幸的人视为无比快乐。

相应职业类型：社会学者、导游、福利机构工作者、咨询人员、社会工作者、社会科学教师、护士等。

7. 技术型

特点：性格沉稳，做事组织严密，井井有条，并且对未来充满平常心态。

相应职业类型：木匠、农民、工程师、飞机机械师、野生动物专家、自动化技师、机械工、电工、火车司机、公共汽车司机、机械制图员等。

8. 合作型

特点：人际关系较好，认为朋友是最大的财富。

相应职业类型：公关人员、推销人员、秘书等。

9. 享受型

特点：喜欢安逸的生活，不愿从事任何挑战性的工作。

相应职业类型：无固定职业类型。

（二）其他不同划分标准的观点

人们对职业价值观的种类划分也不同。美国心理学家洛特克在其所著《人类价值观的本质》一书中，提出 13 种价值观：成就感、审美追求、挑战、健康、收入与财富、独立性、爱、家庭与人际关系、道德感、欢乐、权利、安全感、自我成长和社会交往。我国学者阚雅玲将职业价值观分为如下 12 类：

1．收入与财富

将薪酬作为选择工作的重要依据。工作的目的或动力主要来源于对收入和财富的追求，并以此改善生活质量，显示自己的身份和地位。

2．兴趣特长

以自己的兴趣和特长作为选择职业最重要的因素，能够扬长避短、趋利避害、择我所爱、爱我所选，可以从工作中得到乐趣、得到成就感。在很多时候，会拒绝做自己不喜欢、不擅长的工作。

3．权力地位

有较高的权力欲望，希望能够影响或控制他人，使他人照着自己的意思去行动；认为有较高的权力地位会受到他人尊重，从中可以得到较强的成就感和满足感。

4．自由独立

在工作中能有弹性，不想受太多的约束，可以充分掌握自己的时间和行动，自由度高，不想与太多人发生工作关系，既不想治人也不想受治于人。

5．自我成长

工作能够给予受培训和锻炼的机会，使自己的经验与阅历能够在一定的时间内得以丰富和提高。

6．自我实现

工作能够提供平台和机会，使自己的专业和能力得以全面运用和施展，实现自身价值。

7．人际关系

将工作单位的人际关系看得非常重要，渴望能够在一个和谐、友好甚至被关爱的环境工作。

8．身心健康

工作能够免于危险、过度劳累，免于焦虑、紧张和恐惧，使自己的身心健康不受影响。

9．环境舒适

工作环境舒适宜人。

10．工作稳定

工作相对稳定，不必担心经常出现裁员和辞退现象，免于经常奔波找工作。

11．社会需要

能够根据组织和社会的需要响应某一号召，为集体和社会做出贡献。

12．追求新意

希望工作的内容经常变换，使工作和生活显得丰富多彩，不单调枯燥。

(三) 在确定职业价值观时应处理好的几个关系

在为自己做职业生涯规划之前，一定要清楚和明确自己的价值观和职业价值观。价值观和职业价值观决定了哪些因素对你是重要的，哪些是不重要的；哪些是你要优先考虑和选择的，哪些不是。

在职业价值分析和测定过程中，个人必须处理好职业价值观不同要素之间的关系，并根据不同时期、不同情况明确自己的职业核心需求，以便确定和合理制定自己的职业生涯规划和相关策略。在确定职业价值观时应处理好以下几个关系：

1. 处理好职业价值观与金钱的关系

金钱是一种成就的报酬，它是在确定职业价值观时首先要面对的问题。有些经济条件不太好的大学毕业生在求职时，将金钱作为首选价值观，从根本上讲这并未有错。但是对于一些人来说，现在拥有的知识、能力、经验和阅历还不足以使其一走上社会就获得大量金钱回报。怀有一夜暴富的心理是不正常的，更是危险的，容易被社会上的不法分子利用，甚至误入歧途。特别是面对严峻的就业形势，更应理性地降低对金钱的期望值，把眼光放远一些，应尽可能地将自我成长和自我实现作为在毕业求职时的首选价值观。

2. 处理好职业价值观与个人兴趣和特长的关系

职业价值观、个人兴趣和特长是人们在择业时需要考虑的最重要的三个因素。在确定价值观时，一定要考虑它是否与自己的兴趣和特长相适应。据调查，如果一个人从事自己不喜欢的工作，有 80%的人难以在他选择的职业上成功；而如果选择了自己喜欢的工作则可以充分调动人的潜能，获得职业发展的源动力。此外，选择一项自己擅长的工作，也会事半功倍。

3. 处理好职业价值观的排序与取舍的问题

职业价值观的特性决定人们不会只有唯一的职业价值观，人性的本能也会驱使人们希望什么都能得到，但在现实生活中"鱼和熊掌是不可兼得的"。然而在职业选择中，人们却不能理性对待。既然是选择，就要付出代价，只有舍，才能得。所以，要对自己的职业价值观进行排序，找出你认为最重要、次重要的方面，并提醒自己不可能什么都得到。否则就会患得患失，终其一生也不清楚自己到底想要什么，更谈不上职业生涯的成功和对社会的贡献了。

4. 处理好职业价值观中个人与社会的关系

人不能离开社会而独立存在，个人只有在工作中为社会做贡献才能实现自己的职业价值。当然我们并不是说要忽略择业中的个人因素，只去尽社会责任，这样不但不利于个人，也是社会的损失。例如，让一个富于科学创造力、不善言辞的学者去从事普通的教师工作，可能使国家损失一项重大的发明，而社会不过多了一个也许并不出色的老师。因此，我们反对只为个人考虑、毫不考虑国家和社会需要的职业价值观。

5. 处理好淡泊名利与追逐名利的关系

当一个人有了名利才有资格去谈淡泊，没有名利说淡泊那叫"吃不到葡萄说葡萄酸"。名利是人的欲望使然，欲望可以使人成就大的事业，也可使人自我毁灭。以合理、合法、公正、公平的方式追名逐，利在一定程度上对个人、对社会都会有益，但它需要一定的度，该知足时则知足，该进取时则进取。

价值观是一种人生重要程度的排列。人们对不同的价值原则进行选择和排序，会做出不同的决策，产生不同的行为后果。价值观是个体关于什么是"有价值的""值得做的"等问题的一系列信念，这些看法背后是一整套系统，包括有关对大自然的看法、对人在大自然位置的看法、人与人关系的看法以及在处理人与人、人与环境关系时值得做及不值得做的看法。

(四) 价值观在职业生涯规划中的应用

1. 在职业决策中，使用价值观作为评判的标准之一

价值观是人们在考虑问题时所看重的原则和标准，是人们内在的驱动力。举例说明，著名歌星席琳·迪翁在其歌唱事业的巅峰时期退出乐坛相夫教子，因为她的价值观是：与家人相处的时光是有限的，而且比事业更宝贵。所以说，价值观在人们的职业生涯发展中起到极其重要的、决定方向性的作用，甚至往往超过了兴趣和性格对我们的影响。当我们有矛盾冲突、或妥协与放弃时，常常也是出于价值观的考虑。

2. 个人价值观与机构价值观(企业文化)的适配

例如，一家公司可能会非常重视员工的独立与创新，而另一家公司却更提倡合作与互助，那么一位野心勃勃、独立进取的销售人员也许就更适合于在第一家公司的环境中工作。可以通过公司的网站、文字介绍、人物访谈等方式了解企业的文化之后再做选择。

3. 正确认识价值观在职业生涯规划中的应用

很少有工作能够完全满足一个人所有的重要价值观，生活中亦是如此。例如，某人的价值观有家庭、工作与生活的平衡、工作地点离家近、有学习发展成长的机会等，面临的工作选择有二：要么留在总公司从事行政管理工作，没有业务压力，每天下班回家可以照顾家人；要么到分公司出任领导，将要到外地工作，近几年内不能很好地照顾家人，但是基层管理的工作经验将能为日后的提升以及重回总公司管理层奠定良好的基础。最终他选择了出任分公司副总经理。因此，我们总是要不断地做出妥协和放弃。我们需要对自己的价值观进行澄清和排序，才能知道如何取舍。

4. 找准你的职业锚

价值观是职业方向选择的基础，引导我们追求所想要的东西，追逐自己的梦想。职业价值观是职业目标取舍的基础，使我们面对诱惑不会迷失方向，承担起自己应负的责任。

面对职业选择，我们依据的不是价值观，而是职业价值观，也就是职业锚。这是指个人在不得不作出职业选择时，无论如何都不会放弃的那种职业中至关重要的东西。它是在实际工作经验的基础上，对自己的个人能力、价值观以及动机经过自省后形成的，达到自我满足和补偿的一种稳定的职业定位。通常来说，影响一个人职业锚形成的因素包括：个人工作经历、个人需求动机、个人人生观和世界观、家庭与社会环境等。对于职场新人而言，由于缺乏与职业环境的互动和深刻体验，不了解生活、工作、职业、事业的真正含义，很难通过职业锚进行职业规划。

任何技术都是可以替代的，但是团队角色往往无法替代。在职业发展中，你还要考虑在团队、公司、社会、生活圈中，你希望充当什么角色，是做老大，还是做军师，这就是你的角色定位，而这是由职业价值观决定的。

职业锚是个人稳定的职业贡献区和成长区，清楚反映出个人的职业追求与抱负，对于个体工作满意度和稳定性有着显著的影响，比如具有安全型和服务型职业锚的教师工作满意度最高，管理型和自主型职业锚的教师工作满意度低。个人择业必须考虑职业锚与工作岗位的匹配，具有管理型职业锚的人适合从事行政岗位，具有技术职能型职业锚的人适合从事业务岗位，具有安全型、服务型职业锚的人比较适合做教师，而成功的企业家大多是具有创新型职业锚的人。

(1) 技术/职能型。这种类型的人追求在技术/职能领域的成长、个人技能的不断提高及其应用的机会。他们对自己的认可来自于他们的专业水平，他们喜欢面对专业领域的挑战，使自己成为这个领域内的专家，获得别人的尊重。升职并不是他们的目的，而是提升能力的一种手段。他们出于自身个性与兴趣考虑，往往不愿意选择那些带有一般管理性质的职业。因为这意味着他们不得不放弃在技术/职能领域中的成就。相反，他们总是倾向于选择那些能够保证自己在既定的技术领域中不断发展的职业。

(2) 管理型。管理型的人有强烈的愿望去做管理人员，他们追求并致力于职务晋升，倾心于全面管理，独立负责一个部门，可以跨部门整合其他人的成果。具体的技术型工作仅仅被看成是通向更高、更全面管理层的必经之路。

(3) 自主/独立型。这种类型的人希望随心所欲地安排自己的工作和生活，追求能施展个人能力的工作环境，不愿像在公司里那样彼此依赖，希望最大限度地摆脱组织的限制和制约。他们宁愿放弃提升或工作发展机会，也不愿意放弃自由和独立。他们同时有强烈的技术或功能导向，但他们不同于简单技术型定位，他们不愿在组织中发展，而是宁愿做一名咨询师、自由撰稿人、小型公司的所有者。

(4) 安全/稳定型。绝大多数人都选择这种职业定位，他们最关心职业的长期稳定与保障性，因为能够预测到稳定的将来而感到放松。他们为了安定的工作、体面(而不是客观)的收入、优越的福利等付出努力。他们关心财务安全，忠诚地完成老板安排的工作。尽管他们有时能达到很高的职位，但并不关心具体的工作内容。

(5) 创业型。创业型的人希望用自己的能力去创建完全属于自己的公司或产品(或服务)，认为只有这样才能体现自己的才干。他们愿意去冒险，克服面临的障碍。他们可能正在别人的公司工作，但同时也在学习并寻找机会，一旦时机成熟，他们便会去创立自己的事业。

(6) 服务型。服务型职业锚的人一直所追求的核心价值是服务，对他们来说，能够帮助他人、保护人们的安全、提高人们生活水平、对他人有益的活动，才是真正有价值的事情。例如帮助他人、改善人们的安全状态、通过新产品消除疾病。

(7) 挑战型。喜欢看上去无法解决的问题，战胜强硬对手，克服无法克服的困难。对他们而言，工作就是战胜各种不可能。他们需要新奇的变化和突发的困难，如果事情变得太容易，他马上就会变得非常厌烦。

(8) 生活型。生活型的人希望将生活的各个方面整合为一个整体，喜欢平衡个人的、家庭的和职业的需要。相对于具体的工作环境、工作内容，生活型的人更关注自己如何生活、在哪里居住、如何处理家庭事情及怎样自我提升等。

【案例4-1】　　　　　　　个性不同结果迥异

　　欧洲一个实验室，在进行一次全封闭实验时，征集了三名志愿实验人员，这三名人员要被同时送进实验室并不准外出，时间都是三年。事前，实验负责人答应满足每个人一个要求。美国人爱抽雪茄，要了三箱雪茄；法国人浪漫，要了一个美丽女子相伴；犹太人则要求给自己安装一部电话。

　　三年很快过去了，美国人从烟雾缭绕中走了出来；法国人出来时，怀里抱着一个孩子，旁边女人的手里牵着一个孩子，肚子里还怀着一个孩子；犹太人出来后，紧紧握住实验负责人的手说：“谢谢你，三年来，我天天与外界联系，生意丝毫没有受到影响。虽然我人在实验室，却一样赚了不少钱。”

　　很难说三个人的选择孰对孰错，因为他们的选择只是每个人不同价值观的反映而已，他们每个人只是根据自己的价值观选择了自己所认同的生活方式。

【案例4-2】　　　　　　　弥勒佛与韦陀价

　　去过庙的人都知道，一进庙门，首先是弥勒佛，笑脸迎客，而在他的背面，则是黑口黑脸的韦陀。但相传在很久以前，他们并不在同一个庙里，而是分别掌管不同的庙。

　　弥勒佛热情快乐，所以来的人非常多，但他什么都不在乎，丢三拉四，没有好好的管理账务，所以依然入不敷出。而韦陀虽然管账是一把好手，但成天阴着个脸，太过严肃，搞得人越来越少，最后香火断绝。

　　佛祖在查香火的时候发现了这个问题，就将他们俩放在同一个庙里，由弥勒佛负责公关，笑迎八方客，于是香火大旺。而韦陀铁面无私，锱铢必较，则让他负责财务，严格把关。在两人的分工合作中，庙里一派欣欣向荣景象。

第五章

职业生涯理论与规划指导

第一节 职业生涯理论发展

职业生涯理论是在西方 20 世纪初期以来产生的有关职业匹配和发展的一系列以心理学研究为基础的理论的总称。职业生涯是有关工作经历的过程或结果，在这里，职业不仅仅是外在的客观经历，同时也是一种主观选择、塑造和适应过程，职业生涯理论涉及的问题包括个体特征及早期成长环境对职业的影响，人在组织环境中的角色转换和同化，人与组织及社会环境的匹配，人的自我职业规划、社会文化环境、家庭对职业的影响等方面。

一、人职匹配理论

人职匹配理论由帕森斯(F.Parsons)初创，威廉森(E.G.Willianson)、霍兰德(Holland)等人进一步发展了这一理论。经典的人职匹配理论强调人的特性在谋求职业前即已由先天及早期环境决定，人的未来职业由人的特性决定。其基本思想是，个体差异是普遍存在的，每一个个体都有自己的个性特征，而每一种职业由于其工作性质、环境、条件、方式的不同，对工作者的能力、知识、技能、性格、气质、心理素质等有不同的要求。进行职业决策(如选拔、安置、职业指导)时，就要根据一个人的个性特征来选择与之相对应的职业种类，即进行人—职匹配。

霍兰德人职匹配理论认为人的人格类型、兴趣与职业密切相关，每个人都有自己独特的能力模式和人格特征，每个人格特征的人都可以找到适合自己的职业，当个人的人格特征兴趣与职业相符时，可以调动个人的工作热情和激发其潜力，并能提高个人的工作满意度。如果匹配得好，则个人的特征与职业环境协调一致，工作效率和职业成功的可能性就大为提高。反之则工作效率和职业成功的可能性就很低。

进行人职匹配的前提之一是必须对人的个体的特性有充分的了解和掌握，而人才测评是了解个体特征的最有效方法。所以人职匹配理论是现代人才测评的理论基础。其中最有影响的是"特性——因素论"和"人格类型论"。

(一) 特性——因素论

特性——因素论(Trait-Factor Theory)的渊源可追溯到 18 世纪的心理学的研究，直接建立在帕森斯关于职业指导三要素的思想之上，由美国职业心理学家威廉森发展而形成。

特性——因素论认为个别差异现象普遍地存在于个人心理与行为中，每个人都具有自己独特的能力模式和人格特质，而某种能力模式及人格模式又与某些特定职业存在着相关。每种人格模式的个人都有其相适应的职业，人人都有选择职业的机会，人的特性又是可以客观测量的。

帕森斯职业指导三要素(三步)。

第一步是评价求职者的生理和心理特点(特性)。通过心理测量及其他测评手段，获得有关求职者的身体状况、能力倾向、兴趣爱好、气质与性格等方面的个人资料，通过会谈、调查等方法获得有关求职者的家庭背景、学业成绩、工作经历等情况，并对这些资料进行评价。

第二步是分析各种职业对人的要求(因素)，并向求职者提供有关的职业信息。包括① 职业的性质、工资待遇、工作条件以及晋升的可能性；② 求职的最低条件，诸如学历要求、所需的专业训练、身体要求、年龄、各种能力以及其他心理特点的要求；③ 为准备就业而设置的教育课程计划，以及提供这种训练的教育机构、学习年限、入学资格和费用等；④ 就业机会。

第三步是人职匹配。指导人员在了解求职者的特性和职业的各项指标的基础上，帮助求职者进行比较分析，以便选择一种适合其个人特点又有可能得到并能在职业上取得成功的职业。

特性——因素论强调个人的所具有的特性与职业所需要的素质与技能(因素)之间的协调和匹配。为了对个体的特性进行深入详细的了解与掌握，特性——因素论十分重视人才测评的作用，可以说，特性——因素论进行职业指导是以对人的特性的测评为基本前提。它首先提出了在职业决策中进行人职匹配的思想。故这一理论奠定了人才测评理论的理论基础，推动了人才测评在职业选拔与指导中的运用和发展。

(二) 人格类型论

美国职业心理学家霍兰德创立的人格类型理论对人才测评的发展产生了重要的影响。

在人格和职业的关系方面，霍兰德提出了一系列假设：① 在现实的文化中，可以将人的人格分为六种类型，即现实型(R——Realistic)、研究型(I——Investigative)、艺术型(A——Artistic)、社会型(S——Social)、企业型(E——Enterprising)与传统型(C——Conventional)，每一特定类型人格的人，便会对相应职业类型中的工作或学习感兴趣；② 环境也可区分为上述六种类型；③ 人们寻求能充分施展其能力与价值观的职业环境；④ 个人的行为取决于个体的人格和所处的环境特征之间的相互作用。在上述理论假设的基础上，霍兰德提出了人格类型与职业类型模式。不同类型人格的人需要不同的生活或工作环境，例如"实际型"的人需要实际型的环境或职业，因为这种环境或职业才能给予其所需要的机会与奖励，这种情况即称为"和谐"(congruence)。类型与环境不和谐，则该环境或职业无法提供个人的能力与兴趣所需的机会与奖励。(六种人格类型的相应职业详见本书第四章第一节。)

然而上述的人格类型与职业关系也并非绝对的一一对应。霍兰德在研究中发现，尽管大多数人的人格类型可以主要地划分为某一类型，但个人又有着广泛的适应能力，其人格类型在某种程度上相近于另外两种人格类型，则也能适应另两种职业类型的卫作。也就是说，某些类型之间存在着较多的相关性，同时每一类型又有种极为相斥的职业环境类型。霍兰德用一个六边形简明地描述了六种类型之间的关系，如图 5-1 所示。

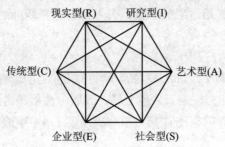

图 5-1　霍兰德人职匹配六角模式图

(三) 人职匹配的两种类型

(1) 因素匹配(职业找人)。例如，需要有专门技术和专业知识的职业与掌握该种技能和专业知识的择业者相匹配；脏、累、苦劳动条件很差的职业，需要能吃苦耐劳且体格健壮的劳动者与之匹配。

(2) 特性匹配(人找职业)。例如，具有敏感、易动感情、不守常规、个性强、理想主义等人格特性的人，宜于从事审美性、自我情感表达的艺术创作类型的职业。

二、职业发展阶段理论

职业发展阶段理论把人对职业的适应性和职业发展放到就职前后的整个成长过程中加以考察，认为人对职业的适应性和职业发展存在由低到高的有序性。早期的职业发展阶段理论受人职匹配理论的影响，把职业前的发展阶段作为研究重点。罗杰斯(C.R.Rogers)对人职匹配理论强调主动干预咨询者职业选择的主张提出了质疑，认为咨询对象具有自我认识、自我成长的能力，关注人的发展潜能、自我抉择的能力，尊重和支持人的自由发展的权利是职业指导的重点，推动了职业指导从重点开发职业素质测试的技术向职业咨询的技术转变。

70 年代末以后，职业发展理论的重点转向组织情境下的发展，达尔顿和辛普森对数百名科学家和工程师的研究发现，个人的职业成长和承担的工作责任的变化可分为如下几个阶段：从事日常性工作，进入较深入的问题和技术领域，成为项目的负责人，具有领导和监督的权力，其思想具有影响力，具有指导组织方向的权力或机会，代表组织从事工作。

(一) 舒柏(Donald.E.Super)的职业生涯发展阶段理论

舒柏是美国一位有代表性的职业管理学家，其职业生涯发展阶段理论是一种纵向职业指导理论，重在对个人的职业倾向和职业选择过程本身进行研究。

1. 职业生涯五个主要阶段

(1) 成长阶段(0～14 岁)。

主要任务：认同并建立起自我概念，对职业好奇占主导地位，并逐步有意识地培养职业能力。具体分为三个成长期。

① 幻想期(10岁之前)：儿童从外界感知到许多职业，对于自己觉得好玩和喜爱的职业充满幻想和进行模仿。

② 兴趣期(11～12岁)：以兴趣为中心，理解、评价职业，开始作职业选择。

③ 能力期(13～14岁)：开始考虑自身条件与喜爱的职业相符合否，有意识地进行能力培养。

(2) 探索阶段(15～24岁)。

主要任务：主要通过学校学习进行自我考察、角色鉴定和职业探索，完成择业及初步就业。也可分为三个时期。

① 试验期(15～17岁)：综合认识和考虑自己的兴趣、能力与职业社会价值、就业机会，开始进行择业尝试。

② 过渡期(18～21岁)：正式进入职业，或者进行专门的职业培训，明确某种职业倾向。

③ 尝试期(22～24岁)：选定工作领域，开始从事某种职业，对职业发展目标的可行性进行实验。

(3) 建立阶段(25～44岁)。

主要任务：获取一个合适的工作领域，并谋求发展。这一阶段是大多数人职业生涯周期中的核心部分，可分为两个时期。

① 尝试期(25～30岁)：个人在所选的职业中安顿下来。重点是寻求职业及生活上的稳定。

② 稳定期(31～44岁)：致力于实现职业目标，是个富有创造性的时期。

职业中期危机阶段职业中期可能会发现自己偏离职业目标或发现了新的目标，此时需重新评价自己的需求，处于转折期。

(4) 维持阶段(45～64岁)。

主要任务：这一长时间内开发新的技能，维护已获得的成就和社会地位，维持家庭和工作两者间的和谐关系，寻找接替人选。

(5) 衰退阶段(65岁以上)。

主要任务：逐步退出职业和结束职业，开发社会角色，减少权利和责任，适应退休后的生活。

2. 生涯彩虹图(Life-career rainbow)

为了综合阐述生涯发展阶段与角色彼此间的相互影响，舒伯创造性地描绘出一个多重角色生涯发展的综合图形——"生涯彩虹图"，形象地展现了生涯发展的时空关系，更好地诠释了生涯的定义。在生涯彩虹图中，纵向层面代表的是纵观上下的生活空间，由一组职位和角色所组成。分成：子女、学生、休闲者、公民、工作者、持家者六个不同的角色，他们交互影响交织出个人独特的生涯类型。

舒伯认为，一个人一生中扮演的许许多多角色就像彩虹同时具有许多色带。舒伯将显著角色的概念引入了生涯彩虹图，他认为角色除与年龄及社会期望有关外，与个人所涉入的时间及情绪程度都有关联，因此每一阶段都有显著角色。

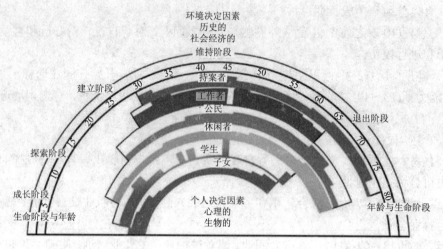

图 5-2　生涯彩虹图

横贯一生的彩虹——生活广度。在一生生涯的彩虹图中，横向层面代表的是横跨一生的生活广度。彩虹的外层显示人生主要的发展阶段和大致估算的年龄：成长期(约相当于儿童期)、探索期(约相当于青春期)、建立期(约相当于成人前期)、维持期(约相当于中年期)以及衰退期(约相当于老年期)。在这五个主要的人生发展阶段内，各个阶段还有小的阶段，舒伯特别强调各个时期的年龄划分有相当大的弹性，应依据个体的不同情况而定。

纵贯上下的彩虹——生活空间。在一生生涯的彩虹图中，纵向层面代表的是纵贯上下的生活空间，由一组职位和角色所组成。舒伯认为人在一生当中必须扮演九种主要的角色，依次是：儿童、学生、休闲者、公民、工作者、夫妻、家长、父母和退休者。各种角色之间是相互作用的，一个角色的成功，特别是早期的角色如果发展得比较好，将会为其他角色提供良好的关系基础。但是，在一个角色上投入过多的精力，而没有平衡协调各角色的关系，则会导致其他角色的失败。在每一个阶段对每一个角色投入程度可以用颜色来表示，颜色面积越多表示该角色投入的程度越多，空白越多表示该角色投入的程度越少。

生涯彩虹图的作用主要是对自身未来的各阶段进行调配，做出各种角色的计划和安排，使人成为自己的生涯设计师。

图 5-2 是某位职业咨询来访者为自己所勾画的生涯彩虹图。半圆形最中间一层，儿童的角色在 5 岁以前是涂满颜色的，之后渐渐减少，8 岁时大幅度减少，一直到 45 岁时开始迅速增加。此处的儿童角色，其实就是为人子女的角色。因而这个角色一直存在。早期个体享受被父母养育照顾的温暖，随着成长成熟，慢慢开始同父母平起平坐，而在父母年迈之际，则要开始多花费一些心力来陪伴、赡养父母。

第二层是学生角色。在这个案例中，学生角色从 4、5 岁开始，10 岁以后进一步增强，20 岁以后大幅减少，25 岁以后便戛然而止。但在 30 岁以后，学生角色又出现，特别是 40 岁出头时，学生角色竟然涂满了颜色，但两年后又完全消失，直到 65 岁以后。这是由于处于现代科技发展日新月异、知识爆炸的社会，青年在离开学校、工作一段时间之后，常会感到自身学习已不能满足工作需要，需要重回学校以进修的方式来充实自我。也有一部分人甚至等到中年，儿女长大之后，暂离开原有的工作，接受更高深的教育，以开创生涯的

"第二春"。学生角色在35岁、40岁、45岁左右凸现，正是这种现象的反映。

第三层是休闲者角色。这一角色在前期较平衡地发展，直到60岁以后迅速增加，也许有人会惊讶舒伯把休闲者角色列入生涯规划的考虑之中。其实，平衡工作和休闲是一项非常重要的任务，特别是在如此快节奏、高效率的社会中，正如图中的空白也构成画面一样，休闲是我们维持身心健康的一种重要手段。

第四层是公民。本案例角色从20岁开始，35岁以后得到加强，65～70岁达到顶峰，之后慢慢减退。公民的角色，就是承担社会责任、关心国家事务的一种责任和义务。

第五层是工作者的角色。该当事人的工作角色从26岁左右开始，颜色阴影几乎填满了整个层面，可见当事人对这一角色相当认同。但在40多岁时，工作者的角色完全消失，对比其他角色，不难发现，这一阶段，学生角色和家长角色都有不同程度的增强。两三年后，学生角色小时，家长角色的投入程度恢复到平均水平，而工作者的角色又被颜色涂满，直至60岁以后开始减少，65岁终止工作者角色。

第六层是持家者角色，这一角色可以拆分夫妻、父母、(外)祖父母等角色，然后分别作图。此处家长的角色从30岁开始，头几年精力投入较多，之后维持在一个适当水平，一直到退休以后才加强了这一角色。76～80岁几乎没有了持家者的角色。

虽然个体的生涯过程中还可能承担其他角色，但对于大多数人来说，上述这些是最基本的角色。在使用生涯彩虹图时，个体可根据自身情况，在此图的基础上进行适当调整。

(二) 金斯伯格(Eli.Ginzberg)的职业生涯发展理论

美国著名的职业指导专家、职业生涯发展理论的先驱和典型代表人物——金斯伯格研究的重点是从童年到青少年阶段的职业心理发展过程。他将职业生涯的发展分为幻想期、尝试期和现实期三个阶段。

1. 幻想期

幻想期指处于11岁之前的儿童时期。儿童们对大千世界，特别是对于他们所看到或接触到的各类职业工作者充满了好奇。此时期职业需求的特点是：单纯凭自己的兴趣爱好，不考虑自身的条件、能力水平和社会需要与机遇，完全处于幻想之中。

2. 尝试期

尝试期指11～17岁，这是由少年儿童向青年过渡的时期。此时起，人的心理和生理在迅速成长发育和变化，有独立的意识，价值观念开始形成，知识和能力显著增长和增强，初步懂得社会生产和生活的经验。在职业需求上呈现出的特点是：有职业兴趣，但不仅限于此，更多的和客观的审视自身各方面的条件和能力；开始注意职业角色的社会地位、社会意义，以及社会对该职业的需要。

3. 现实期

现实期指17岁以后的青年年龄段。即将步入社会劳动，能够客观的把自己的职业愿望或要求，同自己的主观条件、能力，以及社会现实的职业需要紧密联系和协调起来，寻找合适于自己的职业角色。此期所希求的职业不再模糊不清，已有的具体的、现实的职业目标，表现出的最大特点是客观性、现实性、讲求实际。

(三) 施恩(E.H.Schein)的职业生涯发展理论

美国麻省理工学院斯隆管理学院教授、著名的职业生涯管理学家施恩立足于人生不同年龄段面临的问题和职业工作主要任务，将职业生涯分为 9 个阶段：成长、幻想、探索阶段；进入工作世界；基础培训；早期职业的正式成员资格；职业中期；职业中期危险阶段；职业后期；衰退和离职阶段；离开组织或职业——退休。

1. 成长、幻想、探索阶段

一般 0~21 岁处于这一职业发展阶段。主要任务是：① 发展和发现自己的需要和兴趣，发展和发现自己的能力和才干，为进行实际的职业选择打好基础；② 学习职业方面的知识，寻找现实的角色模式，获取丰富信息，发展和发现自己的价值观、动机和抱负，作出合理的受教育决策，将幼年的职业幻想变为可操作的现实；③ 接受教育和培训，开发工作世界中所需要的基本习惯和技能。在这一阶段所充当的角色是学生、职业工作的候选人、申请者。

2. 进入工作世界

16~25 岁的人步入该阶段。首先，进入劳动力市场，谋取可能成为一种职业基础的第一项工作；其次，个人和雇主之间达成正式可行的契约，个人成为一个组织或一种职业的成员，充当的角色是：应聘者、新学员。

3. 基础培训

处于该阶段的年龄段为 16~25 岁。与上一正在进入职业工作或组织阶段不同，要担当实习生、新手的角色。也就是说，已经迈进职业或组织的大门。此时主要任务已是了解、熟悉组织，接受组织文化，融入工作群体，尽快取得组织成员资格，成为一名有效的成员；二是适应日常的操作程序，应付工作。

4. 早期职业的正式成员资格

此阶段的年龄为 17~30 岁，取得组织新的正式成员资格。面临的主要任务：① 承担责任，成功的履行与第一次工作分配有关的任务；② 发展和展示自己的技能和专长，为提升或进入其他领域的横向职业成长打基础；③ 根据自身才干和价值观，根据组织中的机会和约束，重估当初追求的职业，决定是否留在这个组织或职业中，或者在自己的需要、组织约束和机会之间寻找一种更好的配合。

5. 职业中期

处于职业中期的正式成员，年龄一般在 25 岁以上。主要任务：① 选定一项专业或进入管理部门；② 保持技术竞争力，在自己选择的专业或管理领域内继续学习，力争成为一名专家或职业能手；③ 承担较大责任，确实自己的地位；④ 开发个人的长期职业计划。

6. 职业中期危险阶段

处于这一阶段的是 35~45 岁者。主要任务为：① 现实的估价自己的进步、职业抱负及个人前途；② 就接受现状或者争取看得见的前途做出具体选择；③ 建立与他人的良师关系。

7. 职业后期

从 40 岁以后直到退休，可说是处于职业后期阶段，此时的职业状况或任务：① 成为一名良师，学会发挥影响，指导、指挥别人，对他人承担责任；② 扩大、发展、深化技能，或者提高才干，以担负更大范围、更重大的责任；③ 如果求安稳，就此停滞，则要接受和正视自己影响力和挑战能力的下降。

8. 衰退和离职阶段

一般在 40 岁之后到退休期间，不同的人在不同的年龄会衰退或离职。此间主要的职业任务一是学会接受权力、责任、地位的下降；二是基于竞争力和进取心下降，要学会接受和发展新的角色；三是评估自己的职业生涯，着手退休。

9. 离开组织或职业——退休

在失去工作或组织角色之后，面临两大问题或任务：①保持一种认同感，适应角色、生活方式和生活标准的急剧变化；②保持一种自我价值观，运用自己积累的经验和智慧，以各种资源角色，对他人进行传帮带。

需要指出的是，施恩虽然基本依照年龄增大顺序划分职业发展阶段，但并未囿于此，其阶段划分更多的根据职业状态、任务、职业行为的重要性。正如施恩教授划分职业周期阶段是依据职业状态和职业行为和发展过程的重要性，又因为每人经历某一职业阶段的年龄由别，所以，他只给出了大致的年龄跨度，并在为职业阶段上所示的年龄有所交叉。

(四) 职业生涯三阶段模型

职业生涯三阶段模型是描述个人职业生涯发展不同阶段重点的理论模型，是新精英生涯结合美国积极心理学鼻祖塞里格曼提出的职业三阶段理论、舒伯生涯发展理论及员工个人生涯发展规律开发的职业生涯管理模型。

职业生涯三阶段的模型指出，职业三要素，兴趣能力与价值观并不可能同时达到匹配，而是按照阶段性慢慢形成匹配的。不同阶段有不同的职业发展目标与匹配重点。

职业生涯三阶段模型揭示了职业生涯发展的三个阶段：

1. 工作期(job)

以生存为核心目标，以能力为核心职业匹配要素。

2. 职业期(Career)

以发展为核心目标，以价值为核心职业匹配要素。同时兼具发展事业的责任。

3. 事业期(Calling)

以兴趣与自我实现为核心目标，以兴趣、能力、价值观三者为核心职业匹配要素。

在每一个时期个人职业生涯发展都有不同的侧重点。在一般情况下，个人在职业发展的过程中会从工作期逐渐向事业期推进。

职业生涯三阶段模型的参考因素：

(1) 个人自身因素，对自我能力及需求的合理评。

(2) 所在组织的信息因素，工作对自身要求的明细程度。

(3) 社会环境的制约因素。

三、其他理论

(一) 职业转变理论

职业转变理论对职业发展阶段理论强调的由低到高的有序发展过程提出了质疑，认为有序发展和基于职业转换(机会主义行为的)无序发展在人的职业生涯中并存，对某些个体来说，有序发展更为突出，而对另一些个体来说，机会主义特征更为突出，但不乏用足够的洞察力和控制力来做出适当判断。

(二) 社会化与角色理论

社会化理论和角色理论认为，职业发展阶段理论和职业转变理论只是揭示了现象，更重要的问题在于揭示机理。在职业生涯研究中，学者常常将角色理论和社会化理论结合在一起。角色理论认为上级、同事与初入者的交互作用围绕谈判和发展发生作用。初入者的社会化是担任新的组织角色的同化过程。

(三) 人与组织匹配理论

该理论认为，人与职业的匹配和发展的重要因素是组织或工作情景满足个体需要、价值、要求或偏好，如果满足，则实现了人—组织匹配。该理论提出了组织职业生涯管理的主张。组织职业生涯管理的重点是重视对员工的发展性培训，提供工作交流机会和职业发展空间。因此，人组织匹配理论包括组织与自我管理的匹配。

(四) 全职业发展理论

全职业发展理论是近年来职业生涯理论研究中出现的新趋向，其特点是强调工作社会学，关注社会阶层、社会文化环境和家庭环境对职业的影响，具有整合个性特征和社会、家庭、工作情境、团队和组织因素的趋势，着眼于职业发展趋势的全过程与过程中的交互作用整合。这种趋势既是克服各学派对职业局部特征研究的局限性的需要，也是局部特征研究的发展的必然结果。职业生涯理论的发展沿革反映了社会对人的职业匹配和职业发展问题认识的逐步深化，研究的逐步深入。

第二节　职业生涯规划

一、职业生涯规划的含义

职业生涯规划(Career Planning)简称生涯规划，又叫职业生涯设计，是指个人与组织相结合，在对一个人职业生涯的主客观条件进行测定、分析、总结的基础上，对自己的兴趣、爱好、能力、特点进行综合分析与权衡，结合时代特点，根据自己的职业倾向，确定其最佳的职业奋斗目标，并为实现这一目标做出行之有效的安排。生涯设计的目的绝不仅是帮助个人按照自己的资历条件找到一份合适的工作，达到与实现个人目标，更重要的是帮助个人真正了解自己，为自己定下事业大计，筹划未来，拟定一生的发展方向，根据主客观条件设计出合理且可行的职业生涯发展方向。

二、职业生涯规划的特点

(一) 可行性

职业生涯规划必须依据个人及其所处环境的现实来制定，才能成为能够实现和落实的计划方案，而不是没有依据或不着边际的幻想。比如大学生进行职业生涯规划，要考虑所学的专业或今后从事的职业需要的知识和能力。如果所学非所用，或者不具备理想职业所要求的能力，职业生涯规划就不可行。现实中，所学非所用的现象比比皆是，那都是没有进行职业生涯规划或者职业生涯规划失败的结果。

(二) 适时性

职业生涯规划是对未来的职业生涯目标和未来职业行动的预测。因此，各项活动的实施及完成时间，都应该有时间和顺序上的安排，以便作为检查行动的依据。

(三) 灵活性

规划未来的职业生涯目标与行动，涉及很多不确定因素，因此，规划应有弹性。随着外界环境和自身条件的变化，个人应及时调整自己的职业生涯规划方案，以增加其适应性。

(四) 持续性

职业生涯目标是人生追求的重要目标，职业生涯规划应贯穿人生发展的每个阶段，通过不断的调整和持续的职业活动安排，最终实现职业生涯目标。

三、职业生涯规划的意义

作为大学生，职业生涯规划意义重大。大学生个人的职业生涯规划将直接影响其一生职业生涯的发展，大学生职业生涯的成功的首要保证就是职业生涯规划的合理与成功，因此客观分析自身的优势与劣势，清楚认识自己的性格能力以及爱好等对于制定一个合理有效的职业生涯规划有着至关重要的意义。

(一) 明确学习目标

从学校走向社会，大学生将会面对一个全新的世界，在这个社会里，使大学生能够立足的是所选职业，它不仅是生活的基础，更重要的是它所体现出每个人存在的价值。

但调查发现，相当大的一部分大学生对于自己将来没有一个非常明确的定位，不知道自己将来一定要做什么。他们从学校走向社会，许多人一开始根本没有考虑到事业发展会怎么样，在找工作时一个是看哪个单位的牌子大，再就是哪个单位能出国，第三就是挑哪家单位待遇高，而并没有考虑到自身的发展问题。因此，进行学业规划，针对个人特点，确立未来发展方向，对一个人的一生来说，显得格外重要。大学生们要根据生涯规划理论与原则，掌握正的生涯设计方法，准确进行自我定位，合理规划大学学习目标，列出具体措施和日程，通过具有前瞻性的设计，减少在学习过程中的徘徊犹豫，避免浪费时光，为主动迎接未来发展的挑战好充分准备。

(二) 明确职业发展目标

职业生涯规划能帮助大学生进行全面的自我定位，了解个人的特点和兴趣，根据自身条件如能力、性格、社会资源等运用适当的方法进行分析和评估，进而确定自己的职业目标，选择何种职业，在什么地方和单位从事何种工作，担任什么职务等。明确的职业目标可以提高个人的工作准备程度，避免出现因准备不足而产生的茫然感，促使其在从事工作时更加具有动力和方向。

(三) 发掘自我潜能，增强个人实力

职业生涯规划能帮助大学生集中精力，为个人的职业目标尽可能的发掘和发展个人潜能。一份行之有效的职业生涯规划将在以下六个方面帮助大学生发掘自我潜能，增强大学生个人综合能力。

(1) 引导个体正确认识自身的个性特质、现有与潜在的资源优势，帮助个体重新对自己的价值进行定位并使其持续增值；

(2) 引导个体对自己的综合优势与劣势进行对比分析；

(3) 使个体树立明确的职业发展目标与职业理想；

(4) 引导个体评估个人目标与现实之间的差距；

(5) 引导个体前瞻与实际相结合的职业定位，搜索或发现新的或有潜力的职业机会；

(6) 使个体学会如何运用科学的方法采取可行的步骤与措施，不断增强你的职业竞争力，实现自己的职业目标与理想。

(四) 促进大学生就业，提高就业质量

进入高等教育大众化阶段后，更多的人享有接受高等教育的权利，大学生的就业基本趋于市场化。职业生涯规划能帮助大学生更好的认清当前的就业形势，积极应对及时规划个人的职业生涯，树立正确的价值观和就业观。做好职业生涯规划，大学生生活才能目标明确、充满动力，从而自觉增强个人职业素养，提高求职就业的成功率。

四、职业生涯的分类

(一) 时间类型

职业生涯规划是贯穿一生职业历程的漫长阶段，按照时间的长短来分类，可分为人生规划、长期规划、中期规划与短期规划四种类型。

1．人生规划

整个职业生涯的规划，时间长至 40 年左右，设定整个人生的发展目标。如规划成为一个有数亿资产的公司董事长。

2．长期规划

一般为 5-10 年的规划，主要设定较长远的目标。如规划 30 岁时成为一家中型公司的部门经理，规划 40 岁时成为一家大型公司副总经理等等。

3．中期规划

一般为 2～5 年内的目标与任务。如规划到不同业务部门做经理或成为某领域技术骨干等。

4．短期规划

一般是指 2 年以内的规划，主要是确定近期目标，规划近期完成的任务。如对专业知识的学习，2 年内掌握哪些业务知识等等。

(二) 空间类型

职业生涯从外部和内部不同的视角分为外职业生涯和内职业生涯。

1．外职业生涯

顾名思义，外职业生涯着重强调外部环境和外部条件。外职业生涯是指从事职业时的工作单位、工作地点、工作内容、工作职务、工作环境、工资待遇等因素的组合及其变化过程。

外职业生涯有以下三个特点：① 不可控性：外职业生涯构成要素往往是他人给予的，也容易被别人收回和否定。② 不等偿性：外职业生涯构成要素往往与自己付出不符，尤其是职业初期。③ 依赖性：外职业生涯发展是以内职业生涯发展为前提条件。

2．内职业生涯

内职业生涯是指从事一项职业时所具备的知识、观念、心理素质、能力、内心感受等因素的组合及其变化过程。内职业生涯各项因素的获得，需要个人通过学习、研究等方式不断完善。

内职业生涯各因素是真正的人力资本所在，是一个人生涯发展的原动力。确切地说，内职业生涯，是一个人对自我的认识、了解、目标设计、愿望如何达成的全部心理过程。即我是谁，我的兴趣，我能做什么，我要怎么做，我需要什么资源，我要成为什么角色。

内职业生涯是人生初探时全部问题的自我解答过程，如果能够深入分析自我，认识自我，并在此过程中让自我不断明确、肯定、满足，那么，内职业生涯的确立已经开始。

中国人有"一日三省吾身"的古训。"三"不代表三次，而是从精神、健康及人生态度上的不断反思过程，这应是内职业生涯最初也是最基本的模式。

内职业生涯有以下三个特点：① 自我实现性：内生涯各项因素的取得，是靠自己努力追求才得以获得。② 不可剥夺性：内生涯各种要素一旦获得，他人便不可收回或剥夺。③ 可以转化性：内职业生涯可以转化为外职业生涯。

3．内、外职业生涯的关系

内职业生涯是真正的人力资本所在，提高内职业生涯而取得的工作成绩，会转化为外职业生涯。内职业生涯的发展是外职业生涯发展的前提，内职业生涯发展带动外职业生涯的发展，外职业生涯的发展也会促进内生涯的发展。内职业生涯在人的职业生涯成功乃至人生成功中具有关键性作用。因而在职业生涯的各个阶段，我们都应重视内职业生涯的发展。尤其是在职业生涯早期和中前期，尤其是对于尚未毕业的大学生，或者是刚刚参加工作的新员工，我们一定要把对内职业生涯各因素的追求看得比外职业生涯更重要。

内生涯的发展是以外生涯的发展或成果来展示的。内生涯的匮乏以外生涯的停滞或失败呈现。只有内、外职业生涯同时发展，职业生涯之旅才能一帆风顺。

五、职业生涯规划的原则与要素

(一) 职业生涯规划的原则

大学生在思考自己的职业生涯规划时，应该把个体和社会结合起来，把个体发展与组织发展结合起来，把现在与未来结合起来进行思考。正确的职业生涯规划能使一个人走向成功之路，不正确的职业生涯规划可能使个人的职业发展受到阻碍。为了正确制定职业生涯规划，大学生应该遵循一些原则，职业生涯规划应遵循的主要原则有：

1．社会需要的原则

社会需要的原则是指在确定职业目标时，要把社会需要作为出发点和归宿，以社会对自己的要求为准绳去观察和认识问题，进而确定自己的职业岗位。职业岗位的产生，是随着社会历史的发展而产生的，社会上每一个职业岗位的出现，也都是社会发展的需要。如果个人利益与国家利益发生矛盾时，个人要自觉地服从社会需要，到祖国最需要的地方去建功立业。

2．发挥优势的原则

发挥个人优势的原则是指在选择职业岗位时，综合自身素质情况，根据自身的特长和优势选择职业岗位，以利于今后在职业岗位上顺利地、出色地完成本职工作。人与人之间是存在着差异的，每一个人和其他人相比，在能力、性格、专业等方面肯定是不完全相同的。根据自己能力及特长来选择职业岗位，既是胜任工作的需要，又是发挥个人的最大潜力和进行创造性劳动的需要。适当考虑自己的性格特点，充分发挥性格特长也十分必要，从所学专业特点出发，做到专业基本对口，能够在职业岗位上大显身手。不同职业对从业者素质还有其特殊的行业要求，人们在发挥自己特长的同时，还要充分认识、主动去适应职业岗位的需要，若是身体原因、性别原因受限，则不能勉强。

3．择己所利的原则

职业对每个人而言，当然是一种谋生的手段，是谋取人生幸福的途径。每个人通过职业劳动，在谋取个人利益的同时，也为社会作出了贡献，创造了社会财富。每个人在规划职业生涯时必将考虑自己的预期收益，这种预期收益要求你实现最大化的幸福，也就是使收益最大化。个人预期收益在于使这些由低到高的需求得到最大的满足，而衡量其满足程度的指标表现在收入、社会地位、职业生涯稳定感与挑战性等方面。不考虑个人利益的职业生涯规划是不合理和不现实的。择己所利必须建立在履行个人对社会的义务，遵守国家社会法规的前提下来考虑。

4．独立性原则

独立性原则是指规划职业生涯时有自己的主见，能根据自己的志向和判断独立作出选择。独立性原则就是要求大学生头脑清醒，在了解社会现状及发展趋势的情况下，多看书，多浏览网站，多向父母、老师、同学请教，最后自己作出正确的决策。了解信息越多，请教的人范围越广，作出的规划就越客观，坚持独立性原则并不是要求规划者作规划时闭门造车、固执己见、不虚心听取别人的意见。

5．主动性原则

主动性原则就是指在职业生涯规划实施过程中，要主动出击，积极参与。主动性表现在主动地完善自我，提高自己的素质，在就业前掌握一定的职业技能，为此后在职业竞争中获得成功打下基础。主动性具体表现在主动参与职业岗位竞争，主动与用人单位进行联系，主动寻求父母兄长、同学老师、同事朋友的各种帮助，主动开拓就业岗位、自谋职业、自主创业。主动性还具体表现为主动地了解人才供求信息和规格要求，主动搜集各种职业知识和用人信息，主动到职业介绍机构进行咨询，主动参加各种职业技能培训，主动准备好求职信，主动做好面试与形象等方面的准备。

6．分清主次的原则

在现实生活中，摆在大学生面前的职业或用人单位是多样的，其工作性质、工作条件、生活待遇、发展方向等不尽相同，且各有各的优劣之处。大学生在选择时，发现不可能有十全十美的职业或用人单位，只能权衡利弊、分清主次，在职业选择决策的过程中，抓住主要的、现实的、合理的条件，抛弃次要的、幻想的、过分要求的因素。分清主次的原则就是要求大学生规划职业生涯不要面面俱到，过于追求完美，那样只会丧失很多机会而难于就业。

7．长期性原则

职业生涯规划一定要从长远来考虑，只有这样才能给人生设定一个大方向，使你集中力量紧紧围绕这个方面作出努力。规划一定要明确，一个个可以实行的行动，各项主要活动何时实施、何时完成，都要有时间和时序上的妥善安排。人生各阶段的线路划分与安排都具体可行，能够根据个人特点、用人单位发展需要和社会发展需要确定将来的目标。人生每个发展阶段的规划应保持连贯性，各具体规划与人生总体规划保持一致，若摇摆不定，前后矛盾，则会浪费各发展阶段的人力资本积累。规划是预测未来的行动，牵涉到许多可变因素，因此规划要有弹性，到了一定的时间要视具体情况予以修正。有了长期性原则，职业生涯规划就会变得清晰起来，从而是可行的、有效的，最终使进行职业生涯规划的人走向成功。

(二) 职业生涯规划的要素

知己知彼，百战不殆，这句俗语道出了职业生涯规划的要素。职业生涯规划的五大要素是：知己，知彼，抉择，目标，行动！

下面我们就来详细了解职业生涯规划的五大要素：

1. 知己

知己就是自我认识与自我了解，向内看，看自己的兴趣，能力，价值观，个性以及家教，学校社会教育对个人产生的影响等。

2. 知彼

知彼就是熟悉周围的环境，探索外在的世界，特别是与职业生涯发展有关的工作世界，主要了解职业的特性，所需的能力，就业渠道，工作内容，工作发展前景，行业及职业的薪资待遇等。

3. 抉择

抉择包括抉择技巧，抉择风格，以及抉择可能面临的冲突，阻力，助力等。

4. 目标

抉择之后就是确定目标，考虑自己职业生涯的前景，确定切合实际的目标，指导行动。

5. 行动

行动是极其重要的一个环节，即使前面的所有工作都做得很好，但如果没有行动去实现，这些规划都只不过是空中楼阁而已。

以上五个要素是相关关联的，知己是了解自己本身的特性，知彼是了解工作舞台的特性。做到知己知彼，应该使确定的个人生涯目标符合现实，而不是一厢情愿；自己对所从事的职业很感兴趣，并不是被动地去工作，所从事的工作发挥了自身的特长，利用了自己的优势，自己能适应工作环境，游刃有余。做到知己知彼后，抉择，确定目标和行动才有现实的基础，才能制定出好的职业生涯规划。

六、职业生涯规划的方法与步骤

(一) 职业生涯设计的具体方法

许多职业咨询机构和心理学专家进行咨询和生涯规划时常常采用的一种方法就是有关5个"W"的思考的模式。从问自己是谁开始，然后顺着问下去，共有5个问题：

1. Who are you？你是怎样的人？

对于"我是谁？"应该对自己进行一次深刻地反思，有一个比较清醒地认识，优点和缺点，都应该一一列出来。这是认识自我、分析自我、评估自我的过程。包括个人的兴趣爱好、个性特质、教育背景、专业特长、身体状况和过往经历等，对自己了解越全面，职业生涯规划越具有针对性。

2. What you want？你想干什么？

这是对自己职业发展的一个心理趋向的检查，也是个人目标展望的过程。包括职业目标、个人收入、学习目标与成就感。每个人在不同阶段的兴趣和目标并不完全一致，有时甚至是完全对立的。但随着年龄和经历的增长而逐渐固定，并最终锁定自己的终身理想。

3. What can you do？你能干什么？

第三个问题"我能干什么？"是对个人能力与潜力的全面总结，一个人职业的定位最根本的还要归结于个人的能力，而职业发展空间的大小则取决于个人的潜力。对于个人能力应该从专业技能、职业竞争力进行认识，并将认识的情况与个人的大学学习目标相结合，积累个人将从事某种职业所需的专业知识和技能，学以致用，发挥专长。对于一个人潜力的了解应该从几个方面着手去认识，如对事的兴趣、做事的韧力、临事的判断力以及知识结构是否全面、是否及时更新等。

4．What can support you？环境支持或允许你干什么？

第四个问题"环境支持或允许我干什么？"这种环境支持在客观方面包括本地的各种状态比如经济发展、人事政策、企业制度、职业空间等；人为主观方面包括同事关系、领导态度、亲戚关系等，两方面的因素应该综合起来看。有时我们在职业选择时常常忽视主观方面的东西，没有将一切有利于自己发展的因素调动起来，从而影响了自己的职业切入点。而在国外通过同事、熟人的引进找到工作是最正常也是最容易的。当然我们应该知道这和一些不正常的"走后门"等歪门邪道有着本质的区别。这种区别就是这里的环境支持是建立在自己的能力之上的。

5．What you can be in the end？最终的职业目标是什么？

明晰了前面四个问题，就会从各个问题中找到对实现有关职业目标有利和不利的条件，列出不利条件最少的、自己想做而且又能够做的职业目标，那么第五个问题有关"自己最终的职业目标是什么"自然就有了一个清楚明了的框架。最后，将自我职业生涯计划列出来，建立形成个人发展计划书档案，通过系统的学习、培训，实现就业理想目标：选择一个什么样的单位，预测自我在单位内的职务提升步骤，个人如何从低到高逐级而上。例如从技术员做起，在此基础上努力熟悉业务领域、提高能力，最终达到技术工程师的理想生涯目标；预测工作范围的变化情况，不同工作对自己的要求及应对措施；预测可能出现的竞争，如何相处与应对，分析自我提高的可靠途径；如果发展过程中出现偏差，如果工作不适应或被解聘，如何改变职业方向。

回答了这五个问题，找到它们的最高共同点，你就有了自己的生涯规划。

(二) 职业生涯规划基本步骤

1．自我评估

自我评估包括自己的兴趣、特长、性格、学识、技能、智商、情商、思维方法、道德水准以及社会中的自我等内容的评估，全面立体的认识自己，从而帮助自己对适合的职业和职业生涯目标做出抉择。

2．职业生涯机会的评估

制定职业生涯规划时，要评估环境因素对个人职业发展的影响，分析环境条件的特点、环境的发展变化情况、自己与环境的关系、自己在这个环境中的地位以及环境对自己有利的条件与不利的条件等等。

3．设定职业生涯目标

职业生涯目标的设定，是职业生涯规划的核心。目标的设定是以自己的最佳才能、最优性格、最大兴趣、最有利的环境等信息为依据。

职业选择正确与否，直接关系到人生事业的成功与失败，应考虑以下几点：性格与职业的匹配；兴趣与职业的匹配；特长与职业的匹配；内外环境与职业相适应。通常职业生涯路线的选择须考虑以下三个问题：我想往哪一路线发展？我能往哪一路线发展？我可以往哪一路线发展？

4．制订行动计划与措施

行动是指落实目标的具体措施，包括工作、训练、教育等方面。

5．评估与回馈

要使职业生涯规划行之有效，就要对职业生涯规划进行评估与修订。内容包括：职业的重新选择；职业生涯的路线选择；人生目标的修正；实施措施与计划的变更等等。

以上是职业生涯规划的 5 个步骤，它是一个循环上升的过程。

第三节　职业生涯规划书

一、职业生涯规划书的价值

职业生涯规划是一个长期、复杂的系统工程，而职业生涯规划书则是确保整个系统工程实施的可行性方案。职业生涯规划书作为一种有效载体，以文字的形式客观有效的记录在人生不同阶段个人认识自我、认识环境、确定目标、制订计划并实施、反馈修复的五个循环过程。职业生涯规划书记录过去和现在的自己，设计未来的自己，它是职业生涯规划分阶段活动的"蓝图、简史、档案记录"。

二、职业生涯规划书的结构和格式

(一) 职业生涯规划书的结构

1．个人信息

包括姓名、性别、出生年月日；就读院校及专业、联系电话、电子邮件、撰写时间等。

2．自我认知

(1) 自我评估。

(2) 他人的评估。

(3) 职业生涯规划评测(兴趣、性格、能力、价值观等)。

(4) 自我小结。

3．职业认知

(1) 外部环境分析(社会、学校、家庭等)。

(2) 目标职业分析(行业、职业、岗位、任职条件、工作条件、晋升渠道、区域等)。

(3) 职业认知小结。

4．SWOT 分析

S 使用，W 弥补，O 利用，T 排除；关注 SO、WT，使 SO 最大，WT 最小。

(1) 确定目标(大学生以毕业 3~5 年规划为重点，初步确定职业目标)

(2) 明确路径(大学生以毕业 3～5 年规划为重点，设计出职业发展路径)。

5．行动方案设计

制订行动计划(以未来 3～5 年为重点，内容包含备用计划)。

6．评估修正和调整

(1) 动态分析调整。

(2) 备选规划方案。

(二) 职业生涯规划书的格式

常用的有表格式和文本式。表格式有相对统一的格式，比较方便。在认真思考后，把个人实际情况填入表格，使用方便，也便于教师检查，但是对于个性突出的同学进行自我规划有所限制。文本式利于同学发挥个人的思想情感和个性风格，空间更大，但需要个人花精力去丰富规划书里面的内容。

1．表格式范本

职业生涯规划书(范本)

学院：_____

专业：_____

年级：_____

姓名：_____

性别：_____

××××年×月

一、自我分析

自我分析是对自己进行全方位、多角度的分析。

职业兴趣 (喜欢干什么)			
个人特质 (适合干什么)			
职业能力 (能够干什么)			
职业价值观 (最看重什么)			
胜任能力 (优劣势是什么)			
社会评估	称谓	姓名	对你影响最大的人对你的评价与期望 (家人、老师、亲戚、朋友眼中的"你")

自我分析小结：

二、职业分析

职业分析是对影响职业选择的相关外部环境进行较为客观、系统的分析。

家庭环境分析(如经济状况、家人期望、家族文化等以及对本人的影响)
学校环境分析(如学校特色、专业学习、实践经验等)
社会环境分析(如就业形势、就业政策、竞争对手等)
职业环境分析 1. 行业分析(如 XX 行业现状及发展趋势,人业匹配分析) 2. 职业分析(如 XX 职业的工作内容、工作要求、发展前景,人岗匹配分析) 3. 企业分析(如 XX 单位类型、企业文化、发展前景、发展阶段、产品服务、员工素质、工作氛围等,人企匹配分析) 4. 地域分析(如 XX 工作城市的发展前景、文化特点、气候水土、人际关系等,人城匹配分析)
职业分析小结:

三、职业定位

综合第一部分(自我分析)与第二部分(职业分析)的主要内容得出本人职业定位的 SWOT 分析。

	优势因素(S)	弱势因素(W)
内部环境因素		
	机会因素(O)	威胁因素(T)
外部环境因素		

结论:

职业目标	举例:将来从事(××行业的) ××职业
职业发展策略	举例:进入××类型的组织(到××地区发展)
职业发展路径	举例:走专家路线(管理路线等)
具体路径	举例:××员——初级××——中级××——高级××

四、实施计划

名　　称	短期计划(大学阶段)
时间跨度	
本期目标	如大学时要达到……
细分目标	如大一要达到……大二要达到……或在××方面要达到……
计划内容 (参考)	如专业学习、职业技能培养、职业素质提升、职业实践计划等
策略和措施 (参考)	如大一以适应研究生生活为主,大二以专业学习和掌握职业技能为主……,或为了实现××目标,我要……
备　　注	大学生职业规划的重点
名　　称	中期计划(毕业后五年)
计划名称	
本期目标	如毕业后第五年时要达到……
细分目标	如毕业后第一年要……第二年要……或在××方面要达到……
计划内容 (参考)	如职场适应、三脉积累(知脉、人脉、钱脉)、岗位转换及升迁等
策略和措施 (参考)	大学生职业规划的重点
备　　注	
名　　称	长期计划(毕业后十年或以上计划)
计划名称	
本期目标	如退休时要达到……
细分目标	如毕业后第十年要……,第二十年要……
计划内容 (参考)	如事业发展、工作与生活关系、健康、心灵成长、子女教育、慈善等
策略和措施 (参考)	
备　　注	方向性规划

详细执行计划如下:本人现在就读×年级,我的大学阶段计划是……

五、调整评估

职业生涯规划是一个动态过程，必须根据实施结果的情况以及因应变化进行及时的评估与修正。

1. 评估的内容

职业目标评估(是否需要重新选择职业？)假如一直……，那么我将……

职业路径评估(是否需要调整发展方向？)当出现……的时候，我就……

实施策略评估(是否需要改变行动策略？)如果……，我就……

其他因素评估(身体、家庭、经济状况以及机遇、意外情况的及时评估)

2. 评估的时间

一般情况下，我定期(半年或一年)评估规划；

当出现特殊情况时，我会随时评估并进行相应的调整。

3. 规划调整的原则

六、结束语

---

2. 文本式范本

文本式大学生职业生涯规划书范本

一、大学毕业后的十年规划

(2016—2026 年，20～30 岁)

美好愿望：

方向：

总体目标：

已进行情况：

二、社会环境规划和职业分析(十年规划)

1. 社会一般环境

2. 职业特殊社会环境

三、行业环境分析和企业分析

1. 行业分析

2. 企业分析

四、个人分析与角色建议

1. 个人分析

(1) 自身现状

(2) 职业性向测评结果

2. 角色建议

家人、老师、同学等人的角色建议。

3. 人格类型测试结果

五、职业目标分解与组合

职业目标：

1. 2016—2019 年

成果目标、学历目标、职务目标、能力目标、经济目标等。

2．2019—2021 年

学历目标、职务目标、能力目标、经济目标等。

3．2021—2026 年

学历目标、职务目标、能力目标、经济目标等。

六、成功标准

七、职业生涯规划实施方案(主要说明存在差距)

八、缩小差距的方法

1．教育培训方法

2．讨论交流方法

3．实践锻炼方法

4．其他方法

九、本人对于职业生涯规划的看法

三、撰写职业生涯规划书的要求

在现实中，部分大学生对生涯规划不够重视，简单地把它看成一项课程作业，应付了事。在撰写职业生涯规划书的时候，以下三点尤为值得注意：

(一) 避免抄袭

生涯规划是将个人情况与个人所处环境与职业进行匹配的过程，每个人的个人情况与所处环境不同，每个人的生涯规划也不想同。每位大学生应该认真的在分析自己和职业机会后，根据实际情况撰写个人的职业生涯规划书。

(二) 正确评估

在制订个人职业生涯规划书时，应该从实际出发，合理的评估自己的能力，合理明确目标，尤其是短期目标，降低实施过程中的难度，增加执行职业生涯规划书的信心。

(三) 付诸行动

一些同学在撰写职业生涯规划书时热情高涨，但是不能持之以恒。或是没有对照职业生涯规划书去分阶段实施、评估、动态调整里面的内容。生涯规划是一个系统复杂的过程，需要付诸实际行动和坚持。

【案例 5-1】　　　　　　　**大李的目标阶梯**

大李是小王从小到大的朋友。从 18 岁开始，小王在外为生活四处漂泊奔波，大李则上了大学，什么事都挺顺当。随后分开的 10 年里，他们大约每隔两三年见一次面。每一次小王都喜欢问大李同一个问题：你将来的目标是什么?而小王得到的答案总是不相同。下面记录的是大李每次谈及目标的原话：

18 岁，高中毕业典礼上：我发誓要当李嘉诚第二!我要当中国首富(好大的口气)。

20 岁，春节老同学团聚会上：我想创立自己的公司，30 岁前拥有资产两千万。

23 岁，在某工厂当技术员，第二职业是炒股：我正在为离开这家工厂而奋斗，因为在这里工作太没前途了。我将全力炒股，3 年内用 5 万元炒到三百万元(似乎有点实现的可能)。

25 岁，炒股失意而情场得意，开始准备结婚：我希望一年后能有 10 万元，让我风风光光地结婚(挺现实的想法)。

26 岁，不太风光的结婚典礼上：我想生一个胖小子，不久的将来当个车间主任就行，别的不想了(是不是结婚都会使人成熟)。

28 岁，所在工厂效益下滑，偏偏正是妻子怀胎十月的时候：希望这次辞退人员名单里千万不要有我的名字。

【案例 5-2】　　　　　　　　　**比尔·拉福的职业生涯发展**

中学毕业之际，比尔·拉福就立志经商。他的父亲是洛克菲特集团的一名高级职员，父亲的职业熏陶了年少的拉福。拉福的父亲在商界打拼了多年，对商海中的事务了如指掌，深谙其中的奥秘。他发现儿子机敏果敢，敢于创新，有商业天赋，却很少经历磨难，更缺乏知识。于是拉福父子进行了一次长谈，共同制订了计划，一起勾画出了职业生涯的蓝图。拉福听从了父亲的劝告，升学时没有直接去读贸易专业，而是选择了工科中最基础最普通的专业——机械制造。这招棋很绝妙，因为做商贸必须具备一定的专业知识，在贸易中，工业产品占据了绝对多数，如果不了解产品的性能，生产制造的情况，就很难保证产品的收益。因此，具备一些工科的基础知识是经商的先决条件。况且，工科学习不仅是知识技能的培养，它还能帮助人们建立一整套严谨的思维体系，训练人的推理分析能力，使之有一种脚踏实地的工作态度，这些素质对经商的帮助很大。比尔·拉福就这样在麻省理工学院度过了四年。他没有拘泥于本专业的学习，还广泛学习了化工、电子、建筑等方面的知识，这些知识在他后来的商业活动中发挥了不可忽略的作用。

大学毕业后，比尔·拉福没有立即一头扎进商海。按照原先的设计，他开始攻读经济学的硕士学位。商业毕竟不是工业，这是一种经济活动，有其本身的规律和特征。现代商业不像古代阿拉伯人做的那么简单了。无论是在程序上还是在原则内容上都是很复杂，需要进行专门了解。在市场经济条件下，一切经济活动都通过商业活动来进行，不了解经济规律，不学习经济学知识，很难在商界立足。于是，比尔·拉福又考入了芝加哥大学，开始了为期三年的经济学硕士课程的学习。这期间，比尔·拉福掌握了经济学的基础知识，深入了解了经济规律，懂得了商业活动的地位作用，搞清了影响商业活动的多种因素。他还特意认真学习了相关的经济法律。在现代商业活动中，法律充当了至关重要的角色，没有法律保障，现代商业将陷入一片混乱。这样，几年下来，他完全具备了经商的素质。

比尔·拉福拿到硕士学位后居然没有立即投身商海，而是考了公务员，去政府部门工作。原来，他的父亲，这位老谋深算的商业活动家深知，经商必须具备很深的社会交往能力，人际关系在社会生活中异常重要，要想在商业中获得成功，必须深知处世规则，充分了解人的心理特征，善于与人交往，能够给人以良好的印象，使人信任你，愿与你合作。这种开拓人际关系的能力在学校是学不到的，只有在社会上，在工作中才可以学到，而训练交际能力，观察人际关系的最佳去处就是政府部门。拉福在政府部门一干就是五年。五年中，他从一名稚嫩的热血青年成长为一位老成世故的公务员。此外，它通过五年的政府机关工作，结识了一大批各界人士，建立起一整套关系网络。他非常善于利用这些网络，这个网络能够为他提供丰富的信息，提供许多便利条件。这对他后来事业的成功帮助很大。五年的政府工作结束以后，比尔·拉福已经完全具备了成功商人所要具备的各种条件，羽翼丰满了。于是，他辞职下海，去了父亲为他引荐的通用公司熟悉商业业务。又经过两年，他已经掌握了商情和商业技巧，业绩斐然。这时候他不再耽误时间，婉言谢绝了通用公司的高薪挽留，跳出来自己开办了拉福商贸公司。功夫不负有心人，比尔·拉福的准备太充分了，他几乎考虑到每一个细节，学会了商人应学会的一切。因此，他的商业进展异常顺利，拉福公司的成长速度出奇地快。二十年后，拉福公司的资产由最初的二十万美元发展到二亿美元，而比尔·拉福也成为一个奇迹，受到世人的尊敬。

第六章

就业准备与就业技巧

第一节　就业准备与策略

一、就业信息的准备

(一) 就业信息的来源

信息源是指产生和持有信息的个人、机构或负载信息的载体，产生信息或为了传递而持有信息的系统，均可称为信息源。就业信息的来源很多，就目前而言，求职者获得就业信息的途径主要有以下几方面：

1. 通过学校主管部门获取信息

毕业生就业推荐工作是学校责无旁贷的工作，它们与就业指导机构、社会的方方面面有着密切的联系，通过多年的工作实践与有关部门长期合作，已形成了人才供需网。因此，毕业生与学校就业指导机构建立联系，是毕业生获得就业信息的重要来源和渠道。

2. 从互联网上获取就业信息

随着信息化时代的快速发展，互联网成为大学生求职的主要途径，再加上无论是网络求职还是招聘报刊求职，都具有省时、经济、信息量大、涉及面广且信息集中，便于搜索和选择，求职方便等优势，使得越来越多的大学生开始选择这种求职方式。另外，大多数的注册企业都有自己的网站，用于发布企业基本信息和供求信息。

3. 从劳动部门、人事部门、毕业生分配部门获得信息

这些部门常年向用人单位输送人员，对用人单位的需求情况比较了解，获得的信息比较准确、可靠，并有一定的指导性，是目前大多数中职生求职获得就业信息的主要来源。

4. 通过社会交往及社会实践活动获得就业信息

最常见的社会实践活动是毕业实习。实习单位一般比较对口，通过实习可以直接掌握就业信息。此外，在社会交往过程中，通过亲戚、朋友、邻居、老师、校友及其他熟人交流，可以直接或间接地获得有益于择业求职的各类信息。从这些途径中获得的信息准确、迅速，且有效性较高。

5. 从各种就业中介机构获得就业信息

常见的就业中介机构有人才交流中心、职业介绍所、就业市场等。在那里既可以通过咨询获得当地就业的规定、实施办法等，也可以了解当地的用人需求情况。与这些机构的联系，不仅可以获取有关的就业信息，而且可得到锻炼或面试的机会。但是，目前对各类职业中介机构的管理不够规范，一些职业中介机构，尤其是职业介绍所，存在着许多不尽如人意的地方，如收费不合理、信息过时、跟踪服务差、承诺不兑现等。毕业生在选择信息源时须慎重。

6. 通过各种传播媒体获得就业信息

在传媒业高速发展的今天，广播、电视、报刊、杂志等新闻媒体受到了招聘机构和求职者们的共同青睐，如《大学生就业》等每期都刊载有数量不等的招聘信息，除此以外，还开设"择业指导"和"政策咨询"等专栏，为毕业生就业提供指导。

7. 从各种文件中获得就业信息

从国家的有关决议、决定、规划、规定等文件中获得就业信息，也包括各地区发布的有关决定和各种人才流动政策。这类信息具有较强的宏观指导作用。

8. 通过自荐所得反馈来获取信息

毕业生可通过发求职信函、打电话、登门拜访、刊登广告等方式进行自荐。这种方法主动性强，但盲目性较大。在就业信息通道不畅的情况下，也不失为一种获得就业信息的方法。

(二) 就业信息的收集原则

知彼知己，是职业生涯成功的基础，每一个职场人士都要学会收集、保存、分析和运用职场信息。就业信息收集工作的好坏，直接关系到求职择业的效果。收集就业信息时必须遵循以下原则：

1. 准确性原则

准确性原则是收集信息的基本原则。一方面要求信息源真实可靠，另一方面在收集信息过程中必须严格分析、筛选，去伪存真。如果我们收集的信息是假信息，不但起不到积极作用，有时还会起反作用。毕业生在收集就业信息时，要深入实际，多观察思考，以保证收集的信息真实可靠。

2. 时效性原则

时效性原则是指信息收集中以最少时间、最快的速度对信息及时收集、获取，以提高信息的利用率，就业信息价值的大小，与它收集、传递、使用是否及时直接相关。若能及时收集，及时应用，就有可能发挥较大作用；反之，就可能降低或失去其使用价值。

3. 目的性原则

目的性原则是为了使信息明确地反映客观事物变化的特征，而进行的有目标的信息收集活动。这一原则是由信息收集人根据自身需求决定的，是通过压缩信息虚浮部分、提高信息精密度来实现的。因此，在收集就业信息时，不能漫无边际，而应根据求职择业的实际需要有针对性地进行。如果在就业信息收集过程中不注意目的性，不加限制地收集，就会造成时间和人力上的浪费，影响求职择业活动的实际成效。

4. 系统性原则

系统性原则也称连贯性原则，即避免片面性。一方面要保证信息收集全面、完整。一般而言，各种类型不同的就业信息多以分散的状态存在，集中性不强，连贯性偏弱。这就需要收集人最大范围、最大程度地收集与自身从事职业相关性较强的就业信息，然后经过系统分析、科学提炼。另一方面要坚持重点信息的系统收集，不仅可以了解某一职业的市场状态、工资待遇，更能把握发展方向，达到预期目的，为择业决策提供有力、可靠的信息依据。

5. 开拓性原则

开拓性原则是指收集信息必须具有开拓精神，善于捕捉信息，开发信息的价值。在当今人才市场竞争日趋激烈的情况下，只有抢先得到有关的就业信息，才有可能在求职中处于优势地位。

(三) 就业信息的收集办法及应用

1. 就业信息的收集方法

不仅要依靠丰富的信息源，而且还要有科学的信息收集方法。常见的就业信息收集方法有：

(1) 观察法。

观察法是指信息收集者在现场直接利用感官和仪器对客观事物进行仔细考察，从而获得第一手信息的方法。它是收集信息必须掌握的最基本方法。毕业生在择业前要广泛翻阅各种报纸、杂志，收听广播，收看电视，经常光顾各种中介机构的信息台、广告栏及企事业单位门前的招聘广告或深入企事业单位实地考察。

(2) 调查法。

调查法是将所要调查的各种问题，由调查者当面或以电话或通过其他形式向被调查者提出询问。通过实地调查了解用人单位情况及自己所关心的问题。其程序一般分为调查准备、调查实施以及分析和总结三个阶段。

(3) 投书索取法。

投书索取法是信息的收集者给有关单位、部门或个人写信，请他们帮助收集某些信息的方式。采用这种方法一般可免费得到相关的就业信息资料。

(4) 咨询法。

咨询法即求职者到劳动部门、职业介绍机构及毕业生就业指导机构等单位去咨询，以了解有关的就业信息。提供咨询的机构掌握的社会人才需求信息多而广，并且提供相关用人单位情况的资料供查阅或索取。因此，毕业生应主动地、经常地到有关部门咨询，以获得自己所需要的信息。

(5) 交换法。

交换法即毕业生之间把自己收集到的信息或资料相互交换，使用这种方法不需要中间环节，可使信息收集迅速、直接，从而节约时间，但要注意避免因重复收集而造成时间与精力的浪费。

(6) 购买法。

购买法是求职者向就业信息的服务单位有偿获取信息的方法。一般包括订购、选购、代购及复制等。

收集信息的目的是为了应用信息，发挥信息的价值。就业信息的质量对其效用的发挥会产生很大影响。因而，在应用前必须对就业信息进行筛选、处理。

2．就业信息收集的应用

就业信息的应用比较广泛，就业信息在求职择业活动中的应用主要有以下几方面：

(1) 确定求职择业目标，选择就业岗位。

求职择业目标是求职者期望从事的职业及岗位，确定择业目标的主要依据是：第一，求职者自身的条件，诸如文化素质、所学专业、兴趣爱好、特长等。第二，就业信息，主要指就业政策法规、相关行业及用人单位的情况、人才需求情况等。求职者通过对收集到的就业信息进行处理、选择，结合自己的实际情况，确定择业目标，选择工作单位。

(2) 明确应聘、就业程序。

明确采用什么样的自荐方式，掌握在求职过程中面谈的技巧，避免由于方法不当带来的择业障碍。

(3) 了解职业发展概况、调整学习目标。

了解社会各种职业的特点及现代职业对从业人员素质的具体要求，预测所学的知识、技能与就业的适应程度，以调整自身的学习目标。

二、就业能力的培养

就业能力是指毕业生所拥有的自身特质，是就业活动中竞争力的基础。因此，对于毕业生来说，提高就业能力，就等于增加了就业机会。

(一) 就业能力的含义

就业能力，也叫就业力(Employ Ability)。是指从事某种职业所需要的能力，是一种与职业相关的综合能力，涉及能力本身，包括态度、个性等可变化的核心技能群，即就业能力是个人具有的各种有益于就业的能力组合，在个人求职、就职、晋升发展的不同阶段具有动态发展的倾向。

国内经常将就业力等同于大学生的就业能力、技能和技巧。根据求职者角色可以分为普通求职者就业力和大学生的就业力。普通求职者就业力指的是结合在校期间的就业训练和自己已有的工作经验必须完成的就业力训练，通过"就业力提升性质训练"，提升工作的持续性。大学生的就业能力则是在学校期间就必须完成的就业力训练，通过系统的"初级就业力训练"，提升初次就业的成功率。

(二) 就业能力的内容

根据近些年用人单位关注的就业能力看出，态度、技能、知识3个方面是用人单位比较重视的，其中态度尤其重要，因为他们将影响毕业生进入用人单位的工作状况。"知识"代表你知道什么，"态度"代表你是否愿意做好工作，"技能"代表你将怎样工作。

就业能力是一种综合能力，个人就业能力的显现还与就业的相关领域有密切的关系。总的来说，就业能力可分为个人素质、基础技能和专业技能3个方面。

1. 个人素质

个人素质是个人特性的表现，现在许多单位招聘的时候，都把个人素质放在优先考虑的位置。因此，培养优秀的个人素质，是提升就业能力的关键。

(1) 道德品质。

道德品质是用人单位在选人用人时的重要考量因素之一，但却一直未能引起高校学生的足够重视。人无信不立，企业无信不昌，如今许多知名企业都把"道德品质"列在人才标准的首位，这并不是冠冕堂皇的做法。

一些知名企业认为道德品质包括有责任感、能自我管理、诚实正直、对企业忠诚、对客户诚信等，是职业道德的基本要求，是知名企业用人的基本点和出发点，也是首要原则。企业在招聘员工时，诚信是最被看重的品质。如果应聘者品行不符合公司要求，就算专业水平再高、工作能力再强，企业也不会录用。

(2) 工作态度。

在竞争激烈的现代职场中，有些人从众人之中脱颖而出，取得卓越的成就，成为时代的精英；而有些人在职场中却无人问津，尽管他们也辛辛苦苦地操劳，忙忙碌碌地奔波。那么是什么造成他们之间如此大的差距呢？是家庭出身，还是专业知识？其实都不是，决定一个人卓越与否的关键因素在于他对待工作的态度，你选择什么样的态度对待自己的工作，就决定了你有什么样的人生。

世界上所有成就伟大事业的人，都有一种积极的、建设性的工作态度。工作本身没有贵贱之分，而对待工作的态度有好坏之别。所有正当合法的工作都是值得尊敬的，只要你诚实地劳动和创造，没有人能够贬低你的价值，关键在于你如何看待自己的工作。

所以，现在最重要的是端正我们的工作态度。努力认真工作，不要总想着跳槽，这样才能真正地在一个岗位上做出一番成绩。那些态度不端正，身在曹营心在汉的员工最终将一无所得。用人单位在招聘员工时，也比较关注学生是否具有责任感，因为这决定着他是否能将工作按时按质完成。

下面我们来认识工作态度构成要素：

① 规范性：遵守已规定的制度、标准。

② 诚实性：凭良心做事。

③ 彻底性：将工作进行到底。

④ 自觉性：自觉自愿地工作。

⑤ 创意性：不断改善和创新。

员工缺乏责任感，会导致怎样的后果？做事敷衍了事、易发生事故、产品不良率上升、凝聚力削弱、工作质量下降、自身能力无法提高、交货期延迟、工作业绩低下、公司信誉下降、有损公司利益和形象等。

用人单位认为富有责任感的学生有着以下特性：具有主人翁意识，把公司的事当做是自己的事；具有服务意识，为公司内和公司外的顾客工作；具有品质意识，为公司生产完美的产品，将工作做到尽可能完美；具有成本意识，尽量为公司减少浪费。

(3) 敬业精神。

优秀的企业，尤其是知名企业非常注重实效，注重结果，因此敬业精神是不可或缺的。有了敬业精神，其他素质的培养就相对容易了。

中国人力资源开发网关于中国企业员工敬业指数的调查报告显示，与其他年龄段的人相比，20 世纪 80 年代后出生的年轻人尽管初入职场，却表现得并不敬业。中国人力资源开发网培训发展部总监鲍明刚认为，随着企业经营环境的发展和人才市场供求结构的变化，更强的承受压力的能力，以及根据现实环境调整自己期望和心态的能力就显得尤为重要。而"80 后"毕业生没怎么经历过挫折，面临竞争压力时，往往适应能力不足，容易对工作产生失落感和挫折感，因此会让人觉得他们不够敬业。

大学毕业生要想适应当今的职场环境，就必须具备明确的工作目标和强烈的责任心，带着激情去工作，踏实、高效地完成自己的本职工作。工作态度很大程度上能够决定一个人的工作成果，有良好的态度才有可能塑造一个值得信赖的形象，才会获得同事、上司及客户的信任。

(4) 团队精神。

团队精神就是团队合作的能力和协调交流的能力，就是强调要懂得并善于与他人合作，发挥团队战斗力的能力。通俗地说，团队精神是让众人合力拧成一股绳的精神。古人有"断一指容易，断十指难"的古训。如今，优秀的企业都很注重培养团队的协作精神，将其视为企业文化之一，希望员工能将个人努力与实现团队目标结合起来，成为可信任的团队成员。

许多刚走上职场的毕业生，满怀抱负，血气方刚，在团队中常常表现出个人英雄主义，在一些企业中常常可以见到这样的员工：在市场上敢拼敢打，是一员虎将，然而自恃工作能力强，工作业绩好，在同事和领导面前恃才傲物，作风散漫，不愿遵守劳动纪律，还经常在公开场合反对领导的意见。这样的员工即使业绩再出色，能力再强，最终也会被企业淘汰。

(5) 文化认同。

目前越来越多的企业在笔试阶段引入性格测试或心理测试的内容，说明企业对毕业生性格和心理素质非常重视。企业认为这是衡量大学毕业生是否认同企业文化，能否顺利融入公司的标尺。企业所期待的员工，不仅要能力出众，更要认同企业文化。

毕业生求职前，要着重对选择企业的文化有所了解，并看自己是否认同该企业文化。如果想加入该企业，就要使自己的价值观与企业倡导的价值观相吻合，只有这样，在进入企业后，才能自觉地融入企业团队中，才能以企业文化来约束自己的行为。

(6) 创新能力。

企业需要有创新能力的人。创新是企业和个人赢得成功的一个重要保证，创新能力是每一个求职者都应该努力培养的素质。例如，在面试中，企业招聘人员一般会问："在以前的工作中，你有没有做成过一件其他同事没做过或者根本没想过的事情？或者你是否对一些新鲜的事物感兴趣？"

李开复在给中国大学生的一封信中也曾这样描述："仅仅勤奋好学，在今天已经远远不够了。因为最好的企业需要的人才都是那些掌握了丰富的知识，又具备独立思考和解决问题的能力，善于自学和自修，并可以将学到的知识灵活运用于生活和工作实践中，时刻不忘创新，以创新推动实践，以创新引导实践。只有这样，我们才能不断研发出卓越的产品。"

创新能力是推动知识经济发展的核心动力，也是现代社会使用频率很高的一个词汇。它包括了各方面的创新，如技术、产品、制度、管理、营销、文化、观念、品质、品牌、服务。企业发展必须要有创新精神，没有创新就没有企业的未来。事实上，知名企业用人不仅看他是否能胜任现任工作，更重要的是要看他有没有创新能力。

(7) 学习能力。

必须强调的是，这里的学习能力并不等于在学校里所取得的专业成绩。"终生学习，成就终生。"只有不断吸收新的知识、新的技能，才能成为有潜力可挖、有发展前途的员工。

知名企业十分重视应聘者是否具备良好的学习能力和强烈的求知欲。某网络通信股份有限公司的人力资源经理说："我们公司不苛求名校和专业对口，即使是比较冷僻的专业，只要学生综合素质好，学习能力强，遇到问题时能及时看到症结所在，并能即时调动自己的能力和所学的知识，迅速释放出自己的潜能，制定出可操作的方案，我们同样欢迎。"在招聘毕业生时，企业往往将这两方面作为考查的重点。他们认为自己拥有非常完善的培训系统，所以应聘者是否具备业务操作能力在招聘时并不是很重要，重要的是一定要有强烈的求知欲和良好的学习能力。只要拥有了求知欲和学习能力，就不怕新人缺少业务操作能力，拥有这两点，新人才能时时更新自己的知识储备，这样的人才永远不会过时。

(8) 应变能力。

企业需要那种具有高度灵活应变能力的人。听得认真，写得认真，看得仔细，说得清楚，叙述的准确，这种人具有不可估量的价值。另外，企业是一个处于不断发展之中的实体，在企业的发展过程中会遇到许多意想不到的新问题，这就需要员工具有应变能力，能灵活地适应各种环境的变化。

应变能力反映在面试中，最大的可能性就是考官给你一个模拟的场景，让你做出一些判断和决策，以考察应聘者的灵活应变能力。西门子(中国)有限公司人力资源部招聘顾问邹加认为，考官有时也会故意用一些很诡异的问题来刁难应聘者，这个时候，最重要的就是保持一颗平常心，不要慌乱，停顿 5~10 秒调整一下思路，然后流畅地说出自己的观点。对于面试题，答案是其次的，考官主要考查的还是应聘者的应变能力和逻辑思维能力。

(9) 沟通能力。

在信息时代，有效沟通变得越来越重要。如果信息是力量的话，那么能够有效地进行沟通的人就是最有力量的人。

能够进行有效沟通，就意味着能够清楚而具有说服力地传递信息、想法以及态度。在这样的背景下，有效沟通技能在人才市场上受到高度重视。雇主希望员工不仅具有基本的表达能力和写作技能，而且在沟通方面也能做得非常出色。

(10) 发展潜质。

发展潜质主要有 3 个方面：分析力、成就力和关系力。知名企业重视文凭，但不唯文凭，更看重的是应聘者未来的发展潜质。盖茨曾说过：在我的公司里，我愿意雇用有潜质的人，而不是那些有经验的人，因为从长远来看，潜质更有价值。

2．基础技能

基础技能是指在职场中必备的技能，是帮助毕业生适应工作环境、发展职业生涯的技能，对毕业生的职业生涯有着重要的影响。

(1) 外语。

随着我国改革开放的不断深入，涉外业务越来越多，同时，我国使用的一些产品设备的使用说明、应用软件、文献资料也多数是由外语书写，所以掌握外语对开展工作非常重要。

外语中使用最多的是英语，如果除英语外还能掌握一些小语种则更是锦上添花，如日语、德语、韩语、西班牙语、法语等。

学习外语的时候，为证明外语能力，可以考取资格认证，如英语等级考试、公共外语等级考试、托福与雅思考试等。当然，有良好的口语基础和听力基础比有证件更为重要。

(2) 计算机技能。

计算机技能是现代职场中不可或缺的，所以当代大学生应该熟练掌握计算机的基础技能。

掌握计算机的基本技能包括以下几点：

一是要熟练使用办公软件，主要的办公软件有 Word、Excel、PowerPoint 等，熟练掌握这些办公软件，才能满足基本的办公需求。

二是要学会简单的计算机维修和维护知识，以及时排除计算机故障，保证工作的顺利进行。

三是要积极参加计算机认证考试，或学习一些经常应用的软件，以拓展计算机操作技能。

(3) 人际交往技能。

人际交往能力是指一个人在一个团体、群体内与他人和谐相处的能力。交际能力强，往往会获得机会，能更顺利地打开工作局面，因此人际交往也是就业能力的重要组成部分。此外，人际交往还是交流信息，获取知识的重要途径。通过人际交往，人们可以相互传递、交流信息和成果，丰富自己的经验，增长见识，开阔视野，活跃思维，启迪思想。

用人单位招聘员工时，并不是选最优秀的，而是招聘最合适的，即把最合适的人放在合适的岗位，做合适的工作。只有这样，才能发挥员工的才能。因此除了看重学生的工作态度、责任感、技能之外，同样也要注重学生的人际关系处理能力。即使学生的工作能力再强，态度再好，但是假如其人际关系处理能力差，不能与周围同事很好相处，也就很难与他人共同完成工作目标，相信这样的学生在企业也不稳定。

学生若具有良好的人际关系处理能力，到了用人单位工作后将会发挥极大的作用。不但会为单位解决实际问题，创造财富，还会心情愉快地工作。

(4) 组织管理。

组织管理能力是指带领团队完成某项综合性工作的能力，包括策划、组织、协调、指挥、沟通、控制等多方面能力。大学毕业后虽然不可能每个人都能走上领导岗位，从事管理工作，但在工作中都会不同程度地运用组织管理的技艺和才能，这是现代社会对人才提出的新要求。

(5) 动手实践。

动手实践能力是当代大学生应该掌握的最基本的能力，它不仅包括解决专业问题的能力，也包括解决相邻、相关非专业问题的能力。实践是人的知识与技能转化为生产力的途径，因此，绝大多数单位注重学生的实践技能。

3. 专业技能

专业技能是大学毕业生就业能力的重要组成部分。学生通过学习期间的课程学习与实践，已基本掌握了系统的专业知识，成为某个专业的人才；面对用人单位来说，在选择优秀的学生时，专业的"专"包含以下 3 个方面的内容：

(1) "专"在基础。

学生作为专业人才，最突出的一点就是具有良好的专业知识基础。这个专业知识基础体现在系统性，连贯性和深度上。比如化学专业的学生，基础课都要开设无机化学、有机化学、分析化学和物理化学等主干课程，还要接触化学实验等操作性课程，这类知识基础一定要经过系统的学习才可以养成，所以大学生的专业基础知识是一大优势。

(2) "专"在操作。

学生作为专业人才，专业操作也是非常重要的一点。在校期间要经过不同的实践训练，如工科学生要去工厂实习，师范生要到学校去实习，理科生要接触各种实验设备，这在一定程度上训练了学生的实际操作能力。

(3) "专"在潜力。

专业技能代表着人才的类型，同时也代表着未来的可塑性，是一个人目前能力和未来潜力的重要说明。学生的未来专业发展潜力，也是用人单位所看重的。作为职场的"新鲜人"，无论是对工作的理解，还是操作的熟练程度，应届毕业生都毫无优势可言，但具有深厚专业基础的大学毕业生同样有一项巨大的优势，就是潜力。大学生是"潜力股"，而使学生具有潜力的是他的专业技能，可以在未来的工作中，把自己的专业技能与工作实际相结合，创造出更多的价值。

(三) 如何提升大学生的就业能力

既然就业能力在大学毕业生就业活动中有如此重要的作用，那么在校园生活中提升就业能力就显得十分必要了。

1. 不忽视专业知识的学习

绝不能忽略专业知识的学习。常常有学生抱怨自己所学专业知识与实践脱轨，殊不知"书到用时方恨少"。没有扎实的基础知识，学生的专业教育成果就不能凸显，自己的专业价值也会随之丧失。所以，大学生要积极学习专业知识，对于专业知识要精益求精。

此外，由于课堂内教师传授的知识有限，学生还需自己拓展相关知识。除了公共课、专业课、选修课的课堂学习，图书馆里还有浩如烟海的资料供课外学习，这个优势是社会上职业人所不具备的。所以，应该抓紧时间，充分利用资源，多学知识，特别是专业的补充知识和拓展知识，借以丰富自己的知识储备。

2. 注意学习非专业知识

由共青团中央学校部和北大公共政策研究所联合发布的《2006 年大学生求职与就业状

况的调查报告》显示，有 24.14%的学生认为个人能力已成为制约成功择业的首要问题。对这些个人能力进行分解后，可以看出他们的所占比例：自我表达能力占 35.80%，外语能力占 32.09%，专业能力占 31.88%，人际交往能力占 30.36%。从用人单位的角度看，要求最多的是环境适应能力(65.9%)，其次是人际交往能力(56.8%)，然后依次是自我表达能力(54.5%)、专业能力(47.7%)和外语能力(25%)。这份报告说明，用人单位在选择毕业生时，除了专业知识能力外，更加看重某些非专业的知识能力水平。

一些用人单位到学校举行双选会，往往会对学生进行书面考试。考试的内容不仅包括专业知识，也包括非专业知识，且占的比重很大。非专业知识一般是指社会知识、经济知识、管理知识、科技知识、演讲知识、写作知识等多方面，这些知识既是大学生成为"社会人"的需要，也是学生可持续发展的需要。

在这里还要说明一点，在音乐、美术、写作等非专业知识方面有特长的大学毕业生，往往受用人单位的青睐。恰恰是这些非专业知识，常常使毕业生脱颖而出，获得成功。

3．实习、兼职和培训

实习、兼职和培训是校园生活中提升就业能力的重要途径。实习是提升学生就业能力的重要途径。大学期间，实习的机会并不多，故要善于把握。在实习的时候，要多学多问，尽快掌握相关知识和技能，为将来就业做好充分的准备。

兼职是在校学生中最常见的接触社会、提升就业能力的途径。在做兼职的时候，最好找和自己专业相关或相近的岗位，这样不仅可以更好地锻炼自己的工作能力，还可以在实践中深化自己的专业知识。尤其是在知名企业做兼职，可以增加工作经验，对自己未来就业很有帮助。

培训也是提升学生就业能力的重要途径。学生可以根据自身需要，参加社会上的职业培训，使自己获得相关能力，取得相关职业资格认证，为成功就业增加筹码。

4．积极参加校内外活动

校内外活动是学生接触社会，锻炼自己的舞台，所以要积极参与校内外活动，来丰富和发展自己。

校内外活动主要有学生会等社团活动，学生通过参加社团活动，可以锻炼自己，使自己更适应组织生活。校外活动也有一些，不过参加机会一般较少，多数是去参加志愿活动。

5．进行就业市场调研

大学生在校期间，要关注就业市场的变化，对高校毕业生就业市场，尤其是自身涉及的就业领域要多进行调研，了解相关的就业情况，做到未雨绸缪。

在校的每一学年中，学生的学习重点与心理特征都有所不同。大学生可以按学年为阶段设置阶段目标，不断提升个人的结业能力。下面，以专科三年制学生的就业能力提升计划为例，以供参考。

(1) 大学一年级：探索期。

阶段目标：职业生涯认知和能力与素质的培养。

实施方案：首先要完成由高中生到大学生的角色转变，重新确定自己的学习目标和要求；其次，要开始接触职业和职业生涯的概念，重点了解自己未来希望从事的职业，进行初步的职业生涯设计；建立新的人际关系，提高交际沟通能力，增强交流技巧；在职业探知方面可以向高年级学生了解情况，要巩固和扎实专业基础知识，考虑未来的毕业方向(就业或深造)，加强英语和计算机能力的培养，掌握现代职业者所应具有的最基本技能；通过参加学生会或其他社团组织，培养和锻炼自己的领导组织能力、团队协作精神，同时检验自己的知识技能。

(2) 大学二年级：准备期。

阶段目标：掌握求职技能，为择业做好准备。

实施方案：加强专业知识学习的同时，考取与目标职业相关的职业资格证书或通过相应的职业技能鉴定。因为临近毕业，所以要将目标锁定在提高职业技能、搜集公司信息上。要利用假期多参加和专业相关的实践活动，和同学交流求职心得体会，学习写心得和求职简历等求职技巧，了解搜集就业信息的渠道。如果有机会，还要积极尝试参加校友网络，向已毕业的校友了解往年的求职情况；如果决定专升本，也要做好复习准备；希望出国留学的学生，可以多接触留学顾问，参加留学系列活动，注意留学考试资讯，向相关教育部门索取招生简章参考。

(3) 大学三年级：冲刺期。

阶段目标：这个阶段学生的毕业方向已经确定，大部分学生的目标应该锁定在工作申请及成功就业上。这时，可对前三年的准备做一个总结：首先检验自己已确立的职业目标是否明确，以前的准备是否足够充分；其次，积极参加招聘活动，在实践中检验自己的积累和准备；再次，进行预习和模拟面试训练。积极利用学校提供的条件，了解就业指导中心提供的用人单位信息，强化求职技巧，进行模拟面试等训练，尽可能在准备较为充分的情况下进行演练。另外，要重视实习机会，争取通过实习从宏观上了解单位的工作方式、运作模式、工作流程，从微观上明确个人在岗位上的职责要求及规范，为正式走上工作岗位奠定良好基础。

三、就业技巧

(一) 选择用人单位的标准

当我们去选择实习或就业单位时，我们要根据自己的实际情况来选择用人单位，用人单位同样也会以他们的要求来选择我们。我们是去考公务员进入公务员体制？还是去私营企业打工？我们是进入大公司好还是小公司好？我们选择用人单位究竟用什么样的标准去衡量呢？以下是几个方面情况的分析：

1. 要不要在意开始的收入

很多专家在这个问题上胡说八道。他们认为一开始不要太在意收入，要看长远发展。这是典型的不负责任的专家。你可以想象一下，什么东西决定了一个岗位的收入？很简单，在不同公司间，市场形势好的，有长远发展的公司的岗位，要比没有前途的公司同样岗位的收入高；在一个公司内部，有长远发展规划的重要岗位要比没有前途的临时岗位的收入高。开始收入的高度反映了公司对你这个岗位的重要性的看法，你是认为一个重要的岗位有前途，还是认为一个不重要的岗位有前途。

2. 去大公司还是小公司

去大公司还是小公司，应聘者往往倾向于去小公司更可以锻炼人。实际上，小公司由于实力不济，往往没有高手级的人才，也无法开展一些需要强大资源才能进行的市场运作。而大公司管理层次、专业层次等多方面相对稳定和成熟，这决定你有更多向真正高手学习的机会，可以更好地积累大型市场运作经验。锻炼打大仗的本领，比锻炼一两个人单打独斗的经验有价值得多。

3. 白领会失业吗

答案是："会而且会大规模失业。"你要知道的一点事是，中国是一个人力资源无穷无尽的国家，还有那么多的农民在等待着加入城市就业大军。现在的所谓白领，不过是在吃青春饭而已。等他们40岁左右的时候，大量的新的年轻毕业生能够用比他们低的工资来做同样的工作，估计那时中国的劳工保障法案仍然是不健全的，也没有什么工会来保护他们，那个时候，就会出现中国第一次大规模白领失业浪潮。

4. 做专业性的工作，还是做销售

要看个人情况而定，一般情况而言，首先，要看自己是否有做销售的潜力；其次，要看销售的领域是否有技术含量，不要放弃自己的专业而去做没有什么技术含量的销售业务。如果已经拥有了一个很有技术含量的专业，如医学、法律等千万不要放弃，机会成本太高了。在这个专业领域，没有多少人能够和你竞争，如果你改行去卖保险，那么将有数千万职高生、失业青年和你竞争，而且很可能你竞争不过他们。但是，如果是在有技术含量的领域，从事市场工作往往是一条捷径。

5. 找什么样的行业比较好

这里一定要注意了，大学毕业生找工作，主要是找行业，而不是看你学的专业是否"对口"。对行业要有提前预测性。现在好的行业未来不见得好。在中国未来5年我比较看好的行业是：微电子、金融、建筑、法律、医药、生化。如果你学的专业正好是这几个，那很好；如果不是也不要紧，你可以考研究生，也可以去做这些领域的市场工作。记住，要做Sales，也要做这些有前景行业的Sales，而不要去做超市的Sales。

6. 找工作通过什么渠道比较好

不同的渠道，主要是用来发布不同的岗位。例如外企招聘大陆工、民企招聘非股份工比较多用招聘网站的渠道；国企招聘非正式工多用报纸、人才市场；而公务员、国企正式工，则多半要通过内部关系来介绍了。

(二) 笔试

笔试是一种常用考核办法，目的是考核应聘人员的文字能力，知识面和分析事物的能力。它常用于一些专业技术要求很强和对录用人员素质要求很高的单位，如一些涉外部门、技术要求很高的专业公司及国家机关选聘公务员等。

1. 前常见的笔试种类

(1) 专业能力考试。

这种考试主要是检验应聘者担任某一职务时是否能达到所要求的专业知识水平和相关的实际能力。这几年毕业生热衷的国家机关公务员考试，其笔试包括《行政职业能力倾向

考试》和《申论》。又如招聘行政管理、秘书方面工作的单位对应聘者文字能力的测试，部分单位对某种计算机语言有较高的要求时，测试应用特定语言编程的能力。为检验毕业生实际工作能力或专业技术能力，通常还要进行专业技术能力考试。这种考试往往在特意设置的工作环境中进行，从你的答卷中可看出你的文字表达能力以及分析问题和逻辑思维能力等。

(2) 智商和心理测试。

智商测试主要为一些著名跨国公司所采用，它们对毕业生所学专业一般没什么特殊要求，但对毕业生的素质要求较高。它们认为，专业能力可以通过公司的培训获得，因此有没有专业训练背景无关紧要，但毕业生是否具有不断接收新知识的能力至关重要。智商测试并不神秘。一类是图形识别，比如一组有四种图形，让应试者指出其相似点和不同点。这类题目在一些面向中小学生的智力游戏书中是很常见的，一些面向大众的杂志偶尔也刊登这类游戏题目。另一类是算术题，主要是测试毕业生对数字的敏感程度以及基本的计算能力，比如给定一组数据，让毕业生根据不同的要求求出平均值，其难度绝不超过对中学生计算能力的要求水平。尽管如此，一些理工科的毕业生也考不到 60 分。这类测试尤其是会计师，审计师等职业所要求的。

心理测试是用事先编好的标准化量表或问卷要求被试者完成，根据完成的质量和数量来判定其心理水平或个性差异的方法。一些特殊的用人单位常常以此来测试求职者的态度、兴趣、动机、智力，个性等心理素质。

(3) 综合能力测试。

综合能力测试兼有智商测试的要求，但程度高，比如，应试者要在规定的时间内对一组数据，一组资料进行分析，找出其合理的地方和存在的问题，并设计出解决问题的方案。这是对学生阅读理解能力，发现问题能力，分析和解决问题的能力知识方面等素质的全方位测试，甚至有时候问答都是用英语进行，相对来说难度更大一些。

2．笔试的答题技巧

(1) 字迹清晰、工整。让考官知道你写的是什么，这是笔试的最基本要求。尤其是主观题，如果字迹潦草，则会被扣卷面分，且字迹不清楚会让人觉得你态度不端正。

(2) 顺序的条理性，并注意分段。有些求职者，在笔试的时候遇见论述题，总喜欢"句读不分"一段到底。这样会增加考官的阅读难度，对你答题中出彩的地方也就没有那么关注了。所以应该先列提纲，再逐条论述，有逻辑地分段，使考官便于阅读。

(3) 专业知识应精准。这点关系到你能否胜任将来的岗位工作，因此，一定要精准掌握。如果一个求职者连自己的专业知识都搞不太清楚，哪一家用人单位会想要用他呢？

(4) 适当联系实际。联系实际，尽量让考官发现你有实际经验。任何一家以盈利为目的的企业都愿意挑选有实际工作经验的人，这样，企业就不需要花太多的时间和精力来培养新人。

(5) 三思之后再动笔，涂改越少越好。一份乱涂乱改的试卷，不仅让人阅读困难，也会使人觉得求职者思路不清，条理全无。清晰的卷面会让人觉得你是个态度认真谨慎的人。

(6) 科学答卷。拿到试卷后，首先通览一遍，了解题目的多少和难易程度，根据先难后易的原则排出答案顺序。要注意把握笔试的时间长短。

(7) 答卷做到字迹端正，卷面整洁，因为求职笔试不等于其他专业考试，招聘单位往往从卷面上看应聘者的思想、品质、作风，字迹潦草、卷面不整的人，招聘单位先不看你答的内容，单从你的卷面就觉得你不可靠。那些字迹端正，答题一丝不苟的人，招聘单位认为态度认真、作风细致，对你更加青睐。

(三) 求职简历

简历，"简"即写作原则，行文简洁明了；"历"为写作内容，阐述你做过什么。作为与用人单位的初次沟通，简历的成功与否直接决定能否争取到面试资格，进而开始自己的职业生涯。写简历是个技术活，一纸简历，能体现一个人的语言表达水平和逻辑思维能力，概括能力，甚至性格特征，审美趣味等。对其技巧性了解愈深，愈有利于你挖掘、展示自身特质，向招聘方证明你的优势正是他们需要的。个人求职成功与否取决于应聘、招聘双方的需求是否能够达到一致。因此，简历写作中遵循一定的原则、运用一定的技巧来使对方对你有所了解，是十分重要的。

1．求职简历的基本内容

(1) 个人自我介绍：姓名、性别、出生年月、家庭地址、政治面貌、婚姻状况，身体状况，兴趣、爱好、性格等；

(2) 学业有关内容：就读学校、所学专业、学位、外语及计算机掌握程度等；

(3) 本人经历：入学以来的简单经历，主要是担任社会工作或加入党团等方面的情况；

(4) 所获荣誉：三好学生、优秀团员、优秀学生干部、专项奖学金等；

(5) 本人特长：如计算机、外语、驾驶、文艺体育等。

2．简历制作的技巧

(1) 仔细检查已成文的个人简历，绝对不能出现错别字、语法和标点符号使用不规范等低级错误。

(2) 个人简历最好用 A4 标准复印纸打印，字体采用常用的宋体或楷体，尽量不要用花里胡哨的艺术字体和彩色字，排版简洁明快，切忌标新立异，排版得像广告一样。当然，如果你应聘的是排版工作则例外。

(3) 记住个人简历必须突出重点，简历不是个人自传，与你申请的工作无关的事情尽量不写，而对你申请的工作有意义的经历和经验绝不能漏掉。要突显你这份简历与众不同的地方，突出自身的能力。

(4) 保证你的简历能使招聘者在 30 秒之内，即可判断出你的价值，并且决定是否聘用你。

(5) 个人简历越短越好，因为招聘人没有时间或者不愿意花太多的时间阅读一篇冗长空洞的个人简历。最好在一页纸之内完成，一般不要超过两页。

(6) 要切记不要只寄你的个人简历给应聘的公司，附上一封简短的应聘信，会使公司增加对你的好感。否则，将大大地降低成功的几率。

(7) 要尽量提供个人简历中提到的业绩和能力的证明资料，并作为附件附在个人简历的后面。一定要记住是复印件，千万不要寄原件给招聘单位，以防丢失。

3. 简历案例

以下是一名 2015 届毕业生的简历，看看有什么优缺点。

<table>
<tr><td colspan="5" align="center">个 人 简 历</td></tr>
<tr><td colspan="5">个人信息：</td></tr>
<tr><td>姓　　名：</td><td>李某某</td><td>性　　别：</td><td colspan="2">女</td></tr>
<tr><td>出生日期：</td><td>1990 年××月××日</td><td>政治面貌：</td><td colspan="2">共青团员</td></tr>
<tr><td>民　　族：</td><td>汉族</td><td>婚姻状况：</td><td colspan="2">未婚</td></tr>
<tr><td>籍　　贯：</td><td>广西××市</td><td>身 份 证：</td><td colspan="2">45298541990xxxxx</td></tr>
<tr><td>最高学历：</td><td>本科</td><td>最高学位：</td><td colspan="2">工学学士学位</td></tr>
<tr><td>毕业院校：</td><td>桂林电子科技大学</td><td>专　　业：</td><td colspan="2">机械设计制造及其自动化</td></tr>
<tr><td>毕业时间：</td><td>2016 年 6 月</td><td>工作时间：</td><td colspan="2">2016 年 7 月</td></tr>
<tr><td>职业资格：</td><td>数控高级工</td><td>职　　称：</td><td colspan="2">无</td></tr>
<tr><td colspan="5">联系方式：</td></tr>
<tr><td>手　　机：</td><td>136×××××××</td><td>E - mail：</td><td colspan="2">Ca×××××××@163.com</td></tr>
<tr><td>家庭住址：</td><td colspan="4">广西××市××路 10 号</td></tr>
<tr><td colspan="5">个人简历：</td></tr>
<tr><td>2000.9～2006.6</td><td>红新路小学</td><td>2006.9～2009.6</td><td colspan="2">红新路初中</td></tr>
<tr><td>2009.9～2012.6</td><td>红新路高中</td><td>2012.9～2016.6</td><td colspan="2">桂林电子科技大学</td></tr>
<tr><td colspan="5">培训经历：</td></tr>
<tr><td>2012.7.1～7.6</td><td colspan="4">××市教师阅读年培训</td></tr>
<tr><td>2013.7.20～7.26</td><td colspan="4">××市教师教育学心理学理论培训</td></tr>
<tr><td>2014.10.3～10.6</td><td colspan="4">××市普通话培训</td></tr>
<tr><td colspan="5">主修课程：
　　家具设计、模型制作、产品设计、玩具设计、公共环境设施设计、计算机室内设计绘图(CAD)、CDR、PS、工业设计概论、平面构成、立体构成、色彩构成、设计色彩、设计素描、二维软件应用设计、产品效果表现技能等等。</td></tr>
<tr><td colspan="5">职业技能：
　　1. 已取得 NACG 全国信息化工程师资格证。
　　2. 有一定的工业设计专业知识，熟悉会计相关操作流程，有一定的设计软件知识，已获得 NACG 全国信息化工程师资格证书。可以熟练应用工业设计类软件应用及操作，能够基本独立完成产品的设计手稿及效果图。
　　3. 能熟练应用设计类基本设计软件，例如：PS、CAD、CDR 等。
　　4. 具备基本的英语听、说、读、写能力。
　　5. 已取得计算机一级证书，熟练 Office 软件，特别是 Word，Excel 和 PPT。</td></tr>
<tr><td colspan="5">获奖情况：
　　大学期间，曾获"2012～2013 年度国家奖学金"、"优秀团员"等称号。</td></tr>
<tr><td colspan="5">自我评价：
　　独立性强、有吃苦精神！认真负责是我一向的做人准则，团队精神是我一直都坚持的态度。一直对自己充满信心，我坚信"不经历风雨，怎能见彩虹"，成功是属于有准备的人的。</td></tr>
</table>

(四)　面试

面试是一种经过组织者精心设计，在特定场景下，以考官对考生的面对面交谈与观察为主要手段，由表及里测评考生的知识、能力、经验等有关素质的考试活动，是目前公司挑选职工的一种重要方法。谈到面试，其实真正要讲究的东西并不多，但其细节却非常重要。细节决定成败，还是有其一定道理的，以下是有关面试的一些技巧以及应该注意的一些问题：

第一，要守时。面试的时间、地点和对方事先提出的基本要求，必须守约，不能疏忽和麻痹大意(包括不迟到、不随便告假等)。与面试主持人见面和交谈时，要心态平和，举止大方和从容不迫，而且注意谦逊有礼；"生意不成仁义在"和"一回生，二回熟"这些至理名言，对面试也是适用的，面试的"第一印象"往往使人久久难以遗忘。

第二，要注意个人形象，必要的修饰打扮是不可忽视的。具体说：个人形象应从容、自信、服饰得体，潇洒大方，富有时代特征和年轻人的活力。男生不留长发、胡须，更不要染发；女生不涂口红，不戴耳环与戒指等过多的饰物。服饰以干净、整齐为宜，男生以西服、夹克较为庄重，女生以职业少女服饰为宜，服饰颜色不要太艳。男生不穿背心，女生不穿露脐衫、超短裙或旗袍，男女同学都不得穿拖鞋。与人同行，不要搂肩抱腰，嬉戏无常。总之，穿衣要得体，坐有坐相，站有站姿，切不能给人留下不修边幅、不拘小节和丢三落四的负面印象。

第三，要注意交谈使用的语言。与人交谈，开始最好以普通话为主，但又要看对方习惯用何种语言，双方能用同一种语言(包括方言)交谈是最轻松的。回答别人的提问要沉着、冷静，以说清楚为主，以使对方听懂为主。重要的表态，可以重复一遍或加重语气确定其内容；陈述事理要简明扼要，点到为止，并见好就收，切不要使用讥讽、挖苦和其他不礼貌语言。与人谈话时最好保留半米左右的"安全距离"，距离太近，使人产生压迫感，相隔太远又觉得"授受不亲"；即使话不投机，也不能给别人丢眼色，耍态度，因为你是求职者，主动权一般不在你手上，但这又不等于低三下四卑躬屈膝。

无论是与人见面还是告别，都要使用礼貌用语，类似"谢谢"、"再见"等，"礼多人不怪"、"无理寸步难行"。与生人见面，都要先问"您贵姓"，人家问你姓名却要谦逊地回答"免贵姓×，叫××"。

第四，要知己知彼做好充分准备。几乎所有的面试官都强调，求职者面试一定要有备而来。面试前的准备包括以下几个方面：

① 充分了解应聘单位和应征职位。面试前一定要知道你去应聘的这家单位主要业务是做什么的，你所应征的职位的工作内容，同时，你还应该了解自己，清楚你在哪些方面适合这个职位。

② 着装。面试时的仪表风度很重要，面试官对求职者的印象常常在前 30 秒就已经形成了，所以面试官们都强调求职者一定要注意自己的着装和精神风貌。以前大家都认为面试时一定要穿正装，比如男孩要西装革履，女孩必须一身职业装，其实着装主要看公司的风格和职位特点。对于应届毕业生来说，着装不强调西装革履，但一定要整洁干净。

第五，展现真我平等相待。作为应届毕业生，初次参加招聘，如何摆正自己的心态很大程度上关系着招聘的成败。面试心态的调整有以下几个方面：

① 展示真实的自己，不要卖弄技巧。面试官们都认为，求职者面试时切记伪装和掩饰，一定要展现自己的真实实力和真正的性格，这不仅是面试成功的基础，也是以后职业生涯顺利发展的基础。有些毕业生按照所谓的流行标准在面试时把自己塑造了一番，比如自己明明很内向，不善言谈，面试时却拼命表现得很外向、健谈。这样并不利于自身发展。即使是通过了面试，企业人力资源部门往往会根据你面试时所表现的性格、能力给你安排适合的职位，其实这对求职者的职业生涯是有害的。毕业生面试前需要去学习、去提高，但目的是把自己的能力、品格更好地表现出来、突出出来，而不是伪装和掩饰。

② 以平等的心态面对面试官。面试官和面试人是平等的，很多毕业生面试时都非常紧张，就是因为把二者的关系理解成上和下的关系，如果能够以平等的心态面对面试官，就能够避免紧张情绪。特别是在回答案例分析的问题时，一定要抱着我是在和面试官一起讨论这个问题的心态，而不是觉得他在考自己，这样就可能做出很多精彩的论述。

③ 面试时的态度一定要坦诚。人事经理们大都认为做人优于做事，所以，面试时求职者一定要诚实地回答问题。IBM 经理说，她曾经面试过一个女孩，面试时说她有男朋友，进入公司后又说没有男朋友。问她原因，她说在一些介绍面试技巧的书里看到如果说有男朋友就会给人稳重、有责任感的印象。这样做非常不好，因为人力资源的工作主要是负责员工的培训、调动，面试时的欺骗行为将不利于以后的发展。

第六，轻装上阵。

① 准时。这是所有的面试官都强调的，因为面试的人一个接一个，顺序都是安排好的，如果一个人迟到的话，就要影响下面的人，而且也会给面试官不好的印象。所以一旦遇到堵车或有其他紧急情况不能及时到达，应该立即给公司打电话予以说明。

② 面试时要携带简历及相关资料，比如证件、证书等。

③ 不要带很多物品，如果携带大包小包去面试，不方便也不礼貌。

④ 注意肢体语言。很多毕业生是第一次求职，面试时紧张，于是那些紧张的肢体语言全都表现出来了，像腿抖、手抖，说话带颤音，这些一定要注意避免。同时，还要注意纠正一些不好的习惯性动作，比如思考时手不自觉地放到嘴边，或是咬手指头，做沉思状。好的肢体语言应该是微笑，并对视对方的眼睛，因为对方在问你问题的时候，肯定也通过你的眼睛来观察你。

⑤ 注意礼节礼貌，比如进来之后问好，面试结束时表示感谢。

第七，注意事项。

① 淡化面试的成败意识。应试者对于面试的成败，首先在思想上应注意淡化，要有一种"不以物喜，不以己悲"的超然态度，如果在面试中有这样的心态，才会处变不惊。如果只想到成功，不想到失败，那么在面试中一遇到意外情况，就会惊慌失措，一败涂地。

② 保持自信。应试者在面试者前树立了自信，在面试中也要始终保持自信，只有保持了自信，才能够在面试中始终保持高度的注意力、缜密的思维力、敏锐的判断力、充沛的精力，夺取答辩的胜利。

③ 保持愉悦的精神状态。愉悦的精神状态，能充分地反映出人的精神风貌。所以，作为应试者来说，保持愉悦的精神状态，面部表情就会和谐自然，语言也会得体流畅。反之，

就会给人一种低沉、缺乏朝气和活力的感觉，那么首先就会给主考官或主持人一种精神状态不佳的印象。由此可见，面试中一定要注意保持一种愉悦的精神状态。

④ 树立对方意识。应试者始终处于被动地位，考官或主持人始终处于主动地位。他问你答，一问一答，正因为如此，应试者要注意树立对方意识。首先要尊重对方，对考官要有礼貌，尤其是考官提出一些难以回答问题时，应试者脸上不要露出难看的表情，甚至抱怨考官或主持人；再次是考官提问，你才回答，不要考官没有提问，你就先谈开了，弄得考官或主持人要等你停下来才提问，既耽误了时间，同时也会给考官或主持人带来不愉快。另外，面试完后，千万不要忘记向考官或主持人道声"谢谢"和"再见"。

⑤ 面试语言要简洁流畅。面试有着严格的时间限制。因此，面试语言做到要言不烦、一语中的。同时，语言要有条理性、逻辑性，讲究节奏感，保证语言的流畅性。切记含含糊糊、吞吞吐吐，这会给考官或主持人留下坏印象，从而导致面试的失败。因此，应试者一定要注意面试语言的简洁性和流畅性。

⑥ 不要紧张。应试者一进面试室，应该去掉"自愧不如人"的意识，确立"大家都差不多，我的水平与其他人一样"的意识，有了这种意识，紧张的情绪就会减少一大半，随着面试的开始，紧张情绪就有可能完全消失。对于遇到"卡壳"而紧张的问题，如果抱着"能取胜则最好，不能胜也无妨"的态度，紧张就会立即消失，很快就进入正常的面试状态，有可能出现"柳暗花明又一村"的境界。所以，应试者在面试中一定要注意不要紧张。

⑦ 仪态大方，举止得体。大胆前卫、浓妆艳抹的装扮，尤其是男士戴戒指、留长发等标新立异的装扮不太合适，与机关工作人员的身份不符，会给考官留下很坏的印象。应试者入座以后，尽量不要出现晃腿、玩笔、摸头、伸舌头等小动作，这很容易给考官一种幼稚、轻佻的感觉。一般说来，穿着打扮应力求端庄大方，可以稍作修饰，男士可以把头发吹的整齐一点，皮鞋擦得干净一些，女士可以画个淡雅的职业妆。总之，应给考官自然、大方、干练的印象。

⑧ 辩证分析，多维答辩。辩证法是哲学的基本原理和方法，应试者应具备一定的哲学知识和头脑。回答问题不要陷入绝对的肯定和否定，应多方面进行正反两面的考虑。从以往面试所出的一些题目来看，测评的重点往往不在于应试者答案的是与非，或是观点的赞同与反对，而在于分析说理让人信服的程度。所以要辩证地分析问题，解决问题。而不要简单地乱下结论，有时还要从多个角度去思考，具体情况具体分析。

⑨ 冷静思考，理清思路。一般说来，考官提出问题后，应试者应稍作思考，不必急于回答。即便是考官所提问题与你事前准备的题目有相似性，也不要在考官话音一落，立即答题，那给考官的感觉可能是你不是在用脑答题，而是在背事先准备好的答案。如果是以前完全没有接触过的题目，则要冷静思考。磨刀不误砍柴工，匆忙答题可能会不对路、东拉西扯或是没有条理性、眉毛胡子一把抓。经过思考，理清思路后抓住要点、层次分明地答题，效果要好一些。

面试环节的常见禁忌。

(1) 面试中，忌不良用语。

忌急问待遇。"你们的待遇怎么样？"工作还没干，就先提条件，何况还没被录用呢！谈论报酬待遇无可厚非，只是要看准时机，一般在双方已有初步意向时，再委婉地提出。

忌报有熟人。"我认识你们单位的××"，"我和××是同学，关系很不错"等。这种话主考官听了会反感，如果主考官与你所说的那个人关系不怎么好，甚至有矛盾，那么你这话引起的结果就会更糟。

忌不当反问。主考官问："关于工资，你的期望值是多少？"应试者反问："你们打算出多少？"这样的反问就很不礼貌，很容易引起主考官的不快。

忌不合逻辑。考官问："请你告诉我一次失败的经历。""我想不起我曾经失败过。"如果这样说，在逻辑上讲不通。又如："你有何优缺点？""我可以胜任一切工作。"这也不符合实际。

忌本末倒置。例如，一次面试快要结束时，主考官问应试者："请问你有什么问题要问我们吗？"这位应试者欠了欠身，开始了他的发问："请问你们单位有多大？招考比例有多少？请问你们在单位担任什么职位、你们会是我的上司吗？"参加面试，一定要把自己的位置摆正，像这位应试者，就是没有把自己的位置摆正，提出的问题已经超出了应当提问的范围，使主考官产生了反感。

(2) 面试中，忌不良习惯。

面试时，个别应试者由于某些不拘小节的不良习惯，破坏了自己的形象，使面试的效果大打折扣，导致失败。

手：这个部位最容易出毛病。如手总是不安稳，忙个不停，做些玩弄领带、挖鼻、抚弄头发、玩弄考官递过来的名片等动作。

脚：神经质般不断晃动、前伸、翘起等，不仅人为地制造紧张的气氛，而且显得心不在焉，相当不礼貌。

眼：或惊慌失措，或躲躲闪闪，应正视时，却目光游移不定，给人缺乏自信或者隐藏不可告人的秘密的印象，容易使考官反感；另外，死盯着考官，又难免给人压迫感，招致不满。

脸：或呆滞死板，或冷漠生气等，比如僵尸般的表情怎么能打动人？得快快改掉，一张活泼生动的脸很重要。

行：其动作手足无措，慌里慌张，明显缺乏自信；反应迟钝，不知所措，不仅会自贬身价，而且考官会将你看"扁"。

总之，面试时，这些坏习惯一定要改掉，并自始至终保持彬彬有礼、不卑不亢、大方得体、生动活泼的言谈举止。这不仅可大大地提升自身的形象，而且往往使成功机会大增。

第二节　就业心理调适

一、常见的就业心理障碍及表现

在就业形势日益严峻的现实下，面对就业，大学生常常表现出矛盾困惑的心理：一方面为自己将走向社会，实现自己的人生价值而感到由衷的高兴；另一方面又为自己能否找到满意的工作，能否适应竞争激烈的职场生活而焦虑和担心。因此在就业过程中存在一系列的心理障碍，主要体现在就业心态不合理、自我认知失调、情绪困扰等方面内容。

(一) 就业心态不合理

1. 功利心理

择业功利心理，是指从择业的趋利避害出发，片面扩大自我利益的追求而缺乏对就业环境的客观评价。有关就业调查显示，许多大学生对于薪酬、福利、地域和专业对口的期望非常高，都希望在这些方面能更符合自己所设想的。其实这就是个人功利取向方面还需要调整。这种功利心理使大多数大学生都首先考虑自己所期望的方向，把福利待遇高的大城市、大机关、大公司作为目标，一个劲地想向里面闯，大多希望生活条件能更好。在就业地区的选择方面，大学生"重东部，轻西部"、"重大城市，轻中小城市和农村"的想法仍没有得到明显改观，许多都考虑择业的地域、职位的高低和单位的经济效益，疯狂地涌向经济特区，涌向三资企业。高期望驱使毕业生总是向往高薪水、高职位、高起点，其实这样往往会使自己的选择出现偏差，找到不适合自己的工作。而真正适合自己的工作是适合自己发展的。因此，不要因为功利心理自己将自己的选择范围缩小，从而导致现实与理想存在很大差异，应该避免使自己出现"高不成，低不就"现象，合理地选择目标。

2. 从众心理

择业从众心理，是指在求职择业时因为"跟着感觉走"而盲目从众。导致这种现象产生的原因有很多种：有些学生缺少择业主动性，对于怎么选择适合自己的工作茫然不知，时刻处于被动显然想找到适合自己的工作只会难上加难；有些学生缺乏对现实就业市场和政策的充分了解，不会通过市场的导向和需求来判断当前的就业形势，也不会去具体了解一些对自身有帮助的政策；有的则缺乏对就业信息的主动收集与分析判断，现在这个时代是信息爆炸的时代，获得最新最多信息的人肯定会有一定的优势，而懂得分析判断并对信息进行筛选的人则优势更大，反之，则没有什么优势；还有一部分人对自己的职业目标、需要、价值观以及自身特点等没有明确认识，不懂得分析自己的优势，只是盲目性的参考他人的就业方向，不会正视自己的能力、素质，也不会判断择业的客观环境，最终随大流完成就业。从众心理还容易出现"只顾眼前利益，忽视职业发展"的情况。一些大学生在择业中只考虑工作条件、收入等眼前实际利益，而并未对自身的兴趣、能力、职业的发展前景等因素进行分析探讨，这样就导致很多学生极易选择并不适合自己的职业。而且一些大学生过分强调专业对口，学以致用。在求职时，只要是与自己专业关系不密切的职业就不考虑，这样其实无意识的也把自己的择业范围缩小了，这样做会人为地增加自己的就业难度。在择业过程中应该合理分析自身的特点，从长远的角度来看待要选择的职业，不要盲目跟随大众，也不要把自己限定在一定区域内。

3. 依赖心理

择业依赖心理，是指在择业中缺乏独立意识和自主承担责任的意识，常常将责任交托给别人。很多原因可能导致择业依赖心理的产生，其中有的是因为个人独立决策能力不强，缺乏进取精神而产生的。而这类人在平时生活中就缺少主动积极的态度，采取的是逃避而不面对的态度，也常常将希望放在其他人的身上，不会自己主动去找工作，总是想依赖别人帮忙来得到水到渠成的工作，有的是想依赖家人来通融社会关系，有的是想依靠朋友、老师等来通融社会关系。而凡是抱着等、靠、要的依赖思想，总想着"车到山前必有路"的人往往会错失很多机会，天上很难掉馅饼，即便真的有馅饼掉下来有人也会犹豫不决，无从下手，自己根本没有能力判断自己是否适合这份工作。大学生出现依赖心理的主要原因一是学生自身心理的影响，毕业生是处在一个心理介于不成熟到成熟的发展阶段，很容易脱离实际来看待问题，理想化特征突出，生活阅历有限，社会实践能力不强，这些都导致毕业生面对工作问题不能客观地看待，容易形成依赖心理。二是家庭因素的影响。一些父母还普遍存在传统的思想和观念，他们为上大学的子女设计了一个理想的就业蓝图，并千方百计地帮助子女安排工作，家长希望自己子女的职业要选择环境好，社会地位高，报酬高，稳定的工作。家长和子女思想得不到统一，或者家长的行为与学校的教育相矛盾，往往导致高职学生不同的择业观，导致学生形成依赖心理。

4. 求"稳"心理

择业求"稳"心理，是指从职业的稳定性出发，追求工作职位的安稳、清闲、福利待遇好，寻求工作单位的"保障、福利"等，不愿意选择有风险、有挑战性的职业，不愿意到私营、民营企业工作，更不敢自己创业。社会上虽然曾出现"公务员辞职热"，近期有新闻也提到，某个中学老师以"世界这么大，我想出去走走"为由写下辞职信毅然离开自己辛辛苦苦拼搏的工作岗位。但受社会因素和家庭因素影响，很多大学生首先没有考虑稳定的工作是否适合自己的性格，而是受到传统观念的影响，求职依旧想以安稳为主，大多数大学毕业生会把进国企、考公务员、进事业单位作为择业首选，而例如公务员报考人数比例一直居高不下，出现这些现象也可以说明大部分毕业生在求职过程中都有着求稳心理，希望能一劳永逸，快速地找到一个铁饭碗的工作，从而脱离不稳定的工作境况，减轻工作带来的压力，也避免了工作而带来的辛苦和劳累。而造成这种心理的原因主要有两个方面：一方面来自生活的压力，另一方面是因为社会保障制度的不完善。收入偏低、物价偏高使得大家在就业时不得不寻求稳定和保障。

(二) 自我认知失调

1. 自负心理

在择业过程中过高地估计个人的能力、过度地自信，即为择业自负。择业自负是择业过程中的一种自我膨胀，与择业自卑相对应，择业自负心理是择业中自我意识的偏差，是自信的误区。自负是心理上的欺骗行为。在职业选择中，自负心理主要表现为部分大学生脱离实际地自大，自认为很有才华，各方面条件都不错，应该有个好的归宿，过高地评价自己，因而傲气十足。有些大学生学习成绩较好，工作能力和社交能力较强，以"天之骄子"自居。认为"我有知识你就得用我"，相信自己不会找不到工作，表现出很强的优越感，自命不凡，骄傲自大，把自己的学历作为资本，认为到某个单位求职就是"屈辱"、"赏脸"。面试时，夸夸其谈，海阔天空，常常挑剔攀比，择业条件苛刻，眼高手低，给用人单位留下浮躁、不踏实的印象；自我评价太高，提出过分的要求，使用人单位难以接受。择业期望值过高，脱离实际，怕艰苦、讲实惠，不愿到基层和艰苦地区等需要人才的地方工作，择业目标与现实之间存在着巨大的反差，双向选择变成了单向选择，不切实际地挑选用人单位。择业失败时，又缺乏自知之明，不进行自我批评，总认为自己是对的，全是用人单位的错，抱有"此处不留爷，自有留爷处"的想法。因此在择业过程中不受用人单位的欢迎。

2．自卑心理

自卑是一个人对自己的不满、鄙视等否定的情感，是对个体的得失、荣辱过于强烈的一种心理体验。也是大学毕业生择业过程中一种常见的心理现象。具体表现为对自己的现状不满意，讨厌自己的缺陷，常常将自己和优秀的人进行比较，也常常抱怨和责备自己，对自己极度的不认可。并且自我评价很低，过低评价自己的知识水平，过低评价自己各方面的能力，对自己所做的事情表示否定，有时还会伴随着自责和后悔。而表现在择业过程中，常常会对自己缺乏自信，做事缩手缩脚，优柔寡断，如果紧张时，例如面试时对于自己的真实水平更是会表现失常，甚至会言行拘谨、词不达意，从而错失良机。而如果顺应这种自卑心理则最终可能会发展成为自暴自弃，面对任何事情都鼓不起勇气迈出第一步。所以面对自卑心理如果不及时地走出这种恶性循环，那对于求职来说将是一个极大的障碍。其实很多大学生在刚进大学时都比较自信，然而在日后的大学生活中身边涌现出众多有才能的同学，这时经过比较发现自己无论在能力、成绩以及特长、素质等方面都不突出，甚至有些方面远远落后于其他学生，随后而来的便是强烈的自卑感。有的同学甚至会开始后悔自己没有勤奋求学，锻炼综合素质，完善性格品质，造成自己学历、成绩、能力、性格、身体诸方面不达标的缺憾，所以就业时勇气不足，悲观失望，抑郁孤僻，觉得自己事事不如他人，如果这种自卑感持续积累，在就业时他们便会受到严重的困扰而止步不前，不敢参与就业市场竞争。面对用人单位提出的各种苛刻条件和问题，不是以积极的态度去争取，而是悲观地认为自不如人，以消极的态度面对，在求职择业过程中缺少必要的主动性，往往与许多适当的机会失之交臂，最终在激烈的竞争面前不战而败。

3．羞怯心理

羞怯是指有的大学生在求职面试中常常出现面红耳赤、张口结舌的现象，在面试的紧张时刻把面试前辛辛苦苦准备的台词、技巧忘得一干二净，发挥不出自己正常的水平。有的同学性格偏内向，平时成绩、能力不错，对于面试也准备得非常充分，但是往往由于太过于重视面试的结果，太过于谨小慎微，面对面试官表现得非常胆怯，生怕一句话说错、一个问题回答不好而影响自己的形象。面试过程中除了回答面试官的指定问题会表现出语无伦次、谈吐失常，而且常常也会心神不定、举止拘谨、不敢多说其他内容，不敢主动和面试官交流。不能很好地推销自己，这样的求职者缺乏自信心，自然难以受到用人单位的赏识，于是便丧失了求职机会。

4．虚荣心理

虚荣心理也是大学生就业过程中的一种不良心理。虚荣心较强者，往往不切实际，眼高手低，总是"这山望着那山高"，并没有把职业当做锻炼能力施展才华的一个平台，而是把职业当做提升自己的名誉和地位的一个途径。在选择职业的时候虚荣心会影响其选择的范围，他们会尽可能多的将目光放在知名度高、社会地位高、影响力强、经济效益大的公司和单位上，并以此为目标，其实这样往往忽略了对自己的认识，没有充分对自己的专业、爱好以及能力方面进行评估。除此之外虚荣心强的同学平时也会关注其他同学的就业方向，当其他同学选择的工作优于自己，则会有一定程度的失落感，并在后续的工作选择中不断地要求自己的工作要优于其他同学。其实这种择业观是扭曲的，在前进的过程中确实需要一定的动力来激励自己成功，但是在这种虚荣的心理下做出的选择并不会对自己的发展起到帮助，反而可能会事倍功半。所以不要"打肿脸充胖子"，要正确地判断自己的工作需求，在适合的职位中不断取得进步才是最重要的。

(三) 情绪困扰

1. 焦虑心理

就业焦虑是指毕业生在落实工作单位之前表现出来的焦虑不安。一方面渴望自己尽快走上社会，谋求到适合自己的理想职业，另一方面又患得患失，不愿意走出校门，对走上社会感到茫然失措，担心被用人单位拒之门外，还担心自己在择业上的失误会造成终身遗憾。美国心理学家贝克的研究表明：焦虑水平与对伤害的不现实期望和幻想有关，所期望和幻想的伤害越严重，焦虑水平就越高。毕业生若个人自我定位不当，面对就业时就会遭受挫折感，精神就会处于一种焦虑状态；例如有的毕业生在大学校园成绩一直很优异，但是却忽视了人际交往的重要性，直到他们到了错综复杂的社会，才发现不论从事何种工作，在有工作能力的同时人际交往也很重要，而之前却很少学习人际交往方面的能力，所以当遇到自己应付不来的情况时就容易惊慌失措，出现焦虑不安。他们往往没有勇气去面对所谓深不可测、复杂多变的社会。还有毕业生曾说过"毕业就是失业"，其实这也反映了毕业生们把大学当成了保险箱，离开大学就代表着要去面对复杂的社会现实，长此以往，持久过度的焦虑便形成就业焦虑心理，造成精神上的紧张不宁、忧心忡忡、烦躁不安、意志消沉，行为上反应迟钝、手忙脚乱、无所适从。严重影响了其正常的生活和就业。

2. 抑郁心理

抑郁是指在长期持续的精神刺激因素作用下产生的一种以情绪低沉、忧郁、沮丧、自责、压抑为主要表现的精神状态。有些学生在求职中可能因为学历偏低、能力不足等各种原因而求职遇阻，然后就开始否定自己，把困难和挫折放大，认为理想和现实的差距太大而不敢再次尝试。长期受到困扰后便逐渐地产生抑郁、压抑心理，而抑郁的心理如果不疏通便会再次影响其求职，慢慢地这便形成了一个恶性循环，如果不及时解决心理上的问题，那么随着时间的推移就会越加严重，并可能严重影响到其正常的生活。而有的学生则太过于执著，频繁地向各个公司投递简历，认为坚持就会胜利，而如果是毫无针对性、毫无策略的坚持，则结果往往事与愿违，这便使得他们开始泄气，情绪变得低落，心情变得烦躁、郁闷。他们这个时候就开始对自己逐渐失去信心，开始逃避现实，不再想积极进取，少了激情和动力，取而代之的只有无尽的失落感。他们常常会放弃一切积极的求职努力、意志消沉地听天由命。严重时还会对外界的环境也漠然置之，减少人际交往，对一切都无所谓。此类心理问题更增加了他们就业的难度。

3．恐惧心理

恐惧往往是由于缺乏准备，不能处理、不能驾驭某种可怕情境时所表现的情绪体验。有些学生由于在平时没有认真学习和积累经验，求职的知识、能力、心理准备不充分，在求职屡遭挫折后，产生了恐惧感，一提择业就心理紧张，甚至产生绝望的心理。从当代大学生择业反映的心理问题来看，有很大的原因是因为在求职过程中体会到了理想和现实、希望与失望、目标与挫折之间的差距，所以心理落差就会相应地增大。这种落差使大学生处于一种心理失衡状态。有的大学毕业生会因为用人单位严格而繁琐的程序而感到害怕紧张，有的会因自己学习成绩不佳而烦恼，有的因担忧自己能力较弱而紧张恐惧，有的则对于人才市场那种人山人海的紧张氛围感到恐慌，甚至不敢踏入人才市场，有的则害怕应聘失败，害怕失败后所带来的心理压力，这些都是择业恐惧心理现象的表现。大学生不同程度上患有"就业恐惧症"，主要是由自卑和自负两种极端心理导致的。一些学生，尤其是女生，因为经常受到用人单位的不公平看待而灰心丧气，不再去争取机会，甚至采取躲避方式封闭自己，希望永远待在校园里。还有一些学生不想毕业，不喜欢面对就业的压力，希望一直在庇护中度过，其实这也就是在逃避现实所带来的迷茫和无力感。还有一些学生学习成绩一直很优秀，从小到大都在父母和老师的表扬声中长大，在家是小皇帝、小公主，在学校备受老师关爱，从而产生沾沾自喜、唯我独尊的心理。在"温室"里一帆风顺中长大的好学生经受不起一点风吹雨打，遇到挫折后便丧失自信，一蹶不振，对就业产生恐惧心理。

二、就业心理障碍形成的原因与调适

(一) 就业心理障碍形成的原因

1．客观原因

从社会环境看，随着招生规模的扩大，大学毕业生人数在短期内急剧增加，另一方面，由于我国经济体制正处在由计划经济向市场经济的过渡时期，产业结构调整、企事业单位减员、政府机构缩编、部队裁员，在短期内为大学生提供的就业岗位增速有限。加上现在就业市场尚未规范，社会上还存在着不正之风，对毕业生的心理产生了巨大的冲击，严重影响了毕业生的就业顺利进行，从而造成了一些大学生心态失衡。同时大学毕业生还受到家庭经济情况、父母价值观等的影响，有的学生因为来自偏僻落后的农村，家庭经济条件不好，便想通过读书来改变现状，想在毕业之后找到一份工作环境好，薪资待遇高的工作，期望从此彻底改变自己的生存状态。而长期在远离家乡的城市漂泊的父母则不希望看到孩子像自己一样既远离家乡，又过着不安定没有保障的生活，往往希望孩子大学毕业后有着一份稳定安闲的工作，不用面临下岗再就业的风险，也不用经历漂泊在外的辛苦。所以，这些受家庭因素影响的学生在择业时必然会更注重考虑工作的层次、稳定性以及工作环境。毕业生的择业观也在发生潜移默化的改变，很多物质性的利益被重视甚至有一部分大学生存在着只追求高薪、高福利等有偏差的择业观。另外，就目前我国高校教育体制而言，还不能完全实现大学生从学校到社会的顺利过渡，无法让他们在心理能力上完全适应社会的要求。这也是导致大学生就业心理障碍发生的原因之一。

2．主观原因

从学生自身因素看。大学生是一个承载社会、家长高期望值的群体，对自身的定位容易偏高，对成才的渴望也非常强烈；同时由于社会也在不断进步和发展，社会对大学生的素质和能力有了更高的要求。社会更需要的是全方位的人才，而由于大学生社会经历比较少，对就业形势了解不清，心理承受能力和自我调节能力较差，情绪波动性大，情感较为脆弱，面对现实生活难免会感到不同程度的困惑，遇到困难也容易产生焦虑心理，受到打击后便容易产生自卑心理。并且由于心理上的不完全成熟，不能正确地对自己的知识结构、能力素质、特长以及适合职业进行判断，也未全面了解社会，从而理想和现实时常会脱轨。如果不充分考虑自身条件和社会所需求的能力，不能对症下药，那么择业时便会带有很大的盲目性。其中还有一部分为独生子女，从小到大父母都对其无微不至地关心，一直为其操办一切，这就导致很多学生严重缺少自立意识，对独立生活感到困惑，学不会自己解决问题，容易依赖他人，也缺乏艰苦创业的心理准备，承受不起挫折和失败，更容易在挫折和失败面前丧失自信心。

(二) 就业心理障碍自我调适

1．认识社会和评价自己

正确认识社会和评价自我是进行自我调适的基础。毕业生择业要知己知彼。知彼就是要学会通过搜集信息快速掌握择业的社会环境和自己所关注的工作单位，正确认识面临的就业形势，了解工作单位对于不同职位不同的要求，从而有目的、有方向性地提高自己的能力，让自己不断向目标靠拢。知己就是实事求是地评价自己，明确了解自己所需要的工作岗位，找准自己的就业目标，并不断储备自己的能量，最终获得理想的工作岗位。当前"双向选择、自主择业、鼓励创业"的就业制度为毕业生提供了难得的契机，同时也给毕业生带来了前所未有的挑战。大学生们纷纷加入到竞争的行列中去，在竞争中寻找自己的位置，在竞争中实现自己的价值，但是竞争遵循的是优胜劣汰的原则，成功与失败俱存。参与竞争就难免遇到挫折，挫折只是暂时阻碍前进的绊脚石，是每个人成长中必不可少的。如果遇到挫折时不慌张、不沮丧，而以积极的态度来调节，那么挫折便成为了成长中的一种考验，也就慢慢转变成为了成功过程中的垫脚石。所以遇到挫折要相信自己一定能顺利通过，并学会在挫折中不断提高自己的能力，增强自己的意志，提高自己的心理素质。

在求职择业前，首先应认清就业形势，考虑自己的专业和理想职业在社会上的需求量如何，竞争强度如何；自己的理想职业与自己所学的专业是否相符，如果不符合，该如何通过其他方式弥补。同时应该正确地认识和评价自我，即认真客观地分析自己的兴趣特长、性格气质、能力水平等，明确自己想干什么，能干什么，竞争力如何，既要充分挖掘自身优势，也要理性看待自我的不足，从而正确定位，科学地进行人职匹配。其次，毕业生应在择业前了解职业特点，深入了解所期望的单位对求职者的具体要求，分析自己是否符合这些要求再确立具体的策略来实现就业目标。当找到适合自己的职业方向时，用发展的观点来看待自己，要知道自身存在哪些缺点，扬长避短，可以先就业然后在工作岗位上不断克服缺点、发展和完善自己。最后，可以通过多参加招聘会，主动寻找机遇，并根据已定的择业标准进行选择。机遇并不是对任何人都适用的。一个工作的好与不好，是相对的，对别人合适的，对自己不一定合适，因此一定不能盲从，要时时记住，只有适合自己的才是最好的。为了理想的职业做好择业的知识、能力、心理准备。还要注意机遇的时效性，在发现就业机会时要主动出击，及时把握，不能犹豫，也不要害怕失败，应有敢试敢闯的精神。

2. 调整就业期望值

对于当代大学生来说，工作对于他们的意义可能不仅仅是满足物质生活的一种需求，职业应该是带有丰富色彩的，是发展自身的一个渠道，应该要充分认识到职业对自身发展、社会进步也起到重要的作用，因此，毕业生在选择职业时不要过多地考虑工作的环境、工作的薪金以及职位的高低，应该把对自己一生发展的影响与作用放在更重要的位置。如果选择的职业可以帮助实现自我价值，帮助树立自我职业发展、才能发挥、事业成功的职业价值观，那所选择的这份职业就是适合自己的。在求职过程中，应该适当调整自己的就业期望值，不要把期望放得太高，当然把期望放低一点这并不是代表对单位没有选择，而是要在职业规划基础上重新确定自己的人生轨迹，不要执著于眼前的利益，要看得长远一些，学会规划自己整个人生的职业生涯。所以在遇到一定的险阻时，毕业生要学会适当调整就业期望值，有一种说法是"求上得中、求中得下"，因为现实中有很多因素会导致事情的结果往往和所预想的存在较大的差距，而此时就应该合理地降低期望值，不要把期望值定得太高，要有从最坏处着想、向最好处努力的思想准备，应该放弃过去那种择业就是"一次到位"，要求绝对安稳的观念。在当前很多毕业生学历、素质还有待于提高的前提下，获得一个十分理想职业的时机还不成熟，可以采取"先就业，后择业，再创业"的办法。因为大学生们是社会的一个特殊群体。大学生主体意识较强，在探寻人生价值过程中可以先选择一个职业，不断提高自己的社会生存能力，积累工作经验，再凭借自己的努力，通过机遇来选择适合的工作，来逐步缩小现实与理想的距离，最终通过这样循序渐进的方式来达到实现自我价值的目的。首先可以先选择一个职业，在工作中不断提高自己的社会生存能力、增加实际经验，当能力有所积累后可以通过合适的机会选择更适合自己的工作。

3. 积极调整心态，促进人格完善

在求职择业过程中，毕业生应该学会调整自己的心态，促进人格完善。当自身心理平衡难以维持时应该意识到其实已经产生了不同程度的心理障碍，此时就应该及时缓解自己的心态，积极地鼓励自己，让自己尽量放松安定下来，去感受乐观和谐的氛围。另外可以选择各种诸如自我静思法、自我转化法、自我适度宣泄法及理性情绪法等自我心理调适方法来调节自身心态，重新建立心理平衡。首先，可以进行积极的自我心理暗示，鼓励自己、相信自己，帮助自己渡过难关。其次，可以跟家人、朋友、老师一起来探讨自己的困惑，尽量解决心中想不通而造成烦闷的事情。最后，还可以通过体育锻炼、听音乐、郊游等方式转移自己的注意力，排解心中的烦闷，放松自己的心情。其实在就业时出现的不良心态是很容易缓解的，关键是应该在改善心态的过程中及时意识到自身存在的人格缺陷，并通过不断弥补自己的缺陷使自己再次面对就业时呈现的是更加积极的态度。其实反观人格缺

陷，就是使毕业生就业时出现心理问题的根本原因，如果现在没有很好地完善自己的人格，那么这些问题可能还会对今后的工作、生活带来困扰。因此，要正确面对就业过程中自身暴露出来的问题，不要采取逃避退缩的状态，因为一旦开始退缩，等退缩到安全状态时自己意识不到自身的问题所在，便会处于一种"海阔天空"的状态，其实这是一种最大的错觉，逃避只是推迟了面对问题的时间，没有从根本上解决问题，所以只有积极面对才是最好的选择。

4. 树立合理的职业价值观

传统观念认为人们工作就是为满足生存需要，但是对于现代的大学生来说，职业的意义已远远不是如此简单，职业可以满足人们从低层次到高层次的多方面需要，如最近有人对职业价值结构进行初步研究，发现其包含交往、利益、挑战、环境、权力、成就、创造、求新、归属、责任、自认等 11 个类别的因子。职业的价值是丰富的，我们要充分认识到职业对个人发展、社会进步所起到的重要作用，所以在择业时不能只考虑经济收入、工作环境、地点等因素，应树立自我职业发展、才能发挥、事业成功的职业价值观，并在了解社会需要的基础上，更要考虑职业对自我发展的影响与作用，应看重职业能否有利于实现自我价值和理想，这才是职业价值的核心。因此，对于那些现在工作条件不怎么样，但发展空间大、能让自己充分体现自我价值的工作要优先考虑；对于那些现在经济发展水平不太高，但发展潜力大、创业机会多的工作也要重视。总之，盲目地到一些名气、声望看起来很大但实际上不适合自己的公司去工作，往往自身的才能得不到有效发挥，也就丧失了一次发展自己的机会。其实与其将来后悔，不如现在就纠正和完善自我的职业价值观，建立适应我国当前市场经济发展、人才需求规律的合理的职业价值规，以指导自己正确择业。

5. 提高心理承受力，增强就业力

现如今社会竞争激烈，就业压力大如山的大学毕业生在求职过程中并非都是一帆风顺的，往往会遇到许多困难、挫折，甚至是委屈，在专业方面有一些专业"热门"，有些则"冷门"。当毕业生在就业时遇到的挫折不断增多时，应该用冷静和坦然的态度待之，客观地分析自己失败的原因，并找到正确的处理方式。首先，要意识到在就业市场化、需求形势不佳、就业竞争激烈的条件下，出现求职失败是难以避免的，不要期望自己每次求职都能成功，要对可能出现的求职失败有充分的心理准备。同时，可以把就业过程看作是一个很好的认识社会、认识职业生活、适应社会的机会，通过求职的过程来了解自己、认识自己、发展自己，促进自我成熟。其次，求职失败并不一定就是因为自己的能力不行，每个毕业生都有自身的优势，都有机会找到适合自己的工作，出现求职失败有许多原因，可能是因为选择求职单位的方向不对，还有可能是其他一些偶然的因素。对于这些问题抱怨是没有用的，在了解到自身受限制因素后，更重要的是调整自我心态，提高自己对事情的心理承受能力，积极鼓励自己，总之，要正确分析自己失败的原因，及时调整自己的求职策略，将自己变得更主动，以便在下次的求职中获得成功。如果能通过求职增强自我心理调节与承受能力，对大学生今后的职业生活都是非常有用的。

大学生就业力的高低直接影响着他们就业的质量。所谓就业力，简单概括起来，就是就业竞争力，它包括工作能力、适应能力和求职能力，其中工作能力实际上就是对专业能力的要求，如今的大学生其实除了专业能力需要有所提高，更重要的是应具备适应环境和适应社会的能力。因为大学校园与社会毕竟有差距，如果大学生有相应的适应能力，那就算要从基层做起，他们也可以很快地汲取经验，在短时间内掌握必备的能力，为自己以后的发展奠定稳固的基础。同时还应有一定的求职能力，包括个人面试素养、前期准备工作质量等，这些不是一朝一夕换来的，也不是"临时抱佛脚"可以换来的，而是需要长年累月地锻炼和积累。大学生就业困难，与"就业力"的缺失不无关系，所以加强就业力也是大学生当务之急。

【案例6-1】　　　　　做一个有心的求职者

佳明敲门进入面试官的办公室，面试官是公司的总经理，正在打电话。招呼佳明坐下后，他一边打电话一边示意佳明帮他拿一个红色的文件夹，说需要告诉客户一些数据。佳明站起来走向文件柜，拿出一本红色文件夹递给他。谁想面试官突然挂了电话，说："面试结束了，你可以走了。"见佳明傻了眼，面试官解释道："你犯了三个错误。第一，文件柜里共有五个红色文件夹，上有编号，你没问过我几号而是随便拿了一个；第二，对方正在等我的回话，你应该跑向文件柜以节约时间；第三，在你拿到文件夹的同时应该问我需要哪些数据，然后翻开找到它们再递给我。你知道，现在人才济济，我们需要的是各方面都很过硬的人才。"

【案例6-2】　　　　　赢　在　主　动

在一次省级大学毕业生双向选择洽谈会上，曾浩向一家心仪已久的单位投了一份简历，招聘官通过曾浩的简历和面谈，认为他是一位很优秀的毕业生，但考虑到其毕业院校是一个影响力不大的学校，招聘官决定优先考虑另一位来自名气较大的同类院校的也同等优秀的毕业生，于是婉拒了曾浩。几个小时后招聘工作结束了，这时候，一直守候在一旁的曾浩主动要求协助招聘人员收拾现场和打包单位收到的简历和资料，并把打包好的简历和资料亲自送到招聘人员用车上才礼貌地告辞。最后他成功获得了这份心仪的工作。

【案例6-3】　　　　　一次失败的面试经历

2015年2月底，离毕业的日子不多了，王强已经回到学校。因为学校在北京，"二面"被安排在招商局大厦。到了目的地，见到了总负责人。寒暄过后，面试官就单刀直入地问王强为何要申请他们所在的部门。王强一下懵了，那不过是在网上申请的时候信手填上去的，还真没好好琢磨过。王强只好硬着头皮，从自己的专业、兴趣分析，硬往那个部门的工作上靠。虽然思路没什么问题，但毕竟是临时抱佛脚，仓促而牵强。

面试官显然对王强的胡诌不甚满意，问王强有没有去听渣打的宣讲会。当时的王强有说不出的悔恨，只好说因为课程冲突，错过了宣讲会云云。

这点小伎俩显然瞒不过面试官，好在面试官也没有再追究，又开始就简历上的问题进行提问。忽然，他话锋一转，说："我已经见了那么多申请者，你能给我一个理由让我录取你而放弃别人吗？"正当王强"一二三四"的罗列自己的优点时，面试官打断了王强的话，"这些优点好像别人也有，你能再讲讲自己的优点吗？"这下，王强又尴尬了，不记得自己胡诌了些什么。与其说不记得，还不如说确实没有思考过与别人不同的特点，就像某个师兄说的，大家简历上都写"团结精神"、"沟通能力强"，我们自以为是优点，而对招聘者而言是毫无特点、千篇一律。你是"三好学生"、"优秀班干部"，他也是。大家都觉得这些头衔了不起，但一堆这样的人放在一起，你如何能说服用人单位用你而不用别人呢？

　　胡诌之后，那个负责人显然失去了继续面试王强的兴趣，客套了几句就结束了面试。"二面"持续的时间并不长，而王强感觉却是"总算结束了"。走出招商局大厦时，王强的脑子一片空白，隐隐预感到了自己的失败。可是王强当时还是拼命地安慰自己，以前那些没感觉的面试出来的结果也还可以，这次或许也会不错。抱着侥幸心理，没准大家都差不多水平，所以感觉糟糕是绝对的，相对未必就输了。然而"上帝是公平的"，这一次没感觉的面试结果是被"拒"。

第七章

创 业 启 蒙

第一节　创业的内涵

一、创业的概念

什么是创业？人们历来对此持不同的见解。传统上，创业指的是个体创建新企业的行为。不过，需要指出的是，大公司也在努力践行战略更新、新事业开发等形式的创业活动，也就是公司创业(Corporate Entrepreneurship)。值得一提的是，现在，创业概念的内涵扩展到了非盈利组织，出现了社会创业(Social Entrepreneurship)的概念。在今天变化迅速和不确定性增加的动态复杂环境下，创业成为获取竞争优势、推动经济变革和促进社会进步的重要动力，创业所体现的价值越来越受到重视。综合来看，我们可以将创业定义为：某一个人或一个团队，不局限于外界现有的资源，运用个人或团队的力量开创性地去寻求机遇，创立企业和实业并谋求发展的过程，通过这个过程来满足其精神和物质的需求与愿望。创业是一个发现和捕捉机会并由此创造出新颖的产品、服务或实现其潜在价值的过程，而创业者则是追求这些机会的人。

二、创业的特征

1. 创业是一种生存活动

当前兴起的创业潮很大程度上是在就业岗位不能满足人们的就业需要，知识经济的发展不断对人们的素质提出新要求，失业问题日益严重的情况下兴起的。在此背景下开展创业活动不仅是让人获得创业感性认识的过程，使人们了解和学会创业必备的知识和能力，学会生存，教给人们一种新的、积极的人生态度，而且是引导人们去开拓一种新的生存理念和生存模式，来改变人原有的生活方式，提高人们生存能力的萌芽和新技能。

2. 创业是个体发展的活动

创业强调人的首创、冒险和积极进取的精神，就是要让人们主动适应社会和环境。通过开展创业实践活动，培养创业者的创业意识、创业认识、创业能力和创业素质，也就是培养创业者主动适应社会的素质，使其智慧和个性得到全面合理的发展，促进人的全面发展，进而促进社会的发展。

3．创业是一种创新活动

创业作为一种新的生存理念和生存模式，从根本上讲是一种创新能力的培养，它是在挖掘人类最高潜质的基础上，把创造力的开发作为根本功能的一种全新的生存理念和行为。

4．创业是提升素质的活动

创业活动可以培养创业者的创业心理品质和创新开拓意识，提高创业者的创造思维能力、专业能力、实践能力，促进创业者的综合素质的全面提升。因此，创业活动是高层次、高质量的素质培养活动，是素质教育的最高体现。

5．创业是终身性的学习过程

随着社会科学技术的进步和经济环境的急剧变化，一次性创业也未必就能终身受用，各个行业都存在二次创业或者员工的工作岗位转型的可能。创业必须由阶段性走向终身性，要把创业作为创业者的综合素质不断提高的终身学习过程，伴随创业者的创业及其企业发展而一直持续，创业应是贯穿人的职业生涯发展始末的终身学习活动。

三、创业的价值

1．创业促进就业

研究表明：一个社会的创业水平越高，其社会成员灵活就业、自主创业、岗位立业的效果就越好，随之而来的社会效益和经济效益也就越好；创业型人才发展得越快，人们物质、文化生活水平提高也就越快，从而可以极大地推动社会的繁荣和发展，促进社会充分就业。因此，对于我国这样一个劳动力供给大国来说，培养创业型人才，扩张创业的就业"倍增效应"，是解决就业问题的根本出路。

2．创业促进人的全面发展

创业活动是一种终身性、开放性的学习过程。创业需要创业者了解和掌握市场调查、创意产生、资源获取、市场营销、企业管理、心理学、领导科学、人际沟通等许多学科的知识。因此，创业活动一方面通过创业培训对相关创业知识进行整合；另一方面，创业者可以通过创业活动对自己所学的知识进行自我整合。除了掌握必要的创业知识外，创业者需要具备多方面的能力，如创新能力、领导组织能力、协调沟通能力、动手能力、策划决策能力、学习能力等。通过创业活动，促使人的能力和素质得到不断的提高，促进人的全面发展。

3．创业促进经济发展

一个创业活动，最根本的作用就是对经济发展和社会进步的促进，最直接的体现就是使 GDP 增长。创业活动所培养的"企业家精神"，代表了一种精神和力量，引领着社会的未来和希望。通过创业可扩大就业，进而创造更多的社会财富，推动经济发展，从而实现经济发展与扩大就业的良性互动。有研究指出："在知识经济条件下，创业型就业同时成为解决经济问题与就业问题的基本思路，它既是经济政策又是就业政策，为持续解决就业问题找到了出路。"

4．创业促进创新型国家建设

当前，我国对外技术依存度高达 50%，关键技术自给率低，占固定资产投资 40%左右的设备投资中，有 60% 以上要靠进口来满足，高科技含量的关键装备基本上依赖进口。而我国科技成果转化率仅为 6%～8%，相比发达国家 50% 的转化率差距很大，能够形成产业规模的比例更低。因此，建设创新型国家的一个重要措施就是鼓励创业。创业企业的产生往往伴随着新技术、新方法进入市场，同时，随着创业企业的发展，又可以推动新发明、新产品或新服务的不断涌现，创造出新的市场需求，从而进一步推动和深化科技创新，提高企业或是整个国家的创新能力，推动经济增长。

第二节　大学生创业精神与人生发展

一、创业精神

创业是一个过程，即某个人或者某个群体通过有组织的努力，以创新的和独特的方式追求机会、创造价值和谋求增长，是着重于一种创新活动的行为过程。创业精神的主要含义为创新，也就是创业者通过创新的手段，将资源更有效地利用，为市场创造出新的价值。

哈佛大学商学院对创业精神的定义是："创业精神就是一个人不以当前有限的资源为基础而追求商机的精神。"从这个角度上来讲，创业精神代表着一种突破资源限制，通过创新来创造机会、创造资源的行为，而不是简单地体现在创造新企业或创新上。因此，创业精神可以简洁地概括为："没有资源创造资源，没有条件创造条件，用有限资源去创造更大资源。"

创业精神主要包括三个重要的主题：

(1) 对机会的追求。创业精神追求环境的趋势和变化，且往往是尚未被人们注意的趋势和变化。

(2) 创新。创业精神包含了变革、革新、转换和引入新方法，即新产品、新服务或者是做生意的新方式。

(3) 增长。创业者追求增长，他们不满足于停留在小规模或现有的规模上，创业者希望他的企业能够尽可能地增长，员工能够拼命工作。因为他们在不断寻找新趋势和机会，不断地创新，不断地推出新产品和新的经营方式。

二、大学生创业精神

大学生创业精神其实是一种理念，这种理念贯穿于高等学校的课堂教学和课外活动之中。培养学生的创新意识、创造精神和创业能力，有助于学生毕业后大胆走向社会、自主创业。大学生创业精神的内涵包括自信心、进取心和责任心三个方面。

1. 自信心

创业之路，是充满艰险与曲折的，自主创业就等于是一个人去面对变化莫测的激烈竞争以及随时出现的需要迅速正确解决的问题和矛盾，这需要创业者对自己充满信心，能够持续保持积极的人生态度和进取精神。信念是创立事业之本，是创业的动力，要相信自己有能力、有条件去开创自己未来的事业，相信自己能够主宰自己的命运，成为创业的成功者。

2. 进取心

开拓进取、不断突破自我是创业者最基本的也是最核心的素质。强烈的进取心，既是创业能力、经营能力形成的基础，也是现代企业家综合素质构成的基本要素。远大空调有限公司总裁张跃曾说："我把多年来的经历和感悟归纳起来，得出一个结论，就是企业家素质应该包含以下内容：一高、二强、三多、四稳。一高是境界高；二强指欲望强、耐力强；三多是多才、多艺、多兴趣；四稳是原则稳固、方向稳当、作风稳健、情绪稳定。"敢拼敢博，奋勇向前，力争创造出自己所期望的价值，是创业者最为可贵的品质与能力。

3. 责任心

具有独立创业精神的人，不应当是信奉个人主义的自私自利者，相反，他应当具有广泛的人文关怀，充分表现出个人对社会、对国家、对他人的道义责任和法律责任，自觉履行这种责任，在社会生活中自觉把握和促进人与自然、人与社会的和谐发展。即使是在市场经济时代，真正接受过高等教育和大学文化熏陶的人，也应当超越现实功利，树立崇高的人生目标，不仅知道"何以为生"，掌握生存的知识和技能，而且更要理解"为何而生"，认识生存的意义和价值，始终坚持真、善、美的价值原则。

具有创业精神的大学生，必然具有较强的环境适应能力，在人与环境的互动过程中，能够以前瞻性的思维与眼光做出预测与判断，并及时调整自己的人生目标和行动方案，以保持与变化着的环境协调统一，而不是消极、被动地等待和忍耐。特别是在知识技术不断更新、职业岗位不断转换、人际关系不断变化的情况下，人们始终处在一个陌生的社会环境中，这就尤其需要具备良好的自我调适能力，而具备创业精神，才能做到与时俱进，挖掘自身潜力，充分发挥出自身的潜能，使事业更加成功。

三、大学生创业精神的认识

大学生创业精神既是知识经济发展的需要，也是社会发展的现实需要。大学生是未来社会的中流砥柱，提高其创业意识和就业能力，实现充分就业和成功创业，才能从根本上促进社会繁荣与稳定，并且为社会经济奠定可持续发展的基础。我国从社会主义初级阶段起步，要建成富强、民主、文明的社会主义现代化国家，实质上是全国各族人民的一场伟大的集体创业，这场伟大的集体创业需要大学生的创业意识和创业行动。在知识经济时代，在科教兴国的客观需要面前，大学生作为接受高等教育的人群，从道义上也应该为社会承担更多的创业责任和义务。

目前，农村剩余劳动力要向外转移，国有企业大量人员下岗分流，社会失业人员骤增，这都迫切需要创业，特别是大学生创业。通过创业，向社会提供就业机会，促进社会发展。培养和强化大学生的创业意识，为社会培养创业者是社会发展的客观要求。由于知识经济对个人的创造精神、开拓精神的重要性，智力已成为个人获取财富的资本，又由于计算机网络等通信手段的发达，知识的生产、传播、转移的成本降低，创业变得容易实现，这也使大学生创业能够成为现实。

良好的精神品质是创业成功的前提和条件，以下三点将解析大学生应该如何认识创业精神。

1．创业精神的自我认识

都说年轻人的精力永远是充沛和旺盛的，这一点并不假，每一个走向社会的大学生对未来都是充满希望的。一个努力、充满活力、积极向上的人不论在哪里都是会受到肯定和重用的，但社会经验不足、盲目乐观、急于求成、市场观念淡薄是大学生创业的弊端，懂得什么时候该做什么事，分清楚条理也是很重要的一点。

2．创业精神的科学认知

创业需要精神动力，而科学的认知精神是协调、变革自然的科学技术活动和人文活动过程中的精神实质。在科学认知的驱动下，创业者能够对科学的实践活动产生浓厚兴趣和极大热情，能够不为世俗的狭隘偏见所限制，不为短期的近利所诱惑，耐得住孤独与寂寞，始终把目光与兴奋点聚集、锁定在创业目标上，成为创业者进行创业活动的支撑力量。在社会实践对科学的依赖性越来越强的今天，如果不具备科学精神，没有掌握科学知识，不能提高科学认知，就不可能在创业实践的道路上长久发展，更谈不上自主创业了。科学理性的认知就像是前进道路上的明灯，指引着当代大学生找到成功的大门。

3．创业精神的奋斗意识

每一个成功的人，往往可以在他身上找到坚持、顽强拼搏、决不退缩这些闪光点。一个在困难面前轻言放弃的青年不会是好青年，也不会是成功的青年。当代的大学生首先要学会的就是在困难面前不要退缩和畏惧，一次次的挫折和阻碍算不了什么，这并不会使你失去"面子"，反而会赢得他人更多的尊敬，因为一个懂得在困难面前永不服输、敢于挑战的人才更值得人们去尊重。

第三节　基于大学生优势的创业选择

当代大学生是社会的一个特殊群体，接受了高等教育，作为拥有社会新技术、新思想的前沿群体、国家培养的高级专业人才，代表着最先进的流行文化，代表年轻有活力的一族，是推动社会进步的栋梁之才。然而，随着教育制度的深化改革，随着全国高校扩招规模的不断扩大，大学生不得不面对就业难的问题。自从改革开放以来，计划经济体制逐步被市场经济体制取代，大学生不再享受手捧"铁饭碗"的特权，每年数以百万计的大学毕业生涌入社会，供求严重失衡的情况导致就业问题日益凸显。面对严峻的就业问题，大学生开始尝试自主创业。近几年来，大学生养猪、养鸡、养鸭、卖水果、卖肉夹馍等早已不再是新闻。大学生创业也成了人们津津乐道的社会性热论话题。

一、大学生创业优势分析

大多数大学生有着对传统观念和传统行业挑战的信心和欲望，不甘于现状，而这种精神往往也成为大学生创业的动力，成为成功创业的精神支柱。新生代大学生往往对未来充满希望，有着年轻的血液、蓬勃的朝气，以及"初生牛犊不怕虎"的精神，而这些都是一个创业者应该具备的素质。大学生在学校里学到很多理论性、专业性的知识与技能，有着较高层次的技术优势，而且目前走在发展前沿的就是创办高新科技企业，技术的重要性是不言而喻的。

大学生创业的最大好处在于能提高自己的能力、增长经验，以及学以致用；最大的诱人之处是通过成功的创业，实现自己的理想，证明自己的价值。

1．大学生创业的创新优势

现代大学生有创新精神，有对传统观念和传统行业挑战的信心和欲望。美籍奥地利经济学家熊彼特提出的创新的定义是：创新是企业家对生产要素的组合，包括开发一种新产品，采用一种新方法，开辟一个新市场。这三个要素要由哪些人来实现呢？当代大学生应该是最合适的候选人。这种创新往往造就了大学生创业的动力源泉，成为成功创业的精神基础。

2．大学生创业的学科优势

学科创业已经蔚然成风，以学科创业带动大学生就业，成为高校独特的风景线。大学生在学校里通过专业学习，学到了比较全面和系统的专业知识，有一定的专业优势，专业优势在一定程度上可以转化为技术优势。部分大学生创业从一开始就可能会走向高科技、高技术含量的领域，"用智力换资本"是大学生创业的特色和必然之路。一些风险投资家往往就是看中了大学生所掌握的专业知识和技术，而愿意对其创业计划进行资助。

3．大学生创业的团队组建优势

大学生具有较高层次的知识，是一个知识、智力和活力都相对密集的群体，他们具有较强的专业能力，因此，知识资源成了大学生创业的最大优势，资源的整合和团队组建成为大学生创业的有利条件。

4．大学生创业的政策优势

大学生自主创业面临着良好的环境。目前，从中央到地方以及各个高校都热情鼓励、支持大学生自主创业，各级政府为大学生创业也制定了一系列的优惠政策，各高校为大学生创业也积极创造各方面的条件，对有条件的大学生来说，自主创业已经具备了难得的机遇。

在 2013 年《国家促进和支持高校毕业生就业政策公告》中明确指出，鼓励和支持高校毕业生进行自主创业。

二、大学生基于自身优势的创业选择

大学生创业是具有一定优势的，但是在开始创业之前，还是要根据自身能力和条件作出选择。做什么？怎么做？为谁做？市场是否有需求？经验、实践能力、资金等对于大学生来说都是必须面对的问题。在这个竞争日益激烈的社会里，作为当代大学生，应该根据自身条件理智地做出选择，从科学的角度出发，充分利用好优惠政策，逐步积累经验，为以后的发展和成功奠定基础。同时，大学生要注意发现自身和周边的创业优势。下面就从四个方面介绍如何发现和利用创业优势开展创业活动。

1．校园代理

校园代理是什么？校园的消费市场很大，学生的消费能力强，生产厂家想要进入校园市场，就需要有人为其在学校里进行宣传推广，所以商家就开始在校园里寻找能为其工作的在校大学生，也就是所谓的校园代理。对于经验、能力、资金不足的大学生来说，校园代理无疑是一个不错的选择，不但能使他们积累市场经验，而且能够锻炼他们的创业能力，如果做得好还可以赚到人生的第一桶金，为他们以后的创业之路准备必要的物质和精神条件。对于初始创业的大学生来说，普遍遇到的问题，就是缺乏资金，没有经验，找不到适合自己的项目、产品以及没有强大的团队支持等，那么要创业，就要学会借他人之力来解决自己对资金、产品、经验不足的问题，所以代理是大学生创业初始的首选。

2．电子商务

电子商务是一种新兴的、处于发展过程中的现代商务方式，自1995年以来得到了迅速发展，显现了巨大的现代商业价值。电子商务使现代商务活动具有安全、可靠、快速、明确和方便的特点，人们通过互联网可随时随地开展电子商务活动。说起电子商务，不少人应该也会想到开网店，例如现在最火的淘宝店，确实有不少大学生利用电子商务途径创业，并取得了成功。

3．连锁加盟

如果觉得自己没有开店经验，加入一些连锁经营品牌也是一个不错的选择。在加盟之前，加盟总部会先将他们经营店面时候的经验和教训提供给创业者并且协助创业与经营。加盟总部都有自己的形象、品牌、声誉，加盟之后就可以使用它来招揽消费者。当然，创业者需要根据加盟性质支付一定的加盟资金。这就是"用他人东西赚自己的钱"。

4．学科创业

高科技领域也是大学生创业不错的选择。如果学的是计算机专业，不妨把软件开发、网页制作、网络服务、手机游戏开发等当做自己的创业项目，当然家教、翻译事务所等智力服务领域也是很不错的选择。现在有很多大学生认为学校学的知识很难运用于工作上面，鼓吹专业知识无用论，说大学里根本学不到什么真知识，学到的专业与实践又相差很远之类的话，下面的一个案例相信会改变这些人的一些想法。

【案例7-1】　　大学生创业成千万富翁，入学七年未能毕业

某高校学生陈浩会在2016年夏季顺利迎来本科的毕业典礼，这将是他入校的第8年。为了创业，他经历多次失败，曾两度休学。

2014年12月10日，教育部发布通知，允许在校学生休学创业。陈浩得知这个消息后感慨万千，他说："大学生创业往往是带有兴趣和情怀的，在大学时期创业，是一个难得的人生机会，因为大学时代是最有激情、敢闯敢拼、输得起的时期，允许休学创业这种弹性学制，赋予大学生更多的人生选择。"

如今，陈浩已是一家拥有40名员工的公司老板，2014年公司营业额达3000多万元，大约有40万人次穿过他创办的"马奇菲尔"品牌的衣服。

2015年3月，陈浩以自己的创业项目，在学校组建团队，参加由共青团中央、教育部等部门联合主办的"创青春"全国大学生创业大赛。这次大赛首次设立创业实践项目，全国高校共有 8 个电子商务项目入围决赛，最终陈浩团队获金奖。

2008 年，他大一，不安分的他在网上发现南方有很多人在做一款手机企业信息的软件，"很冲动，感觉机遇来了就要抓住"。

他给父亲来了个"先斩后奏"，到了广州之后给父亲打电话说要休学。他说服父亲给自己一年时间，如果成功了就不再回来，失败了就回来重新开始。

后来，父亲带着他与学校辅导员"谈判"。"当时老师们很诧异，毕竟大一学生这么做在想法上不成熟，而且也不能提供正当的理由。"陈浩说。

陈浩投了 10 万元，是公司最小的股东，公司一开始利润不错。后来，公司又"转战"手机终端市场，与深圳的供应商合作开发了一款手机客户端软件，类似现在的微信，叫做"即通"。

但是开发手机软件"烧钱"烧得让人出乎意料，他们的投资很快被耗尽。2009 年 6 月，陈浩在团队中第一个选择退出。

"其实是我们做早了，要合适的时候做合适的事。"陈浩分析，当时手机市场混乱，使用智能机还不够普遍。后来了解到腾讯公司也是那时候开发跟进技术，一直在等待时机。

这次失败，让陈浩认识到真正的创业并不是励志书中描述的"心灵鸡汤"，"创业不是那么简单的，这些励志书多写成功的案例，失败的写得很少，让人感觉到'努力了就有回报'，给人带来误导"。

陈浩说，虽然创业小有成绩，但参照行业里做得最好的，他感觉自己在知识、能力等许多方面还需提升，应该继续回到校园，完成学业。现在陈浩每天抽时间学习功课，有空的时候也要去跟比他小很多岁的学弟学妹"抢座位"。

2015 年 3 月，陈浩的创业项目申报"创青春"全国大学生创业大赛。身为盐城的"男装"大户，直到陈浩率领的团队获得全国"创青春"金奖，很多老师才惊奇地发现自己就是陈浩的客户。

陈浩的创业故事在校园里引起很大反响，校长王保林还在表彰大会上为他颁发了"校长奖章"。

对于毕业论文，副校长薛浩说："陈浩参赛的项目报告就是最好的毕业论文。"此时陈浩显得有些激动："这篇论文是我两度休学打造的。"

陈浩说，他深切地感受到母校日益深厚的创业氛围。近几年来，学院出台了一系列制度措施扶持学生创业，进行学分制改革，同时积极利用地方资源，成立了青年创业学院和市创业研究院。学校"大学生创业街区"吸引了一批批孵化成熟的大学生创业项目进驻，目前，由学生参股或领办的企业已达几十家。

为了回报学校，陈浩与学校的纺织工程、服装设计和电子商务等专业合作共建了"青年就业创业见习基地"，为学弟学妹们提供创业演练地和实战场。

【案例 7-2】   从校园"小买卖"做起

谢玲万是某高校的一名大四学生。大一刚进校时，谢玲万带的钱还不够交学费，那时，她就决定以后要自己挣钱交学费，养活自己。

"很多人都想创业，只是很多人不知道从何入手。"谢玲万说，她的创业是从校园中的"小买卖"做起的。谢玲万发现学生喜欢看《英语周报》，她就通过努力当上校园代理，首次代理做了 700 份左右，挣了六七千元，淘到了自己的第一桶金。

后来，一个偶然机会，谢玲万看到学校教务处贴的征订下学年教材的通知，学生可自愿购买，她从中发现了商机。她就跑到书城、旧书市场联系资源。由于自己卖的教材便宜，因此很受学生欢迎，"做得最好时，一年能挣八九万元"。

【案例7-3】　　　　大学生电子商务创业，一年挣八十万

2012 年 3 月，湖南铁路科技职业技术学院连锁经营管理专业 308 班学生冯通、李益军合资 10 万元，兴办了一家淘宝店：上品牛仔商贸有限公司，主要销售真维斯、美特斯邦威、森马、吉普等知名品牌服装。经过短短一年时间，该公司发展到固定员工 4 人，年销售量达万条，销售额达 80 万元。

刚进大学，凭着对零售行业的憧憬和痴迷，冯通、朱亚雄、李益军等走到了一起。不久，由冯通、朱亚雄牵头，他们在学校里发起了一个名为"连锁经营工作室"的社团。通过竞聘，冯通担任连锁经营工作室秘书长，刚读完第三学期时该社团的 20 多名成员同时取得了初级特许经营管理师资格证书，这在校园里引起了不小反响。冯通系统学习市场调研、营销策划、广告促销、电子商务等知识，还考取了初级营销策划师证书。他还积极参加校内外各种营销、创业比赛。

在校期间，工作室与株洲经网合作开展推销活动，帮助株洲市中小企业建立网站，他们也认识了许多中小企业的管理人员，并与之建立了长期的合作关系，同时他们对电子商务也有了初步认识。大二时，三人又在全院范围招聘新会员。通过面试，20 名营销、连锁精英学子又加入了这个团队。拿到初级特许经营管理师证、营销策划师的冯通扮演起培训师的角色，经常在校内开讲座，带领连锁经营工作室会员进行各种社会实践活动。

2010 年 7 月，学校与人人乐商业连锁股份有限公司开展校企合作培养连锁经营管理人才，冯通积极参与组织，同时担任校企合作的联系人。由于工作能力突出，实习 6 个月时，人人乐商业连锁股份有限公司郴州店负责人安排他联系工商、消防等进行开业准备工作，他带领 20 多名连锁经营管理专业的学生积极参与新店开业等各项筹备工作，经过 2 个月的积极筹备，人人乐公司郴州店开张了。冯通开始积累大型连锁企业开业相关经验，实习 12 个月后，因表现出色，被人人乐人力资源部调到长沙分公司投资部，主要负责湖南娄底地区新店选址、调研等工作。

2012 年了解到广东增城有家乡人做服装生意，他经过市场调研，决定下海搞淘宝店，尝试电子商务，主要是因为考虑到这样创业成本低，比较容易上手，而且可以通过自己的一些社会关系找到正规的进货渠道，货源充足。冯通说："我相信在淘宝经营店铺是有前途的"。

2012 年 6 月他们创办淘宝店"上品牛仔商贸有限公司"，运用自己的连锁经营、营销专业理论知识，结合在人人乐的实习经验，大胆利用淘宝各种营销推广方式，如做"直通车"、"淘宝客"等推广。网店先从低端客户做起，迅速发展，级别与知名度越来越高，生意越来越好。后来考虑到市场细分，做低端客户的同时，他们尝试做中端客户服装品牌，提高产品品牌档次，定期进行销售数据分析，提高利润额。2012 年网店年销售量达到 80 万元。

2013 年因经营需要，他们将公司的办公地点搬到广东东莞，现在冯通已开始尝试高端

品牌服装市场，目前主要经销真维斯、美特斯邦威、森马、吉普等品牌牛仔裤。

冯通表示，如果经营情况良好，会考虑创建自己的服装品牌，继续做好做大服装销售。今后会考虑开实体店，未来可能会开展服装连锁经营，实现多年梦想。

冯通不仅自己创业，同时还带动连锁、营销专业大学生先后创业。

现今，冯通带领同学在电子商务行业的创业佳绩，已成为校园内外同学们谈论的新闻话题。

【案例7-4】　　　　　连锁加盟，降低创业风险

已经在浙江临海市经营一家品牌内衣店的金同学告诉记者，一年前在市区闲逛的时候，看到几个女孩子在一家内衣店里东挑西选，一副乐趣无穷的样子。在羡慕的同时，开店这个念头就忽然浮现在她的脑海中。于是，在详细了解市场之后，她选择通过连锁加盟的方式开起了属于自己的内衣店。"连锁加盟大多提供全程贴身服务，从市场调查、选址咨询到店面装修、开业促销无所不包，让开店的胜算无形中增大很多。"

在金同学所在的高校里，不少同学都先后选择了连锁加盟。他们从电视和网站上了解到连锁加盟项目提供的丰厚条件，比如，商家提供免费的指导，不收取任何加盟费用，进货达到一定额度就能够获得额外奖金，低风险甚至无风险等。"像我们，现在一无资金、二无经验的条件下，加盟连锁会让自己开店的风险降低很多。"

【案例7-5】　　　　　　运用专业知识创业

中山大学生命科学学院的林靖善目前是广东鲜明海蜇企业的老板。利用在学校研发出来的保鲜海蜇的方法和以海蜇为原料的保健品，林靖善毕业后推出以"鲜明"为品牌的海蜇产品，市场销售一片红火。2008年9月至2009年3月，"鲜明"海蜇产值180万元，利税20万元。林靖善成为充分利用所学专业知识成功创业的大学生代表。

"其实当时在学校的时候没想过要创业，我走上创业之路有些偶然。"林靖善说，自己之所以能够创业，跟所学的专业有很大关系。大二时，学习生物技术的林靖善在学校生命科学学院进行社会实践，在一次调研中，他发现广东湛江、福建、江苏、浙江等地都盛产海蜇，但几乎没有被开发过。在林靖善的家乡湛江市，海蜇只是被放在工厂门口出售，没有经过任何包装，销售也不成规模。

"我心里有些朦胧的想法，但还不是很确定。我是学生物技术的，当时只是对海蜇产生了兴趣，想好好研究一下。"林靖善说，大三时，他在学校的支持下，立项做了一个有关海蜇的研究课题，在学院老师的帮助下，他用一年半的时间研究出能让海蜇更健康、更能保持营养的生产工艺，包括海蜇的选料、保鲜、味料等，以及两个以海蜇为原料的保健产品。

有了这些研究成果后，林靖善心中创业的想法渐渐清晰起来。当身边的同学都忙着实习、找工作时，他深入湛江等地对海蜇市场进行调查，并做出一份数据翔实的调研报告，这让他得到湛江一个海蜇加工工厂的青睐。后来工厂为他提供了6万元的赞助，并成为他的合作伙伴。

对于自己成功创业的经验，林靖善说，除了来自学校和社会的帮助外，找准市场切入点很关键，同时要坚定创业的信念，要主动创业，而不是找不到工作才创业。此外，要坚定地为创业无怨无悔地付出。

第八章

创业形势分析与政策解读

第一节　创业形势现状分析

随着高等教育从"精英教育"向"大众教育"迈进，高校毕业生就业形势日益严峻，大学毕业生数量将远远超过空缺岗位的数量。有专家指出，近几年城镇每年需要就业的人数将保持在 2400 万人以上，而在现有经济结构下，每年大概只能提供 1100 万个就业岗位，年度就业岗位缺口在 1300 万左右。今后在很长时期内，大学生将面临更为严峻的就业形势。

伴随着我国大学生就业困难问题的出现，现今社会的焦点均聚焦于大学生的创业问题上来。

大学生作为一个相对独立的创业群体，其优势在于大学生年轻有活力、勇于拼搏，而且他们的学习能力和创新能力很强，家庭负担也较轻，相对于其他群体来说，知识技能也很多。由此可见，大学生作为一个创业群体拥有更多的人力资本和巨大的发展潜力，是我国创业的主力军。下面通过分析进一步了解目前大学生创业的形势。

一、大学生创业发展趋势

在 2014 年 9 月召开的夏季达沃斯论坛开幕式上，李克强总理首次提出，要借改革创新的"东风"，推动中国经济科学发展，在 960 万平方公里土地上掀起"大众创业"、"草根创业"的新浪潮，形成"万众创新"、"人人创新"的新态势。

2015 年 1 月，李克强再次主持召开常务会议，确定支持发展"众创空间"的政策措施，为创业创新搭建新平台。对于稳中有进、力保增长的中国经济火车头来说，大众创业、万众创新已经成为双引擎之一。2015 年两会上，李克强总理在政府工作报告中指出要把"大众创业、万众创新"打造成推动中国经济继续前行的"双引擎"之一。李克强鼓励大众创业成为中国经济持续发展新动力。

为了给"大众创业、万众创新"提供良好的发展环境，2014 年以来，党中央、国务院高度重视大众创新创业，李克强总理也多次对大众创新创业做出重要指示，强调要将此作为新常态下经济发展的新引擎。并且仅在 2014 年，国务院和相关部委就出台了 13 个关于促进创业创新的文件，这其中包括简政放权、金融支持等多个方面的鼓励扶持政策，为大众创业松绑。官方数据显示，2014 年，新登记注册市场主体达到 1293 万户，其中新登记注册企业增长 45.9%，形成新的创业热潮。

二、大学生创业存在的问题

自主创业成了体现大学生价值取向和择业观念的新方向，有自主创业意愿的大学生显著增加。大部分毕业生对自己创业压力有一定的心理准备和承受能力，并且愿意参与到社会激烈竞争之中去。大学生自主创业意愿明显增强，但同时面临的困难值得关注。

(一) 创业者自身问题

1. 创业意愿不高

虽然国家及各省市纷纷出台相关政策支持大学生创业，但是在我国大学生的创业意愿很低。美国大学生毕业的创业率为 20%，中国大学生的创业率不到 1%。同时，大学生创业的成功率也非常低。据调查结果显示：全国大学生有强烈的创业意向，但实施创业行为的大学生凤毛麟角；全国大学生实际已经进行创业的为 4.55%，已经成功创业的只有0.63%。

2. 创业选择模糊

到底该选择在哪方面创业，这是每一个想创业的大学生必须要面对的问题。然而，大多数大学生都选择和自身学习专业相关的行业进行创业，这有好处也有坏处。选择和自己相关的行业能让自己有更多的准备，同时，自己对于这一行业也有更深刻的理解。但如何把学到的知识变成自己创业的"武器"，对于多数学生来说是一个难题。

3. 创业经验缺乏

实践证明，对困难的准备不足成为许多创业失败的大学生在总结自己创业道路上经常提到的感悟，因此，大学生缺少经验是创业的一大难题。大学生在创业过程中大多数情况下，也仅限于模仿，没有自己的创新。根据一项调查表明，大多数大学生希望有一次有关创业的公益性指导，这样有助于他们在未来创业中掌握主动权，同时，他们也希望能够接受一些创业培训，比如如何驾驭市场的应变能力，避免走歪路。

4. 综合素质不强

当今社会，一个成功的创业者首先要有较高的文化素质，如从事行业的技能和文化水平；其次是身体素质，创业的初期是艰难的，没有一个好的身体很难做好每一件事；同样，其他因素对创业者来说也很重要，例如创业者的性格、人品和心理健康情况等。由于部分投身创业的大学生思维不够开阔，从而导致创业素质存在不足和缺陷，特别是自主能力、实践能力、创新能力不强尤为突出，从而使得大学生创业无法取得较高的成就。

5. 创业动机不同

据调查表明，有将近一半的大学生认为创业就是为了赚钱。看起来这好像并没有什么问题，就像大多数人所说的那样，创业的确是为了赚钱，创造财富。对于大学生来说，创业更多的应该是为了得到锻炼的机会，创业的经验，或者说是丰富人生的履历，而不能将赚钱定为自己的第一目标。大学生创业不应该操之过急，不管成功与否，都要更多地去关注这成功或者失败背后的经验和教训，为以后真正创业打基础。

(二) 外部环境问题

1．家庭、学校环境分析

大学生在创业的时候也会强调自己的愿望和要求，但是家庭是否支持是一个比较大的影响因素。大部分家长认为大学生的主要任务就是认真学习专业知识，努力提高个人综合水平，为将来谋求一份好的工作做准备，对大学生创业往往持不支持态度，甚至认为大学生创业是不务正业。

目前，我国大学生在校期间，很难受到全面、系统的创业指导和教育，且少有高校为大学生的创业提供创业项目和创业配套政策，这使得大学生的创业仍处于自发、自主的阶段，未能得到高校的重视和关注。

2．社会环境分析

(1) 从政策制定看，现行社会政策多为应急性的社会政策，缺乏对于大学生创业的稳定、持续的激励与保障机制，作用受限制。

(2) 从实施方式看，现阶段政策支持主要依靠政府行政推动，缺乏广泛的社会参与和社会支持，没有形成有效的大学生创业支持体系。目前官方的创业支持意识强，各个部门创业支持网络也初步建立，但是社会参与的力度仍比较弱。

(3) 从政策执行看，政策执行力较低。良好的社会政策需要具有良好执行力的保证。在自上而下的体制约束下，政策执行者多是将完成工作指标作为自己的目标，一些政策执行者对管理角色的认同远远超过对服务角色的认同，这使得他们对大学生创业活动的管理有余，而服务意识相对较弱。这些均导致国家的创业支持政策得不到有效地实施，大学生就业仍然面临重重政策困难。

第二节　创业政策解读

党的十八大报告提出："引导劳动者转变就业观念，鼓励多渠道多形式就业，促进创业带动就业。"创业可以增加就业机会，是落实建设新型国家战略的需要。大学生创业既是教育体制改革和高新技术产业跨越式发展的动力源，也是繁荣社会主义市场经济，加速我国经济发展的动力源。大学生创业对我国经济的发展起着至关重要的作用，大学生创业不仅可以解决自身的就业问题，而且能提供更多的就业机会。

政府在大学生创业方面的职能是要秉承"服务型政府"的理念，制定鼓励创业、支持创业、服务创业、保护创业的公共政策。如何为大学生创业者提供系统、完善、积极有效的创业政策已成为目前政府迫切需要解决的问题。

一、注册登记政策

注册登记政策主要解决创业者创业行为的"准入"问题。创业者创业行为最现实的表现就是以一定的形式进入市场，进入社会系统。而"准入"问题往往是一些初次创业者，或者大学生这种基础条件比较薄弱的创业者所面临的第一个现实问题。因此，包括国家和地方政府都对创业者创业实体的注册登记给予了大力支持。

二、财政金融类政策

财政金融类政策主要解决创业者的投资、融资问题，主要体现在对资金资本的支持上。资金资本问题往往是创业者在创业过程中考虑最多也是最困难的一个问题。没有一定的资金资本作基础，创业行动往往无法实现，创业行程难以起航。因此解决创业者的资金资本问题成为国家和地方政府创业政策重点解决的问题。比如2009年1月国务院发布《关于加强普通高校毕业生就业工作的通知》(国办发〔2009〕3号)，鼓励和支持毕业生自主创业。对高校毕业生从事个体经营符合条件的，免收行政事业性收费。在当地公共就业服务机构登记失业的自主创业高校毕业生，自筹资金不足的，可以申请不超过5万元的小额担保贷款；对合伙经营和组织起来就业的，可按规定适当扩大贷款规模；从事当地政府规定微利项目的，可按规定享受贴息扶持。

三、税收类政策

税收类政策无论对人们行为的影响还是对社会价值观与优先顺序的象征来说，都是相当重要的。税收政策对于创业者来说，一方面影响到创业过程中的活力实现，另一方面也体现了创业者应当承担的社会责任。我国《企业所得税暂行条例》规定，个人独资企业所得税按33%的税率缴纳企业所得税，个人独资企业的投资人应从企业的利益中按20%比例提取缴纳个人所得税。这形成了不合理的双重征税，非常不利于自主创业的开展。而税法同时也规定创业投资企业从事国家需要重点扶持和鼓励的创业投资，可以按投资的一定比例抵扣应缴纳所得额。对创业投资企业采取股权投资方式投资于未上市中小高新技术企业2年以上(含2年)，凡符合国家规定条件的，可按照其投资额的70%在股权持有满2年的当年抵扣该创业投资企业的应纳税所得额；当年不足抵扣的，可以在以后纳税年度结转抵扣。这对创业者来说又是比较有利的。各地区、各有关部门正在进一步落实和完善工商登记、场地支持、税费减免等各项创业扶持政策，拓宽高校毕业生创办企业出资方式，简化工商注册登记手续。

四、人事档案管理类政策

人事档案管理是我国人口管理的基本制度。创业者在创业之初，其人事档案无确实的挂靠单位，尤其是对一些异地创业者来说，不便于对其户籍、工龄、组织发展等个人问题进行管理。为了解决创业者的后顾之忧，各级部门都出台了相应的人事档案管理类政策。比如重庆市对自谋职业的毕业生根据本人意愿，可将户口和人事档案暂存就读学校两年或由市大中专毕业生就业指导中心存管两年，存管期间免收档案管理费。

五、教育培训类政策

教育培训类政策主要是为创业者在创业前和创业过程中提供智力支持，从创业精神的培养、创业知识的教育和创业行为的锻炼等方面给予大学生实际帮助。国办发〔2009〕3

号文件规定"有创业意愿的高校毕业生参加创业培训的，按照规定给予职业培训补贴。强化高校毕业生创业指导服务，提供政策咨询、项目开发、创新培训、创业孵化、小额贷款、开业指导、跟踪辅导的'一条龙'服务。各地要建设完善一批投资小、见效快的大学生创业园和创业孵化基地，并给予相关政策扶持。"大学生创业孵化基地建设是为有创业意愿的大学生提供全程化的跟踪指导，同时使创业带头人在基地中迅速成长起来，成为大学生效仿的榜样，也是突破目前大学生创业瓶颈的关键。各高校要广泛开展创新创业教育，将创业教育课程纳入学分管理，有关部门研发适合高校毕业生特点的创业培训课程，根据需求开展创业培训，提升高校毕业生创业意识和创业能力。

六、创业基地类政策

国家对于大学生创业的基地扶持主要选择是创业园，对各高校在创业中心设立科技研发创业园的，给予一定优惠；鼓励入园的各类企业和其他非公有制经济组织吸纳高校毕业生就业。对当年新招用普通高校毕业生，与其签订 1 年以上劳动合同并依法缴纳社会保险的，在 3 年内按实际招用人数予以定额依次扣减营业税、城市维护建设税、教育费附加和企业所得税优惠，定额扣除标准为每人每年 4800 元。对劳动密集型小企业当年新招用登记失业高校毕业生达到企业现有在职职工总数 20%(超过 100 人的企业达到 10%)以上的，可按规定申请最高不超过 200 万元的小额担保贷款，并享受财政贴息。对入园创业的高校毕业生，可免费获得创业指导服务，包括政策咨询、信息服务、项目开发、风险评估、开业指导、融资服务、跟踪扶持等"一条龙"创业服务。

第三节 相关创业法律知识

一、企业的法律形式

1．个人独资企业

个人独资企业是指依照《中华人民共和国个人独资企业法》的规定，在中国境内设立，由一个自然人投资，财产为投资人个人所有，投资人以其个人财产对企业债务承担无限责任的经营实体。

2．合伙企业

合伙企业是指自然人、法人和其他组织依照本法在中国境内设立的普通合伙企业和有限合伙企业。

3．公司企业

依照《中华人民共和国公司法》的规定，公司是指依法在中国境内设立的有限责任公司和股份有限公司。

有限责任公司又称有限公司，是根据公司法及有关法律规定的条件设立的，股东以其出资额为限对公司承担责任，按股份比例享受收益，公司以其全部资产对公司的债务承担责任的企业法人。

股份有限公司全部注册资本由等额股份构成并通过发行股票(或股权证)筹集资本,公司以其全部资产对公司债务承担有限责任的企业法人。

4．个体工商户

个体工商户是指在法律允许的范围之内,依法经核准登记,生产资料为个人或者家庭所有、以个人或者家庭劳动为主要形式、经营所得由个人或者家庭支配的经营者。

二、税务管理的相关规定

(一) 税务登记

1．税务登记的对象和期限

企业及企业的外地设立的分支机构和从事生产、经营的场所,个体工商户和从事生产、经营的事业单位,自领取营业执照之日起 30 日内,持有关证件向税务机关申报办理税务登记。承包和租赁及实行自负盈亏的生产经营者也应办理税务登记。

不从事生产、经营活动,但是依照法律、行政法规规定负有纳税义务的单位和个人,除临时取得应税收入或发生应税行为以及只缴纳个人所得税、车船使用税以外,应当自依照税收法律、行政法规成为纳税义务人之日起 30 日内到所在地税务机关申报办理税务登记。

2．税务登记的种类

税务登记分为开业登记,变更登记,外出经营报验登记,停、复业登记,注销登记等。

3．税务登记证的主要内容

税务登记证件应当载明:纳税人名称、统一代码、法定代表人或负责人、详细地址、经济性质或经济类型、经营方式、经营范围(主营、兼营)、经营期限和证件有效期限等。

4．税务登记证的使用

纳税人办理下列事项时必须持税务登记证件:申请减税、免税、退税;领购发票;外出经营活动税收管理证明等税务事项。

纳税人应当将税务登记证件张挂在其生产、经营场所内明显、易见处,亮证经营。税务登记证件不得转借、涂改、毁损、买卖或者伪造。遗失税务登记证件者,应当及时报告主管税务机关,并申请补办。

5．税务登记的法律责任

纳税人未按照规定期限办理开业税务登记、变更税务登记、注销税务登记和换证手续的,税务机关应当自发现之日起 3 日内发出责令限期改正通知书。逾期不改正的,依照税收征管法第三十七条的规定处罚。

未按照规定使用税务登记证件,或者转借、涂改、损毁、买卖、伪造税务登记证件的,依照税收征管法第三十七条的规定处罚。

(二) 纳税申报程序

有纳税义务的单位和个人,应在发生纳税义务之后,按税务机关核定的期限如实向其主管税务机关进行纳税申报。从事临时经营的纳税人，应在发生纳税义务之后，立即向经营地税务机关进行纳税申报，办理缴纳税款手续。代征人应当按照规定履行代征、代扣、代缴税款的申报手续。

纳税人办理纳税申报时，必须按规定如实向税务机关报送纳税申报表、财务会计报表和有关纳税资料。对属于临时性纳税以及按私人财产纳税等，应报哪些资料，由省、自治区、直辖市的税务局确定。

纳税人因特殊情况不能按期办理纳税申报的，必须报告主管税务机关，酌情准予延期。主管税务机关应当根据情况，暂行核定纳税额，通知纳税人预缴税款，待申报后结算。

代征人因有特殊情况，不能按期申报代征、代扣、代缴税款的，应当报告主管税务机关，酌情准予延期。

纳税人申请减税、免税的，应当向主管税务机关提出书面报告。减税、免税申请获得批准之前，纳税人必须按照规定缴纳税款。

(三) 减、免税的手续

纳税人申请减税、免税的，必须向主管税务机关提出书面报告，说明申请减税、免税的原因和减免税金的用途，提供可靠的数据资料，并提出减税、免税后可能达到的经济效益目标和可行的措施。

主管税务机关在接到纳税人减税、免税申请后，必须对纳税人的减免税申请报告认真地逐项核实，提出具体的初审意见和报告，并按税务管理体制的规定逐级上报税务机关。

上级税务机关按照税收管理体制的规定，对纳税人的减税、免税申请和下级税务机关提出的初审意见进行审批，对金额较大或影响面广的减税、免税申请，派人进行调查，然后做出审批。符合减税、免税条件的，批准纳税人减税、免税；对不符合条件的申请，不予批准。

对减税、免税期满的纳税人，应当按期恢复征税；个别纳税人恢复纳税仍有困难的，应当按规定重新办理减免税申报审批手续。

三、银行开、销户手续

1. 银行开户的基本种类

一般存款账户是企事业单位在基本账户以外的银行因借款开立的账户，该账户只能办理转账结算和现金的缴存，不能支取现金。

临时存款账户是外来临时机构或个体经济户因临时经营活动需要开立的账户，该账户可办理转账结算和符合国家现金管理期定的现金收付。

专用存款账户是企事业单位因基本建设、更新改造或办理信托、政策性房地产开发、信用卡等特定用途需要开立的账户，该账户支取现金时必须报当地人民银行审批。

2. 银行销户的有关规定

一般存款账户余额不得超过企事业单位在开户银行的借款余额，超过部分开户行将通知单位 5 日内将款项划转至基本存款账户，逾期未划转的，银行将主动代为扣收，借款清偿后要办理销户。

临时存款账户的使用期限不得超过一年，超过一年的将予以销户。

企业销货款、异地汇入款项中除基建或专项工程拨款外的非专项资金不得进入专用账户。

存款人改变账户名称的应先撤销原账户，再开立新账户。

开户行对一年内未发生收付款活动的账户，将通知存款人自发出通知起 30 日内(以邮戳日为准)前去办理销户手续，逾期将视为自愿销户。

四、专利申请的相关规定

1. 有关专利的法律、法规

1984 年 3 月 2 日，第六届全国人民代表大会常务委员会第四次会议通过了《中华人民共和国专利法》，第二年，即 1985 年 1 月 19 日，中华人民共和国国务院又发布了《中华人民共和国专利法实施细则》。

《中华人民共和国专利法》于 1992 年 9 月修改；《中华人民共和国专利法实施细则》在 1992 年 12 月作了修订。

1993 年 1 月 1 日正式实施《中华人民共和国专利法》与《中华人民共和国专利法实施细则》。

2. 申请专利所需文件

申请专利所需文件包括申请书、说明书、权利要求书 、说明书附图、说明书摘要及摘要附图、外观设计的图片或者照片等。

3. 提交要求

提交专利申请文件应当使用专利局发布的统一表格，采用计算机中文打字或者印刷(包括表格中文字)，一式两份。

4. 申请文件的递交

申请文件可以请专利局或专利局设在各地的代办处办理、当面递交或以邮寄方式寄交。

以邮寄方式递交申请文件的，必须按照专利法的要求以挂号信函方式邮寄，并保存好挂号凭证。以非挂号信函方式邮寄申请文件的，专利局将不予查询。

以包裹形式邮寄申请文件的，专利局将不予受理。

根据《中华人民共和国专利法实施细则》第一百一十九条规定，以邮寄方式递交专利申请的，每封挂号信函只能邮寄同一件专利申请的文件。

五、合法经营的有关法律规定

1. 反不正当竞争法

(1) 不正当竞争行为。

(2) 监督检查和法律责任。

2．产品质量法

(1) 产品质量的监督管理。

(2) 生产者、销售者的产品质量责任和义务。

(3) 损害赔偿。

3．劳动合同法

劳动合同法的内容具体如下：

第一章　总　　则

第一条　为了完善劳动合同制度，明确劳动合同双方当事人的权利和义务，保护劳动者的合法权益，构建和发展和谐稳定的劳动关系，制定本法。

第二条　中华人民共和国境内的企业、个体经济组织、民办非企业单位等组织(以下称用人单位)与劳动者建立劳动关系，订立、履行、变更、解除或者终止劳动合同，适用本法。

国家机关、事业单位、社会团体和与其建立劳动关系的劳动者，订立、履行、变更、解除或者终止劳动合同，依照本法执行。

第三条　订立劳动合同，应当遵循合法、公平、平等自愿、协商一致、诚实信用的原则。

依法订立的劳动合同具有约束力，用人单位与劳动者应当履行劳动合同约定的义务。

第四条　用人单位应当依法建立和完善劳动规章制度，保障劳动者享有劳动权利、履行劳动义务。

用人单位在制定、修改或者决定有关劳动报酬、工作时间、休息休假、劳动安全卫生、保险福利、职工培训、劳动纪律以及劳动定额管理等直接涉及劳动者切身利益的规章制度或者重大事项时，应当经职工代表大会或者全体职工讨论，提出方案和意见，与工会或者职工代表平等协商确定。

在规章制度和重大事项决定实施过程中，工会或者职工认为不适当的，有权向用人单位提出，通过协商予以修改完善。

用人单位应当将直接涉及劳动者切身利益的规章制度和重大事项决定公示，或者告知劳动者。

第五条　县级以上人民政府劳动行政部门会同工会和企业方面代表，建立健全协调劳动关系三方机制，共同研究解决有关劳动关系的重大问题。

第六条　工会应当帮助、指导劳动者与用人单位依法订立和履行劳动合同，并与用人单位建立集体协商机制，维护劳动者的合法权益。

第二章　劳动合同的订立

第七条　用人单位自用工之日起即与劳动者建立劳动关系。用人单位应当建立职工名册备查。

第八条　用人单位招用劳动者时，应当如实告知劳动者工作内容、工作条件、工作地点、职业危害、安全生产状况、劳动报酬，以及劳动者要求了解的其他情况；用人单位有权了解劳动者与劳动合同直接相关的基本情况，劳动者应如实说明。

第九条　用人单位招用劳动者，不得扣押劳动者的居民身份证和其他证件，不得要求劳动者提供担保或者以其他名义向劳动者收取财物。

第十条　建立劳动关系，应当订立书面劳动合同。

已建立劳动关系，未同时订立书面劳动合同的，应当自用工之日起一个月内订立书面劳动合同。

用人单位与劳动者在用工前订立劳动合同的，劳动关系自用工之日起建立。

第十一条　用人单位未在用工的同时订立书面劳动合同，与劳动者约定的劳动报酬不明确的，新招用的劳动者的劳动报酬按照集体合同规定的标准执行；没有集体合同或者集体合同未规定的，实行同工同酬。

第十二条　劳动合同分为固定期限劳动合同、无固定期限劳动合同和以完成一定工作任务为期限的劳动合同。

第十三条　固定期限劳动合同，是指用人单位与劳动者约定合同终止时间的劳动合同。

用人单位与劳动者协商一致，可以订立固定期限劳动合同。

第十四条　无固定期限劳动合同，是指用人单位与劳动者约定无确定终止时间的劳动合同。

用人单位与劳动者协商一致，可以订立无固定期限劳动合同。有下列情形之一，劳动者提出或者同意续订、订立劳动合同的，除劳动者提出订立固定期限劳动合同外，应当订立无固定期限劳动合同：

（一）劳动者在该用人单位连续工作满十年的；

（二）用人单位初次实行劳动合同制度或者国有企业改制重新订立劳动合同时，劳动者在该用人单位连续工作满十年且距法定退休年龄不足十年的；

（三）连续订立二次固定期限劳动合同，且劳动者没有本法第三十九条和第四十条第一项、第二项规定的情形，续订劳动合同的。

用人单位自用工之日起满一年不与劳动者订立书面劳动合同的，视为用人单位与劳动者已订立无固定期限劳动合同。

第十五条　以完成一定工作任务为期限的劳动合同，是指用人单位与劳动者约定以某项工作的完成为合同期限的劳动合同。

用人单位与劳动者协商一致，可以订立以完成一定工作任务为期限的劳动合同。

第十六条　劳动合同由用人单位与劳动者协商一致，并经用人单位与劳动者在劳动合同文本上签字或者盖章生效。

劳动合同文本由用人单位和劳动者各执一份。

第十七条　劳动合同应当具备以下条款：

（一）用人单位的名称、住所和法定代表人或者主要负责人；

（二）劳动者的姓名、住址和居民身份证或者其他有效身份证件号码；

（三）劳动合同期限；

（四）工作内容和工作地点；

（五）工作时间和休息休假；

（六）劳动报酬；

（七）社会保险；

（八）劳动保护、劳动条件和职业危害防护；

（九）法律、法规规定应当纳入劳动合同的其他事项。

劳动合同除前款规定的必备条款外，用人单位与劳动者可以约定试用期、培训、保守秘密、补充保险和福利待遇等其他事项。

第十八条　劳动合同对劳动报酬和劳动条件等标准约定不明确，引发争议的，用人单位与劳动者可以重新协商；协商不成的，适用集体合同规定；没有集体合同或者集体合同未规定劳动报酬的，实行同工同酬；没有集体合同或者集体合同未规定劳动条件等标准的，适用国家有关规定。

第十九条　劳动合同期限三个月以上不满一年的，试用期不得超过一个月；劳动合同期限一年以上不满三年的，试用期不得超过二个月；三年以上固定期限和无固定期限的劳动合同，试用期不得超过六个月。

同一用人单位与同一劳动者只能约定一次试用期。

以完成一定工作任务为期限的劳动合同或者劳动合同期限不满三个月的，不得约定试用期。

试用期包含在劳动合同期限内。劳动合同仅约定试用期的，试用期不成立，该期限为劳动合同期限。

第二十条　劳动者在试用期的工资不得低于本单位相同岗位最低档工资或者劳动合同约定工资的百分之八十，并不得低于用人单位所在地的最低工资标准。

第二十一条　在试用期中，除劳动者有本法第三十九条和第四十条第一项、第二项规定的情形外，用人单位不得解除劳动合同。用人单位在试用期解除劳动合同的，应当向劳动者说明理由。

第二十二条　用人单位为劳动者提供专项培训费用，对其进行专业技术培训的，可以与该劳动者订立协议，约定服务期。

劳动者违反服务期约定的，应当按照约定向用人单位支付违约金。违约金的数额不得超过用人单位提供的培训费用。用人单位要求劳动者支付的违约金不得超过服务期尚未履行部分所应分摊的培训费用。

用人单位与劳动者约定服务期的，不影响按照正常的工资调整机制提高劳动者在服务期期间的劳动报酬。

第二十三条　用人单位与劳动者可以在劳动合同中约定保守用人单位的商业秘密和与知识产权相关的保密事项。

对负有保密义务的劳动者，用人单位可以在劳动合同或者保密协议中与劳动者约定竞业限制条款，并约定在解除或者终止劳动合同后，在竞业限制期限内按月给予劳动者经济补偿。劳动者违反竞业限制约定的，应当按照约定向用人单位支付违约金。

第二十四条　竞业限制的人员限于用人单位的高级管理人员、高级技术人员和其他负有保密义务的人员。竞业限制的范围、地域、期限由用人单位与劳动者约定，竞业限制的约定不得违反法律、法规的规定。

在解除或者终止劳动合同后，前款规定的人员到与本单位生产或者经营同类产品、从事同类业务的有竞争关系的其他用人单位，或者自己开业生产或者经营同类产品、从事同类业务的竞业限制期限，不得超过二年。

第二十五条　除本法第二十二条和第二十三条规定的情形外，用人单位不得与劳动者约定由劳动者承担违约金。

第二十六条　下列劳动合同无效或者部分无效：

(一) 以欺诈、胁迫的手段或者乘人之危，使对方在违背真实意思的情况下订立或者变更劳动合同的；

(二) 用人单位免除自己的法定责任、排除劳动者权利的；

(三) 违反法律、行政法规强制性规定的。

对劳动合同的无效或者部分无效有争议的，由劳动争议仲裁机构或者人民法院确认。

第二十七条　劳动合同部分无效，不影响其他部分效力的，其他部分仍然有效。

第二十八条　劳动合同被确认无效，劳动者已付出劳动的，用人单位应当向劳动者支付劳动报酬。劳动报酬的数额，参照本单位相同或者相近岗位劳动者的劳动报酬确定。

第三章　劳动合同的履行和变更

第二十九条　用人单位与劳动者应当按照劳动合同的约定，全面履行各自的义务。

第三十条　用人单位应当按照劳动合同约定和国家规定，向劳动者及时足额支付劳动报酬。

用人单位拖欠或者未足额支付劳动报酬的，劳动者可以依法向当地人民法院申请支付令，人民法院应当依法发出支付令。

第三十一条　用人单位应当严格执行劳动定额标准，不得强迫或者变相强迫劳动者加班。用人单位安排加班的，应当按照国家有关规定向劳动者支付加班费。

第三十二条　劳动者拒绝用人单位管理人员违章指挥、强令冒险作业的，不视为违反劳动合同。

劳动者对危害生命安全和身体健康的劳动条件，有权对用人单位提出批评、检举和控告。

第三十三条　用人单位变更名称、法定代表人、主要负责人或者投资人等事项，不影响劳动合同的履行。

第三十四条　用人单位发生合并或者分立等情况，原劳动合同继续有效，劳动合同由承继其权利和义务的用人单位继续履行。

第三十五条　用人单位与劳动者协商一致，可以变更劳动合同约定的内容。变更劳动合同，应当采用书面形式。

变更后的劳动合同文本由用人单位和劳动者各执一份。

第四章　劳动合同的解除和终止

第三十六条　用人单位与劳动者协商一致，可以解除劳动合同。

第三十七条　劳动者提前三十日以书面形式通知用人单位，可以解除劳动合同。劳动者在试用期内提前三日通知用人单位，可以解除劳动合同。

第三十八条　用人单位有下列情形之一的，劳动者可以解除劳动合同：

(一) 未按照劳动合同约定提供劳动保护或者劳动条件的；

(二) 未及时足额支付劳动报酬的；

（三）未依法为劳动者缴纳社会保险费的；

（四）用人单位的规章制度违反法律、法规的规定，损害劳动者权益的；

（五）因本法第二十六条第一款规定的情形致使劳动合同无效的；

（六）法律、行政法规规定劳动者可以解除劳动合同的其他情形。

用人单位以暴力、威胁或者非法限制人身自由的手段强迫劳动者劳动的，或者用人单位违章指挥、强令冒险作业危及劳动者人身安全的，劳动者可以立即解除劳动合同，不需事先告知用人单位。

第三十九条 劳动者有下列情形之一的，用人单位可以解除劳动合同：

（一）在试用期间被证明不符合录用条件的；

（二）严重违反用人单位的规章制度的；

（三）严重失职，营私舞弊，给用人单位造成重大损害的；

（四）劳动者同时与其他用人单位建立劳动关系，对完成本单位的工作任务造成严重影响，或者经用人单位提出，拒不改正的；

（五）因本法第二十六条第一款第一项规定的情形致使劳动合同无效的；

（六）被依法追究刑事责任的。

第四十条 有下列情形之一的，用人单位提前三十日以书面形式通知劳动者本人或者额外支付劳动者一个月工资后，可以解除劳动合同：

（一）劳动者患病或者非因工负伤，在规定的医疗期满后不能从事原工作，也不能从事由用人单位另行安排的工作的；

（二）劳动者不能胜任工作，经过培训或者调整工作岗位，仍不能胜任工作的；

（三）劳动合同订立时所依据的客观情况发生重大变化，致使劳动合同无法履行，经用人单位与劳动者协商，未能就变更劳动合同内容达成协议的。

第四十一条 有下列情形之一，需要裁减人员二十人以上或者裁减不足二十人但占企业职工总数百分之十以上的，用人单位提前三十日向工会或者全体职工说明情况，听取工会或者职工的意见后，裁减人员方案经向劳动行政部门报告，可以裁减人员：

（一）依照企业破产法规定进行重整的；

（二）生产经营发生严重困难的；

（三）企业转产、重大技术革新或者经营方式调整，经变更劳动合同后，仍需裁减人员的；

（四）其他因劳动合同订立时所依据的客观经济情况发生重大变化，致使劳动合同无法履行的。

裁减人员时，应当优先留用下列人员：

（一）与本单位订立较长期限的固定期限劳动合同的；

（二）与本单位订立无固定期限劳动合同的；

（三）家庭无其他就业人员，有需要抚养的老人或者未成年人的。

用人单位依照本条第一款规定裁减人员，在六个月内重新招用人员的，应当通知被裁减的人员，并在同等条件下优先招用被裁减的人员。

第四十二条 劳动者有下列情形之一的，用人单位不得依照本法第四十条、第四十一条的规定解除劳动合同：

（一）从事接触职业病危害作业的劳动者未进行离岗前职业健康检查，或者疑似职业病病人在诊断或者医学观察期间的；

（二）在本单位患职业病或者因工负伤并被确认丧失或者部分丧失劳动能力的；

（三）患病或者非因工负伤，在规定的医疗期内的；

（四）女职工在孕期、产期、哺乳期的；

（五）在本单位连续工作满十五年，且距法定退休年龄不足五年的；

（六）法律、行政法规规定的其他情形。

第四十三条　用人单位单方解除劳动合同，应当事先将理由通知工会。用人单位违反法律、行政法规规定或者劳动合同约定的，工会有权要求用人单位纠正。用人单位应当研究工会的意见，并将处理结果书面通知工会。

第四十四条　有下列情形之一的，劳动合同终止：

(一）劳动合同期满的；

(二）劳动者开始依法享受基本养老保险待遇的；

(三）劳动者死亡，或者被人民法院宣告死亡或者宣告失踪的；

(四）用人单位被依法宣告破产的；

(五）用人单位被吊销营业执照、责令关闭、撤销或者用人单位决定提前解散的；

(六）法律、行政法规规定的其他情形。

第四十五条　劳动合同期满，有本法第四十二条规定情形之一的，劳动合同应当续延至相应的情形消失时终止。但是，本法第四十二条第二项规定丧失或者部分丧失劳动能力劳动者的劳动合同的终止，按照国家有关工伤保险的规定执行。

第四十六条　有下列情形之一的，用人单位应当向劳动者支付经济补偿：

（一）劳动者依照本法第三十八条规定解除劳动合同的；

（二）用人单位依照本法第三十六条规定向劳动者提出解除劳动合同并与劳动者协商一致解除劳动合同的；

（三）用人单位依照本法第四十条规定解除劳动合同的；

（四）用人单位依照本法第四十一条第一款规定解除劳动合同的；

（五）除用人单位维持或者提高劳动合同约定条件续订劳动合同，劳动者不同意续订的情形外，依照本法第四十四条第一项规定终止固定期限劳动合同的；

（六）依照本法第四十四条第四项、第五项规定终止劳动合同的；

（七）法律、行政法规规定的其他情形。

第四十七条　经济补偿按劳动者在本单位工作的年限，每满一年支付一个月工资的标准向劳动者支付。六个月以上不满一年的，按一年计算；不满六个月的，向劳动者支付半个月工资的经济补偿。

劳动者月工资高于用人单位所在直辖市、社区的市级人民政府公布的本地区上年度职工月平均工资三倍的，向其支付经济补偿的标准按职工月平均工资三倍的数额支付，向其支付经济补偿的年限最高不超过十二年。

本条所称月工资是指劳动者在劳动合同解除或者终止前十二个月的平均工资。

第四十八条　用人单位违反本法规定解除或者终止劳动合同，劳动者要求继续履行劳动合同的，用人单位应当继续履行；劳动者不要求继续履行劳动合同或者劳动合同已经不能继续履行的，用人单位应当依照本法第八十七条规定支付赔偿金。

第四十九条　国家采取措施，建立健全劳动者社会保险关系跨地区转移接续制度。

第五十条　用人单位应当在解除或者终止劳动合同时出具解除或者终止劳动合同的证明，并在十五日内为劳动者办理档案和社会保险关系转移手续。

劳动者应当按照双方约定，办理工作交接。用人单位依照本法有关规定应当向劳动者支付经济补偿的，在办结工作交接时支付。

用人单位对已经解除或者终止的劳动合同的文本，至少保存二年备查。

第五章　特别规定

第一节　集体合同

第五十一条　企业职工一方与用人单位通过平等协商，可以就劳动报酬、工作时间、休息休假、劳动安全卫生、保险福利等事项订立集体合同。集体合同草案应当提交职工代表大会或者全体职工讨论通过。

集体合同由工会代表企业职工一方与用人单位订立；尚未建立工会的用人单位，由上级工会指导劳动者推举的代表与用人单位订立。

第五十二条　企业职工一方与用人单位可以订立劳动安全卫生、女职工权益保护、工资调整机制等专项集体合同。

第五十三条　在县级以下区域内，建筑业、采矿业、餐饮服务业等行业可以由工会与企业方面代表订立行业性集体合同，或者订立区域性集体合同。

第五十四条　集体合同订立后，应当报送劳动行政部门；劳动行政部门自收到集体合同文本之日起十五日内未提出异议的，集体合同即行生效。

依法订立的集体合同对用人单位和劳动者具有约束力。行业性、区域性集体合同对当地本行业、本区域的用人单位和劳动者具有约束力。

第五十五条　集体合同中劳动报酬和劳动条件等标准不得低于当地人民政府规定的最低标准；用人单位与劳动者订立的劳动合同中劳动报酬和劳动条件等标准不得低于集体合同规定的标准。

第五十六条　用人单位违反集体合同，侵犯职工劳动权益的，工会可以依法要求用人单位承担责任；因履行集体合同发生争议，经协商解决不成的，工会可以依法申请仲裁、提起诉讼。

第二节　劳务派遣

第五十七条　经营劳务派遣业务应当具备下列条件：

（一）注册资本不得少于人民币二百万元；

（二）有与开展业务相适应的固定的经营场所和设施；

（三）有符合法律、行政法规规定的劳务派遣管理制度；

（四）法律、行政法规规定的其他条件。

经营劳务派遣业务，应当向劳动行政部门依法申请行政许可；经许可的，依法办理相应的公司登记。未经许可，任何单位和个人不得经营劳务派遣业务。

第五十八条　劳务派遣单位是本法所称用人单位，应当履行用人单位对劳动者的义务。劳务派遣单位与被派遣劳动者订立的劳动合同，除应当载明本法第十七条规定的事项外，还应当载明被派遣劳动者的用工单位以及派遣期限、工作岗位等情况。

劳务派遣单位应当与被派遣劳动者订立二年以上的固定期限劳动合同，按月支付劳动报酬；被派遣劳动者在无工作期间，劳务派遣单位应当按照所在地人民政府规定的最低工资标准，向其按月支付报酬。

第五十九条　劳务派遣单位派遣劳动者应当与接受以劳务派遣形式用工的单位(以下称用工单位)订立劳务派遣协议。劳务派遣协议应当约定派遣岗位和人员数量、派遣期限、劳动报酬和社会保险费的数额与支付方式以及违反协议的责任。

用工单位应当根据工作岗位的实际需要与劳务派遣单位确定派遣期限，不得将连续用工期限分割订立数个短期劳务派遣协议。

第六十条　劳务派遣单位应当将劳务派遣协议的内容告知被派遣劳动者。

劳务派遣单位不得克扣用工单位按照劳务派遣协议支付给被派遣劳动者的劳动报酬。

劳务派遣单位和用工单位不得向被派遣劳动者收取费用。

第六十一条　劳务派遣单位跨地区派遣劳动者的，被派遣劳动者享有的劳动报酬和劳动条件，按照用工单位所在地的标准执行。

第六十二条　用工单位应当履行下列义务：

(一) 执行国家劳动标准，提供相应的劳动条件和劳动保护；

(二) 告知被派遣劳动者的工作要求和劳动报酬；

(三) 支付加班费、绩效奖金，提供与工作岗位相关的福利待遇；

(四) 对在岗被派遣劳动者进行工作岗位所必需的培训；

(五) 连续用工的，实行正常的工资调整机制。

用工单位不得将被派遣劳动者再派遣到其他用人单位。

第六十三条　被派遣劳动者享有与用工单位的劳动者同工同酬的权利。用工单位应当按照同工同酬原则，对被派遣劳动者与本单位同类岗位的劳动者实行相同的劳动报酬分配办法。用工单位无同类岗位劳动者的，参照用工单位所在地相同或者相近岗位劳动者的劳动报酬确定。

劳务派遣单位与被派遣劳动者订立的劳动合同和与用工单位订立的劳务派遣协议，载明或者约定的向被派遣劳动者支付的劳动报酬应当符合前款规定。

第六十四条　被派遣劳动者有权在劳务派遣单位或者用工单位依法参加或者组织工会，维护自身的合法权益。

第六十五条　被派遣劳动者可以依照本法第三十六条、第三十八条的规定与劳务派遣单位解除劳动合同。

被派遣劳动者有本法第三十九条和第四十条第一项、第二项规定情形的，用工单位可以将劳动者退回劳务派遣单位，劳务派遣单位依照本法有关规定，可以与劳动者解除劳动合同。

第六十六条　劳动合同用工是我国的企业基本用工形式。劳务派遣用工是补充形式，只能在临时性、辅助性或者替代性的工作岗位上实施。

前款规定的临时性工作岗位是指存续时间不超过六个月的岗位；辅助性工作岗位是指为主营业务岗位提供服务的非主营业务岗位；替代性工作岗位是指用工单位的劳动者因脱产学习、休假等原因无法工作的一定期间内，可以由其他劳动者替代工作的岗位。

用工单位应当严格控制劳务派遣用工数量，不得超过其用工总量的一定比例，具体比例由国务院劳动行政部门规定。

第六十七条　用人单位不得设立劳务派遣单位向本单位或者所属单位派遣劳动者。

第三节　非全日制用工

第六十八条　非全日制用工，是指以小时计酬为主，劳动者在同一用人单位一般平均每日工作时间不超过四小时，每周工作时间累计不超过二十四小时的用工形式。

第六十九条　非全日制用工双方当事人可以订立口头协议。

从事非全日制用工的劳动者可以与一个或者一个以上用人单位订立劳动合同；但是，后订立的劳动合同不得影响先订立的劳动合同的履行。

第七十条　非全日制用工双方当事人不得约定试用期。

第七十一条　非全日制用工双方当事人任何一方都可以随时通知对方终止用工。终止用工，用人单位不向劳动者支付经济补偿。

第七十二条　非全日制用工小时计酬标准不得低于用人单位所在地人民政府规定的最低小时工资标准。

非全日制用工劳动报酬结算支付周期最长不得超过十五日。

第六章　监　督　检　查

第七十三条　国务院劳动行政部门负责全国劳动合同制度实施的监督管理。

县级以上地方人民政府劳动行政部门负责本行政区域内劳动合同制度实施的监督管理。

县级以上各级人民政府劳动行政部门在劳动合同制度实施的监督管理工作中，应当听取工会、企业方面代表以及有关行业主管部门的意见。

第七十四条　县级以上地方人民政府劳动行政部门依法对下列实施劳动合同制度的情况进行监督检查：

（一）用人单位制定直接涉及劳动者切身利益的规章制度及其执行的情况；

（二）用人单位与劳动者订立和解除劳动合同的情况；

（三）劳务派遣单位和用工单位遵守劳务派遣有关规定的情况；

（四）用人单位遵守国家关于劳动者工作时间和休息休假规定的情况；

（五）用人单位支付劳动合同约定的劳动报酬和执行最低工资标准的情况；

（六）用人单位参加各项社会保险和缴纳社会保险费的情况；

（七）法律、法规规定的其他劳动监察事项。

第七十五条　县级以上地方人民政府劳动行政部门实施监督检查时，有权查阅与劳动合同、集体合同有关的材料，有权对劳动场所进行实地检查，用人单位和劳动者都应当如实提供有关情况和材料。

劳动行政部门的工作人员进行监督检查，应当出示证件，依法行使职权，文明执法。

第七十六条　县级以上人民政府建设、卫生、安全生产监督管理等有关主管部门在各自职责范围内，对用人单位执行劳动合同制度的情况进行监督管理。

第七十七条　劳动者合法权益受到侵害的，有权要求有关部门依法处理，或者依法申请仲裁、提起诉讼。

第七十八条　工会依法维护劳动者的合法权益,对用人单位履行劳动合同、集体合同的情况进行监督。用人单位违反劳动法律、法规和劳动合同、集体合同的,工会有权提出意见或者要求纠正;劳动者申请仲裁、提起诉讼的,工会依法给予支持和帮助。

第七十九条　任何组织或者个人对违反本法的行为都有权举报,县级以上人民政府劳动行政部门应当及时核实、处理,并对举报有功人员给予奖励。

第七章　法律责任

第八十条　用人单位直接涉及劳动者切身利益的规章制度违反法律、法规规定的,由劳动行政部门责令改正,给予警告;给劳动者造成损害的,应当承担赔偿责任。

第八十一条　用人单位提供的劳动合同文本未载明本法规定的劳动合同必备条款或者用人单位未将劳动合同文本交付劳动者的,由劳动行政部门责令改正;给劳动者造成损害的,应当承担赔偿责任。

第八十二条　用人单位自用工之日起超过一个月不满一年未与劳动者订立书面劳动合同的,应当向劳动者每月支付二倍的工资。

用人单位违反本法规定不与劳动者订立无固定期限劳动合同的,应当自订立无固定期限劳动合同之日起向劳动者每月支付二倍的工资。

第八十三条　用人单位违反本法规定与劳动者约定试用期的,由劳动行政部门责令改正;违法约定的试用期已经履行的,由用人单位以劳动者试用期满月工资为标准,按已经履行的超过法定试用期的期间向劳动者支付赔偿金。

第八十四条　用人单位违反本法规定,扣押劳动者居民身份证等证件的,由劳动行政部门责令限期退还劳动者本人,并依照有关法律规定给予处罚。

用人单位违反本法规定,以担保或者其他名义向劳动者收取财物的,由劳动行政部门责令限期退还劳动者本人,并以每人五百元以上二千元以下的标准处以罚款;给劳动者造成损害的,应当承担赔偿责任。

劳动者依法解除或者终止劳动合同,用人单位扣押劳动者档案或者其他物品的,依照前款规定处罚。

第八十五条　用人单位有下列情形之一的,由劳动行政部门责令限期支付劳动报酬、加班费或者经济补偿;劳动报酬低于当地最低工资标准的,应当支付其差额部分;逾期不支付的,责令用人单位按应付金额百分之五十以上百分之一百以下的标准向劳动者加付赔偿金:

(一) 未按照劳动合同的约定或者国家规定及时足额支付劳动者劳动报酬的;

(二) 低于当地最低工资标准支付劳动者工资的;

(三) 安排加班不支付加班费的;

(四) 解除或者终止劳动合同,未依照本法规定向劳动者支付经济补偿的。

第八十六条　劳动合同依照本法第二十六条规定被确认无效,给对方造成损害的,有过错的一方应当承担赔偿责任。

第八十七条　用人单位违反本法规定解除或者终止劳动合同的,应当依照本法第四十七条规定的经济补偿标准的二倍向劳动者支付赔偿金。

第八十八条　用人单位有下列情形之一的，依法给予行政处罚；构成犯罪的，依法追究刑事责任；给劳动者造成损害的，应当承担赔偿责任：

（一）以暴力、威胁或者非法限制人身自由的手段强迫劳动的；

（二）违章指挥或者强令冒险作业危及劳动者人身安全的；

（三）侮辱、体罚、殴打、非法搜查或者拘禁劳动者的；

（四）劳动条件恶劣、环境污染严重，给劳动者身心健康造成严重损害的。

第八十九条　用人单位违反本法规定未向劳动者出具解除或者终止劳动合同的书面证明，由劳动行政部门责令改正；给劳动者造成损害的，应当承担赔偿责任。

第九十条　劳动者违反本法规定解除劳动合同，或者违反劳动合同中约定的保密义务或者竞业限制，给用人单位造成损失的，应当承担赔偿责任。

第九十一条　用人单位招用与其他用人单位尚未解除或者终止劳动合同的劳动者，给其他用人单位造成损失的，应当承担连带赔偿责任。

第九十二条　劳务派遣单位违反本法规定的，由劳动行政部门和其他有关主管部门责令改正；情节严重的，以每人一千元以上五千元以下的标准处以罚款，并由工商行政管理部门吊销营业执照；给被派遣劳动者造成损害的，劳务派遣单位与用工单位承担连带赔偿责任。

第九十三条　对不具备合法经营资格的用人单位的违法犯罪行为，依法追究法律责任；劳动者已经付出劳动的，该单位或者其出资人应当依照本法有关规定向劳动者支付劳动报酬、经济补偿、赔偿金；给劳动者造成损害的，应当承担赔偿责任。

第九十四条　个人承包经营违反本法规定招用劳动者，给劳动者造成损害的，承包的组织与个人承包经营者承担连带赔偿责任。

第九十五条　劳动行政部门和其他有关主管部门及其工作人员玩忽职守、不履行法定职责，或者违法行使职权，给劳动者或者用人单位造成损害的，应当承担赔偿责任；对直接负责的主管人员和其他直接责任人员，依法给予行政处分；构成犯罪的，依法追究刑事责任。

第八章　附　　则

第九十六条　事业单位与实行聘用制的工作人员订立、履行、变更、解除或者终止劳动合同，法律、行政法规或者国务院另有规定的，依照其规定；未作规定的，依照本法有关规定执行。

第九十七条　本法施行前已依法订立且在本法施行之日存续的劳动合同，继续履行；本法第十四条第二款第三项规定连续订立固定期限劳动合同的次数，自本法施行后续订固定期限劳动合同时开始计算。

本法施行前已建立劳动关系，尚未订立书面劳动合同的，应当自本法施行之日起一个月内订立。

本法施行之日存续的劳动合同在本法施行后解除或者终止，依照本法第四十六条规定应当支付经济补偿的，经济补偿年限自本法施行之日起计算；本法施行前按照当时有关规定，用人单位应当向劳动者支付经济补偿的，按照当时有关规定执行。

第九十八条　本法自 2008 年 1 月 1 日起施行。

第四节 创业风险与防范

目前我国大学生创业还仅仅处于起步阶段，自主创业的实际人数不多，占大学生总数的比例不大。大学生在创业过程中要认真分析自己可能会遇到哪些风险，这些风险中哪些是可以控制的，哪些是不可控制的，哪些是需要极力避免的，哪些是致命的或不可管理的。一旦这些风险出现，应如何应对和化解。特别需要注意的是，一定要明白最大的风险是什么，最大的损失可能有多少，自己是否有能力承担并渡过难关。

一、大学生创业的风险

1．盲目选择创业项目

目前，大学生创业的项目选择多集中在高科技领域和智力服务领域，如软件开发、网络服务、网页制作、家教中介、设计工作室等。大学生如果缺乏前期的市场调研和论证，没有明确的创业思路，只是凭自己的兴趣和想象来决定投资的方向，甚至仅凭一时的心血来潮就决定干哪一行，是很容易招致失败的。对于创业中的挫折和失败，许多创业者感到十分痛苦茫然，甚至沮丧消沉。

2．缺乏创业技能

很多大学生创业者眼高手低，当创业计划转变为实际操作时，才发现自己根本不具备解决问题的能力，这样的创业无异于纸上谈兵。市场瞬息万变，时刻都有风险，防范风险只能靠自己的本领。一方面，在校期间应有意识地参与创业实践活动，积累相关的管理和营销经验；另一方面，应积极参加创业教育培训，积累创业知识，接受专业指导，提高创业成功率。

3．存在融资诈骗或者资金匮乏的风险

创业应具备资金、市场、人才和产品或服务等要素。融资是企业资本运动的起点，也是企业收益分配赖以遵循的基础。足够的资本规模，可以保证企业投资的需要；合理的资本结构，可以降低和规避融资风险；融资方式的妥善搭配，可以降低资本成本。因此，融资机制的形成，直接决定和影响企业的经营活动以及企业财务目标的实现。除了银行贷款、自筹资金等传统方式外，还可以充分利用风险投资、创业基金等融资渠道。

有时有些毕业生急于将自己的创业构想变成现实，造成"偷鸡不成蚀把米"的后果。不法之徒抓住了创业大学生急于融资的心态，以帮助投资、融资为诱饵，要求企业事先提交保险金，之后销声匿迹、卷款潜逃，这样的案例经常见诸媒体报道。

4．社会资源贫乏

企业创建、市场开拓、产品推介等工作都需要调动社会资源。大学生在校期间进行创业策划利用的社会资源相对较少，有老师同学的帮助支持，无需太多宣传公关。当走入社会实施创业时，在宣传广告、市场营销、工商税务等方面将会遇到很多挫折和困难，耗费很大精力。大学生在这方面会感到非常吃力。平时应多参加各种社会实践活动，扩大自己

人际交往的范围。创业前，可以先到相关行业领域工作一段时间，通过这个平台，为自己日后的创业积累人脉。

5. 存在管理不规范

一些大学生创业者虽然技术出类拔萃，但理财、营销、沟通、管理方面的能力普遍不足。要想创业成功，大学生创业者必须技术、经营两手抓，可从合伙创业、家庭创业或从虚拟店铺开始，锻炼创业能力，也可以聘用职业经理人负责企业的日常运作。创业不光是对产品有一个创新，也不止是能吃苦耐劳，最主要的还是要有一定的管理能力。一个聪明的创业者往往不需要自己去努力，而是利用管理魅力让别人来帮助自己实现创业的梦想。大学生缺少的正是这一点，因此学习和掌握管理常识也是很有必要的。

6. 风险意识的缺失

对于自主创业的大学生来说，最大的风险主要是来自缺少风险意识，或者说对于规避风险存在较大的依赖性。大学生的市场观念较为淡薄，现在的投资人看重的是创业者的创业计划真正的技术含量有多高，在多大程度上是不可复制的，以及市场盈利的潜力有多大。其实，真正能引起投资人兴趣的并不一定是那些先进得不得了的东西，相反，对那些技术含量一般，但却能切中市场需求的产品或服务，常常会得到投资人的青睐。同时，创业者应该有非常明确的市场营销计划，能强有力地证明盈利的可能性。

7. 法律意识以及相关政策知识的缺失

如果创业者不熟悉基本的法律规范，在经营中就容易上当受骗，或者有意无意中触犯国家的法律法规，给自己带来不必要的麻烦或损失。中国大学生创业制度环境其实还不完善，但是随着国家对大学生创业支持力度的不断加大，各地区在融资服务、场地支持、税费减免、开业专家指导、开业能力提升、鼓励科技创业、非正规就业孵化器等七个方面纷纷出台优惠政策扶持大学生创业。因此，大学生在创业时一定注意"用足"这些政策，这样可大大减少创业初期的成本，降低创业风险。

二、大学生创业风险的防范

1. 降低现金风险的防范

向有经验的专家请教；经常评估现金状况；理解利润与现金以及现金与资产的区别，经常分析它们之间的差额；节约使用现金。现金管理上应注意接受订货任务要与现金能力相适应；不将用于原材料、在制品、成品和清偿债务的短期资金移作固定资产投资。

2. 降低开业风险的防范

在自己最熟悉的行业办企业；制定符合实际的，而不是过分乐观的计划；在预测资金流动时，对收入要谨慎一点，对支出要留有余地，一般要留出所需资金10%的准备金，以应付意外；没有足够资金不要勉强上项目，发现问题时要立即调整。

3. 降低市场风险的防范

以市场及消费者的需求为生产的出发点；时刻关注市场变化，善于抓住机会；广泛收集市场情报，并加以分析比较，制定有效的市场营销策略；摸清竞争对手底细，发现其创业思路与弱点；对各种成本精打细算，杜绝不必要的费用；健全符合自身产品特点的销售渠道网络；充分了解各主管机关职能及人员构成情况；以良好诚信的售后服务赢得顾客青睐。

4. 降低人员风险的防范

建立完善的雇员选择标准，综合考虑技术能力和合作能力两个因素；建立合理的信息沟通及汇报制度，使创业者能充分掌握员工及企业动态；制定有效的投资力度，从长计议，加强员工内部凝聚力；无论人员来源，寻找最胜任工作的人选；记录并跟踪新雇员情况，熟悉各个职员素质及发展，做到人尽其才；友好对待并鼓励新雇员，使其早日适应新环境，进入工作角色。

5. 降低财务风险的防范

为了应付财务风险，领导班子要有适当分工，密切监控和防范财务风险；向专家和银行咨询，选择最佳的资金来源以及最合适时机和方式筹措资金。

6. 降低技术风险的防范

综合考虑企业自身技术能力、资金量和所需时间，选择技术获得途径；若选择引进技术，则要在引进技术前对所引进技术的先进性、经济性和适用性进行评价；加强对员工的技术培训，提高员工对高科技设备的操作熟练度，减少不必要的风险损失。

大学生创业是一件比较困难的事，因为创业过程中必然会面对许多压力和挑战，但是大学生创业也有很多优势。首先，大学生对未来充满希望，他们有着年轻的血液，蓬勃的朝气，以及"初生牛犊不怕虎"的精神。其次，大学生在学校学习了很多理论知识，而这些知识在创业过程中必然会起到不可估量的作用，因为时代在发展，大学生创业一开始必定会走向高科技、高技术含量的领域，一些风险投资家往往就是因为看中了大学生所掌握的先进技术，而愿意对其创业计划进行资助。最后，大学生具有创新精神，有对传统观念和传统行业挑战的信心和欲望，这有利于新型行业的发展和崛起。值得提醒的是，大学生创业首先要考虑自身条件，在做出创业选择时一定要慎重。由于大学生都是刚刚走出校园的学生，都还年轻，所以不要害怕创业失败，失败了可以重新再来，最重要的是一定要有恒心和毅力，同时为了自己的梦想不懈地拼搏奋斗。

【案例 8-1】　　　　　　　　　　**试验不足造成巨额损失**

张先生与开发出计算机远程控制全色护栏灯的朋友合作，注册了一家公司，拟进行产品的推广。刚刚做出样机，就有客户找上门来，看到计算机模拟演示效果后，便签订了一个很大的工程订单，由于工期较紧，便直接开始大批量生产，投入工程安装。由于抗干扰性能不过关，导致客户退货，造成了巨大的经济损失。没有进行充分的产品可靠性试验，尤其是缺乏模拟现场工况的试验，是该项目失败的主要原因。

【案例 8-2】　　　　　　　　　　**将鞋子卖给非洲土著人**

在美国有一间鞋子制造厂。为了扩大市场，工厂老板便派一名市场调研员到非洲一个孤岛上调查市场。那名市场调研员一抵达，发现当地的人们都没有穿鞋子的习惯，回到旅馆，他马上拍发电报告诉老板说："这里的居民从不穿鞋，此地无市场。"当老板接到电报后，思索良久，便吩咐另一名市场调研员去实地调查。当这名市场经理一见到当地人们赤足，没穿任何鞋子的时候，心中兴奋万分，一回到旅馆，马上电告老板："此岛居民无鞋穿，市场潜力巨大，快寄一百万双鞋子过来。"得到两个明显不同的结果，老板也为难了，最后，派出了第三个市场调研员。一个月后，第三个市场调研员向老板汇报：那里的居民都没穿鞋，因此那里市场很大，但市场需教育引导启动；另外那里的居民很穷，根本没钱买我们的鞋，不过那里盛产世界上最甜的菠萝，若我们能让那里的居民用菠萝换我们的鞋，然后我们再将菠萝运出换成钞票，那里对我们将是一个美妙的市场。

【案例 8-2】　　　　　　　　　　**有班不上加盟连锁**

2015 年 4 月 1 日，烟台大学人文学院大三的男生小李的新店开张了，取名"天下第一粉"，专做重庆的特色小吃酸辣粉，开张第一天人满为患。小李已在老家找好了工作，在老家的一所高中当语文教师，可小李说，他不满足那种按部就班的上班族生活，更青睐自己创业。他做通了家里的工作，先在学校干点小生意，练练手，为今后走上社会积累经验。2015 年 3 月，他联系到青岛台东八路的"天下第一粉"连锁店，花 5000 元学费将手艺学到手，开了这家店。

小李说，家里给了他五万元创业费，租门面花了 2.5 万元，加盟费花了 5000 元，买设备花了 3000 元，加上其他等各种费用后所剩无几，只留下了周转资金用来进货。酸辣粉 5 块钱一份，每份能赚 2 块钱，每天都能卖出去 60 多份。当记者问及创业风险时，小李说，自己创业虽有风险，但却能从中学到很多东西，这是用金钱难以买到的。

【案例 8-3】　　　　　　　　　　**创业不是为了赚钱**

广西大学大三男生小杨个性开朗，他与同学合伙经营的小服装店已红红火火地热卖一年了。小杨称，他一直是背着家里人开店创业的，如果家里知道了，一定不会让他干下去。因为没有启动资金，小杨刚开始每学期开学的学杂费就会先期投到店里来，等一学期下来，赚够了学费再补交上去。现在，小杨每月都有几千元的进项。虽然平时每隔一两个周都要到北京、上海、西安等地去进货，但他把时间搭配的非常有条理，课程并未受到影响。由于怕耽误上课，他还从校外雇了个人来看店，每月给的工资不低于社会上同样的工种，俨然一个标准的学生小老板了。

尽管小店经营的有声有色，小杨却称，他创业并不是为赚钱，老家有产业，但他也不想回去，他准备考研，继续给自己充电，等过段时间就把旺铺转让出去。

第九章

创 业 过 程

第一节　创 业 项 目

一、创业项目的渠道

投资项目从信息渠道上大体可以分为四大类：

一是各省、市、区重点关注的政府有关部门、国务院各部委。

例如，国家发改委能源局表示：未来 5 年我国将投资 100 亿元利用太阳能资源。我们可以得出两方面的项目信息：建立太阳能发电站的项目信息与制造太阳能发电设备的项目信息。又如，国家商务部经常发布国家进口货物信息，这些信息说明我国市场目前短缺的物资，从这些信息中我们或许可以提炼出一些好项目。

二是科研院所、大专院校和企业、事业单位。

科研院所、大专院校有很多优秀的科技成果，需要转化为项目，如生物工程的应用，纳米材料在医药、建材等方面的应用等。我们有的一些优秀大中型企业在技改、产品深加工等方面寻求合作或配套时也会有很多好项目。

三是各类投资贸易洽谈会、行业性的专门会议、名特优的展览、高科技产品等展览都会开阔眼界，寻觅到一些商机。

四是技术、商品、生产资料交易中心和各级各类驻外机构等。

上海技术交易中心每年交易额都在上千亿元，蕴藏着极大的商机。收集项目信息的工具及媒介主要有互联网、报纸杂志、广播电视等。互联网是我们进行消息收集工作最重要的手段和工具。它是链接外部世界的窗口，信息量大、涉及面广、时效性强，是目前最快的消息来源，是收集项目信息最便捷的通道。在互联网上的搜索引擎中，只要输入"项目"，我们就能很快进入中国项目网及其相关的网站、网页。寻找项目的重要网站有：中国项目网、中国专利信息网、中国技术交易网、中国经济信息网及国务院部委网等。各种经济类的报纸杂志是我们寻找项目的主要媒介，但要做好平时的收集、分类整理工作，可在计算机上建立分类文档，按新技术、新材料、新产品或按行业分类，用时就会很方便。

二、创业项目的来源

(一) 拉动型——现有问题

创业项目的种类不同，创业的前景以及资料都不相同。与社会现有问题相比较，创业项目的选择对于拉动社会经济以及前景有着重要的作用，现有问题的解决代表创业项目的前景性与执行性。

(二) 推动型——未来趋势

创业项目对于社会发展以及行业的进步都有着重大的意义。选择一个好的创业项目，与未来社会的发展相结合，在很大程度上会对项目起到一个推动作用。

创业者是发展高新技术产业的主体，极具能动性，通过创业者的能动性可以推动风险投资体系的完善。但是创业者赢得风险投资并不是创业成功的标志，只有新产品或服务经受住市场的考验，产生经济效益，才是真正的创业成功。这就要求创业者不仅有创造性和盈利潜力的完整的创业计划，还必须愿意和能够说服各种各样的人，诸如风险投资商、相关产业的公司经理、政府官员和顾客，这样才能真正让自己的事业为更多的人所接受。

(三) 资源型——闲置资源

现今社会许多资源处于闲置、浪费状态，如果能够利用闲置资源，在创业的同时又减少了社会垃圾的产生，利用资源创造发现更好的、更新颖的创业项目，是一种挑战，更是一种不可多得的机遇。

闲置资源大致可以分为三大类：闲置资产(汽车、住房、设备等)、闲置技能(不作为主业的特长、技能)、闲置时间(非正常营业时间)。随着移动互联网的普及，工作生活节奏的加快，个人闲置时间又出现了更为细分的碎片时间(等电梯、等公交或上班的短途时间)，这些都是可供考虑和挖掘的创业点。

三、创业模式的选择

(一) 网络创业

目前，网络创业主要有两种形式：网上开店(在网上注册成立网络商店)和网上加盟(以某个电子商务网站门店的形式，利用母体网站的货源和销售渠道经营)。

优势：门槛低、成本少、风险小、方式灵活，特别适合初涉商海的创业者。像易趣、淘宝等知名商务网站，有比较完善的交易系统、交易原则、支付方式和成熟的客户群，每年还会投入大量的宣传费用。

需要提醒的是，对初次尝试网上创业的人来说，事先要进行多方调研，选择既适合自己产品特点又具有较高访问量的电子商务平台。

(二) 加盟创业

分享品牌金矿、分享经营诀窍、分享资源支持，连锁加盟凭借诸多的优势，成为极受青睐的创业新方式。目前，连锁加盟有直营、委托加盟、特许加盟等形式。

优势：加盟创业的最大特点是利益共享，风险共担。创业者只需支付一定的加盟费，就能借用加盟商的金字招牌，并利用现成的商品和市场资源，还能长期得到专业指导和配套服务，创业风险也有所降低。

需要提醒的是，随着连锁加盟市场规模的不断扩大，鱼龙混杂现象日趋严重，一些不法者利用加盟圈钱的事件屡有曝光。因此，创业者在选择加盟项目时要有理性的心态，事先进行充足的准备，包括项目资料、实地考察、分析市场等，并结合自身实际情况再决定。

(三) 兼职创业

对上班族来说，如果头脑活络，有钱又有闲，想"钱生钱"又不愿意放弃现有工作，那么兼职做老板应该是最佳选择。

优势：对上班族来说，兼职创业既无须放弃本职工作，又能充分利用在工作中积累的商业资源和人脉关系创业，实现鱼和熊掌兼得的梦想，而且进退自如，大大减少了创业风险。

需要提醒的是，兼职创业需要在主业和副业、工作和家庭等几条战线上同时作战，对创业者的精力、体力、能力、忍耐力都是极大的考验，因此要量力而行。

(四) 团队创业

团队创业成功的概率要远高于个人独自创业。一个由研发、技术、市场、融资等各方面优势互补组成的创业团队，是创业成功的法宝，对高科技创业企业来说，更是如此。

优势：一群人同心协力，集合各自的优势，共同创业，其产生的群体的智慧和能量，远远大于个体。

需要提醒的是，团队创业时，最重要的是考虑成员之间的知识、资源、能力或技术上的互补，这种互补将有助于强化团队成员间彼此的合作。

(五) 大赛创业

大学生创业大赛移植于美国的商业计划竞赛，此类竞赛旨在为参赛者展示项目、获得资金提供平台，Yahoo、Netscape 等企业都是从商业竞赛中脱颖而出的，因此此类竞赛被形象地称为创业"孵化器"。

优势：创业大赛不仅为大学生创业者闪亮登场提供了舞台，更重要的是提供了锻炼能力、转变观念的宝贵机会。对大学生来说，创业大赛是创业"试金石"，通过这个平台，可熟悉创业程序，储备创业知识，积累创业经验，接触和了解社会。

需要提醒的是，撰写创业计划书是创业大赛的核心部分，并决定着能否吸引投资商的兴趣。一份完善、科学、务实的计划书，就是大学生坚实的"创业基石"。但是很多大学生的创业计划书由于受到知识、经验的限制，存在对目标市场和竞争对手缺乏了解，分析时采用的数据经不起推敲等诸多问题。这些问题不解决好，创业大赛只能是"纸上谈兵"。

(六) 概念创业

概念创业，顾名思义就是凭借创业、点子、想法创业。当然，这些创意概念必须标新立异，至少在打算进入的行业或领域是个创举，只有这样，才能抢占市场先机，才能吸引风险投资商的眼球。同时，这些超常规的想法还必须具有可操作性，并非天方夜谭。

优势：概念创业具有点石成金的神奇作用，对于本身没有很多资源的创业者，可通过独特的创意来获得各种资源，包括资金、人才等。

需要提醒的是，创业需要创意，但创意不等同于创业，创业还需要在创意的基础上，融合技术、资金、人才、市场经验、管理等各种因素，如果仅凭借着点子贸然行动，基本上是行不通的。

四、创业项目选择遵循的原则

创业项目选择应遵循以下原则：

(1) 选择创业项目时必须选择趋势性的、有前景的朝阳产业。

这是好行业、好产品的第一个必备特性。所谓的朝阳产业，指的是这个产业或产品在未来的10～20年中将很有前景、很有市场，将被消费者广泛地接受和使用。大多数的富豪都因为具有超前的智慧与眼光，选择了很有前景的朝阳产业才成为亿万富豪。比如世界首富比尔·盖茨，他在大学时期就具备了超人的智慧和眼光，他清晰地看到，在未来的生活中，人人将离不开电脑，家家户户都将拥有电脑，因而毅然放弃学业，创立了微软公司，致力于小型家庭电脑及应用软件的开发。因为他当初选择了世界上最有前景的朝阳产业，所以今天他是世界首富。

(2) 创业项目所选择的行业必须是市场空间大、竞争对手较少的行业。

很多人在选择行业的时候，往往看到别人在一个行业中赚到了钱，然后也跟着去从事那个行业，其实这是一种严重的错误。为什么呢？因为你不是在这个地域中最早从事这个行业的人，大块的市场和利润已经被别人所占领，你会模仿，其他人也会模仿，最后的结局就是大鱼吃小鱼，实力弱的被淘汰出局。举个例子：在十几年前，福建地区很少有人销售茶叶、开茶庄，所以短短的几年时间，早期的极少数经营茶叶生意的人赚了大钱，结果很多人看到卖茶叶能赚钱就蜂拥而上，竞相模仿，如今一个小小的城市往往有几百人、甚至上千人在开茶叶店，做茶叶生意，请问：这些人能赚大钱吗？当然不是完全不可能，但毕竟很难，因为整个市场利润都被瓜分了，因此选择好行业的第二个原则就是：市场空间大，竞争对手少，也就是说还没有人或很少人从事的时候，你要抢先一步，才有可能领先一路。

(3) 选择创业项目时，要选择市场需求量大的行业，高需求才能赚钱。

劳斯莱斯轿车是专门针对社会最上层人士所设计的价格高昂的轿车，但这家公司并不是世界上最赚钱的汽车公司，反而比本田、丰田、福特等汽车厂赚的钱少，为什么呢？原因很简单：销量不大，99.99%以上的消费者买不起。另外一个例子：台湾的7-11便利店24小时营业，各地共有2000家分店，生意都很好，每家分店都有卖一种东西：茶叶蛋。假设每个茶叶蛋7-11便利店赚0.30元，每家分店每天平均卖500个茶叶蛋，那么7-11便利店光茶叶蛋的利润为0.3元×500个×2000家×30天×12月=1.08亿元/年。所以说，高需求才能赚钱，我们要经营的行业及产品要尽可能是人人都要用、家家户户都需要的产品，这是行业选择的第三个原则。

(4) 选择创业项目要投资合理、利润合理、回报较高。

薄利多销当然也能赚大钱，但是如果两款产品销售量相同但利润不同，是不是经营利润高的产品能赚更多的钱？所以选择创业行业的第四个原则就是：尽可能去选择利润较高的行业或产品，而且最好投资不大(投资越大，风险越高)，却能带来长期的高回报利润。

(5) 选择创业项目时要选择相对售后服务少的行业。

这也是衡量好行业的一个标准。如果选择的是需要长期不断地做售后服务的行业，创业者将会浪费很多宝贵的时间和精力。因为售后服务通常是不赚钱的，但为了长期拥有客户及良好的信誉，创业者必须随时准备为客户服务，随叫随到，而且经常会碰到一些不是很友善的客户，让人十分头疼。

(6) 选择创业项目时尽可能寻找自己熟悉的行业。

"所谓做熟不做生"就是这个道理，也许很多人有资金，但对一些自己有能力进入的行业又不太熟悉，在这种情况下，就要寻找该行业内运作经验丰富、可以为你下一步创业提供具体指导的品牌公司，采取加盟的方式，来弥补自己的不足。

(7) 选择创业项目时考虑退出成本低的行业。

尽量不要选择需要投入大量基础设施的行业，因为此类行业的退出成本高，会增加经营风险。退出成本包括存货的处理、设备处理难度等。

(8) 选择创业项目时，自己要考虑进入能充分发挥自己优势的行业。

这些优势包括自己的人脉优势、自己的行业经验、自己的性格特点等。

(9) 选择创业项目时，寻找自己适合的行业。

有的创业行业对资金量要求大，就不能勉强涉足。有的行业风险很高，如果你的抗风险能力不强，或不喜欢高风险投资，就要避开。有的行业投资回收期很长，或者回报率太低，也不适合创业。只有选对了创业项目，创业才可能成功。

五、创业的实施途径

(一) 学习途径

创业者通过课堂学习能拥有过硬的专业知识，在创业过程中将受益无穷；大学图书馆通常能找到创业指导方面的报刊和图书，广泛阅读能增加对创业市场的认识；大学社团活动能锻炼各种综合能力，这是创业者积累经验必不可少的实践过程。

(二) 媒体资讯

一是纸质媒体，人才类、经济类媒体是首要选择，例如比较专业的《21世纪人才报》、《21世纪经济报道》、《IT经理世界》等。

二是网络媒体，管理类、人才类、专业创业类网站是必要选择，例如中国营销传播网、中华英才网、中华创业网、人才中国网、校导网等。此外，从各地创业中心、创新服务中心、大学生科技园、留学生创业园、科技信息中心、知名的民营企业的网站等都可以学到创业知识。

(三) 与人交流

商业活动无处不在。可以在生活的周围，与有创业经验的亲朋好友交流。在他们那里，可以得到最直接的创业技巧与经验，有时比看书本的收获更多。还可以通过电子邮件和电话拜访商界人士，或咨询与自己的创业项目有密切联系的商业团体，争取得到他们的支持。

(四) 曲线创业

先就业、再创业是时下很多学生的选择。毕业后，由于自己各方面阅历和经验都不够，可以先到实体单位锻炼几年，等积累了一定的知识和经验再创业。

先就业、再创业的学生跳槽后，所从事的创业项目通常也是与过去的工作密切相关的。

而在准备创业的过程中，创业者可以利用与专业人士交流的机会获得更多的来自市场的创业知识。

(五) 创业实践

真正的创业实践开始于创业意识萌发之时。大学生的创业实践是学习创业知识的最好途径。

间接的创业实践学习可借助学校举办的某些课程的角色性、情景性模拟参与来完成。例如积极参加校内外举办的各类大学生创业大赛、工业设计大赛等，对知名企业家成长经历、知名企业经营案例开展系统研究等属间接学习范畴。

直接的创业实践学习可通过课余时间来完成(例如在大学校园做饮水机清洗消毒有偿服务等，假期在外兼职打工、试办公司、试申请专利、试办著作权登记、试办商标申请等)，也可通过举办创意项目活动、创建电子商务网站、谋划书刊出版事宜等多种方式来完成。

(六) 校园代理

大学生由于经验、能力、资本等方面都存在不足，直接创业会存在很大困难，既不现实，成功率也很低，而校园代理对经验、资金等方面一般没有太高要求，可以利用课余时间代理校园畅销产品，积累市场经验，锻炼创业能力。做校园代理没有成败之分，对于大学生来说多多益善，如果做得较好，还可以积累一定的资金。总之，通过校园代理可以为毕业后的创业之路准备必要的物质和精神条件。

创业知识广泛存在于大学生的学习、生活之中，只要善于发现，总能找到施展才华的途径，但在信息泛滥的社会里，"去粗取精，去伪存真"也是很重要的。善于学习和总结永远是成功者的座右铭。

(七) 个人网店

大学生是最具活力的群体，也是新技术和新潮流的引导者与受益方。由于网络购物的方便性、直观性，越来越多的人在网络上购物。一些人即使不买，也会去网上了解自己将要买的商品的市场价。此时，一种点对点、消费者对消费者之间的网络购物模式开始兴起，如国外的 ebay、国内的淘宝网，吸引了越来越多的个人在网上开店，在线销售商品，引发了一股个人开网店的热潮。

(八) 城市嘉年华

在中小学生的寒暑假期间，组织艺术、动漫专业的学生开展城市 Cosplay 展；可租用或借用学校的操场，借助人气招揽学生用品摊位、小吃摊，组织城市游乐嘉年华；考虑到风险因素，可以租借可移动的充气城堡、电动玩具、动漫水世界等城市移动狂欢嘉年华项目。

六、创业项目的评估

(一) 可行性评估——SWOT 分析法

在企业战略管理的理论中，有一个对企业或项目的优势、劣势、机会和威胁的全面评估的方法，称为 SWOT 分析法，后来这个方法被广泛应用于分析各类竞争问题。这是一个客观性的分析方法，是评估一个项目是否可行的主要依据。其中 S 代表优势(Strength)，W 代表劣势(Weakness)，O 代表机会(Opportunity)，T 代表威胁(Threat)。S 和 W 表示项目主体的内部环境，O 和 T 表示项目面临的外部环境。

1．SWOT 分析的步骤

(1) 罗列企业的优势和劣势、可能的机会与威胁。

(2) 优势、劣势与机会、威胁相组合，形成 SO、ST、WO、WT 策略。

(3) 对 SO、ST、WO、WT 策略进行甄别和选择，确定企业目前应该采取的具体战略与策略。

2．竞争优势(S)

(1) 技术技能优势：独特的生产技术，低成本的生产方法，领先的革新能力，雄厚的技术实力，完善的质量控制体系，丰富的营销经验，上乘的客户服务，卓越的大规模采购技能。

(2) 有形资产优势：先进的生产流水线，现代化车间和设备，拥有丰富的自然资源储存，吸引人的不动产地点，充足的资金，完备的资料信息。

(3) 无形资产优势：优秀的品牌形象，良好的商业信用，积极进取的公司文化。

(4) 人力资源优势：关键领域拥有专长的职员，积极上进的职员，很强的组织学习能力，丰富的经验。

(5) 组织体系优势：高质量的控制体系，完善的信息管理系统，忠诚的客户群，强大的融资能力。

(6) 竞争能力优势：产品开发周期短，强大的经销商网络，与供应商良好的伙伴关系，对市场环境变化的灵敏反应，市场份额的领导地位。

3．竞争劣势(W)

竞争劣势是指某种公司缺少或做得不好的东西，或指某种会使公司处于劣势的条件，具体包括：

(1) 缺乏具有竞争意义的技能技术。

(2) 缺乏有竞争力的有形资产、无形资产、人力资源、组织资产。

(3) 关键领域里的竞争能力正在丧失。

4．公司面临的潜在机会(O)

市场机会是影响公司战略的重大因素。公司管理者应当确认每一个机会，评价每一个机会的成长和利润前景，选取那些可与公司财务和组织资源匹配、使公司获得的竞争优势的潜力最大的最佳机会。

潜在的发展机会可能是：

(1) 客户群的扩大趋势或产品细分市场。

(2) 技能技术向新产品新业务转移，为更大客户群服务。

(3) 前向或后向整合。

(4) 市场进入壁垒降低。

(5) 获得购并竞争对手的能力。

(6) 市场需求增长强劲，可快速扩张。

(7) 出现向其他地理区域扩张、扩大市场份额的机会。

5. 危及公司的外部威胁(T)

在公司的外部环境中，总是存在某些对公司的盈利能力和市场地位构成威胁的因素。公司管理者应当及时确认危及公司未来利益的威胁，做出评价并采取相应的战略行动来消除或减轻它们所产生的影响。

公司的外部威胁可能是：

(1) 出现将进入市场的强大的新竞争对手。

(2) 替代品抢占公司销售额。

(3) 主要产品市场增长率下降。

(4) 汇率和外贸政策的不利变动。

(5) 人口特征、社会消费方式的不利变动。

(6) 客户或供应商的谈判能力提高。

(7) 市场需求减少。

(8) 容易受到经济萧条和业务周期的冲击。

(二) 可能性评估

大学生创业的可能性大不大，还是要看自己(想创业，可能性就大；不想创业，可能性就不大)。持之以恒，用心关心时事政治并寻找创业机会，可能性也会水涨船高，增加创业成功的概率。

大学生创业面临的最大问题是缺乏经验。所谓的经验包括社会经验和工作经验。只有积累相当的经验并且不断地提高自己的能力，才有机会增加创业的可能性和成功率。创业成功的可能性大不大，其实与是否是大学生没有直接关系，好多下岗工人创业成功的例子也在激励我们。创业成功不在于自身条件有多优秀，而在于是否有颗持之以恒的心。相信只要有足够的毅力，就一定能克服一切困难，一定会创业成功。

(三) 持续性评估

(1) 市场需求是否足够大，是指项目是否有广泛的市场空间，是否有更多的客户需求。

(2) 消费者是否有购买欲望，是指你的产品或服务是否能吸引消费者。如果别人对这个产品或服务根本没有兴趣，就不可能有人购买，就不可能做成生意。

(3) 消费者是否有购买能力，是指客户对你的产品既要有兴趣，还得有购买能力。

(4) 市场需求是否有持续性，是指客户购买了你的产品或服务后，以后会不会再选择你的产品或服务。市场需求的可持续性，也是你生意的可持续性。

(5) 自己有什么样的能力与资源来经营，是指你是否有能力来操作这样的项目。不同的人，其能力和资源不一样，别人能做成的项目不代表你也能做成，所以要量力而行，适合自己的项目才是最赚钱的项目，这是一个创业项目最关键的要素。

第二节 创 业 团 队

一、创业者

(一) 创业者素质评价

你适合创业吗？从以下六方面考察，选择最适合自己特征的描述。

A——非常符合，B——比较符合，C——无法确定，D——不太符合，E——很不符合。

一、想法	A	B	C	D	E
1. 我的想法通常比别人的更有价值，更具创造性					
2. 我具有丰富的想象力，并能把这些想法生动准确地表达出来					
3. 我的想法并不是天马行空，泛泛而谈，而是切实可行的					
二、才智	A	B	C	D	E
1. 每天早晨我都是怀着积极的态度醒来，感觉今天又是崭新的一天					
2. 我不是一个风险规避者					
3. 我知道如何控制自己的生活、性情和脾气，并做到自律					
4. 我更倾向于主动地把握和解决问题，而不是处于被动局面					
5. 我善于观察周围事物，注重细节，把握契机，把不利局面转化为机会					
6. 当我失望时，能够处理问题而不逃避放弃，能以积极的状态重新投入工作					
7. 当我选择创业时，家人能理解我的不自由状态并支持和鼓励我					
三、知识和技能	A	B	C	D	E
1. 对即将创业的领域，我有很好的专业背景和技术					
2. 了解创业行业目前的市场运作、竞争水平和相关法律政策					
3. 我曾经有过管理经验，并擅长组织活动					
4. 我眼光长远，更看重创业项目的发展潜力而不是短期盈利					
四、资源	A	B	C	D	E
1. 我有雄厚的资金和稳定的财务来源，至少可以保证第一年正常运营					
2. 我能够挖掘理想的合伙人或经纪人，雇用理想的员工					
3. 我可以通过合理途径以自己能接受的成本筹募资金					
4. 我可以获得充足的物资来源，如原材料等，能很好地控制成本					
五、目标	A	B	C	D	E
1. 与打工相比，我更渴望有一份属于自己的事业					
2. 我有一个很明确的创业目标，并可以为之奋斗，哪怕付出较大的代价					
3. 我有勇气和耐心去实现创业目标，即使需要承担较大的风险					
4. 我十分有信心，最终能实现自己的创业目标					

续表

六、关系网络	A	B	C	D	E
1. 我喜欢合作胜于凭一己之力完成工作					
2. 我具有影响他人的能力，并使人信服					
3. 别人认为我是一个值得信赖的人，并且充满活力，积极向上					
4. 我善于和陌生人打交道，而不是局限于熟人圈内					
5. 我善于向媒体公众推销自己的想法，吸引别人的注意力					
6. 我能更容易地与行业内的竞争者实现双赢					
7. 我能够做到和上下游企业保持紧密合作，相互扶持，共同发展					
8. 我与利益相关团体(如政府机构、金融机构)能保持良好关系					

(二) 创业者自我评价

哪一项更加符合你？请在相应的选项下面打钩。A 项 2 分，B 项 1 分。

A	1. 创办企业的动机		B
	我有一份工作	我没有工作	
	在决定创办自己的企业之前，我有一份好工作	在决定创办自己的企业之前，我没有一份好工作	
	我从自己干过的每一份工作中都学到了一些东西，我发现工作很有意思	我工作只为赚钱，工作没有什么乐趣，我对工作兴趣不大	
	我想让我的企业成为我终生的事业	我想创业，是因为没有其他选择	
	我想拥有一家企业，这样我能够为我的家庭提供更好的生活方式	我想创办企业是因为想取得成功。富人都有自己的企业	
	我坚信，我的成功与否更多地取决于我的努力	一个人不论做什么，要想成功，都需要别人的许多帮助	
	总计	总计	

A	2. 风险承受能力		B
	我坚信，要在生活中前进必须冒风险	我不喜欢冒风险，即使有机会得到很大的回报也是这样	
	我认为风险中也蕴含机会	如果可以选择，我愿意以最稳妥的方式做事	
	我只有在权衡了利弊之后才会冒风险	如果我喜欢一个想法，我会不计利弊地去冒风险	
	即使投资于自己企业的资金亏掉了，我也愿意接受这样的现实	投资于自己企业的资金有可能会亏掉，我难以接受这样的现实	
	不论做任何事，就算我对这件事有足够的控制权，我也不会总是期待完全控制局面	我喜欢完全控制自己所做的事情	
	总计	总计	

A	3. 坚忍不拔和处理危机的能力		B
	即使面对极大的困难，我也不会放弃	如果存在很多困难，真的不值得为某些事去奋斗	
	我不会为挫折和失败沮丧太久	挫折和失败对我的影响很大	
	我相信自己可以扭转局势	一个人能自己做的事情是有限的，命运和运气起很大的作用	
	如果有人对我说不，我会泰然处之，并会尽最大的努力改变他们的看法	如果有人对我说不，我会感觉很糟糕并会放弃这件事	
	在危机情况下，我能保持冷静并找出最佳的应对方法	当危机升级时，我会感到慌乱和紧张	
	总计	总计	

A	4. 家 庭 支 持		B
	我会让家人参与对他们产生影响的企业决定	我不会让家人参与对他们产生影响的企业决定	
	因为对企业的全心投入，使我不能花很多的时间和家人在一起，他们会理解我	因为对企业的全心投入，使我不能花很多的时间和家人在一起，他们会感到不快	
	如果我的企业最初不是很成功，并且给家人带来经济上的困难，他们愿意忍受	如果我的企业最初不是很成功，并且给家人带来经济上的困难，他们会十分生气	
	家人愿意帮助我克服企业中遇到的困难	家人可能不愿意或者没能力帮助我克服企业中遇到的困难	
	家人认为，我创办企业是一个好主意	家人为我创办企业感到担心	
	总计	总计	

A	5. 主 动 性		B
	我不惧怕问题，因为问题是生活的组成部分，我会想办法解决每一个问题	我发现解决问题很难。我害怕这些问题，或者干脆不去想它们	
	当我遇到困难时，我会尽全力去克服困难。困难是对我的挑战，我喜欢挑战	如果我遇到困难，我会试图忘掉它们，或等待其自行消失	
	我不会等待事情发生，而是努力促使事情发生	我喜欢随波逐流并等待好事降临	
	我总是尝试做一些与众不同的事情	我只喜欢做我擅长的事情	
	我认为所有的想法可能都会有用，因此，我会寻求尽可能多的办法，并看其是否可行	人会有很多的想法，但是一个人不可能做所有的事情。我愿意坚持自己的想法	
	总计	总计	

A	6. 协调家庭、社会和企业的能力		B
	在企业能够承受的范围内，我从企业拿出钱来供我和家人使用	我的家人需要多少钱，我就从企业拿出多少钱	
	如果我的朋友或家人有经济困难，我只会用预留给我个人的钱来帮助他们。我不会从我的企业拿钱	如果我的朋友或家人有经济困难，我将帮助他们，即使这样做可能会损害我的企业	
	我不能把大量的工作时间花在家人和社会关系上而忽略我的企业	我会优先考虑家人和社会关系，他们高于企业	
	家人和朋友必须像其他顾客一样，为使用我的产品、服务或企业的资产付钱	家人和朋友将从我的企业得到特殊的好处和帮助	
	我不会因为顾客是我的家人或朋友就可以赊账	我会常常让家人和朋友赊账	
	总计	总计	

A	7.决 策 能 力		B
	我能够轻松地做决定,我喜欢做出决定	我发现做决定很难	
	我能独立做出艰难的决定	在我做出艰难决定之前,我会征求很多人的意见	
	一旦需要做出决定,我常能尽快地决定做什么	我尽可能地推迟做出决定的时间	
	在做决定之前,我会认真思考并考虑所有可能的选择	我凭感觉和直觉做出决定,我只知道眼下要做什么	
	我不怕犯错误,因为我可以从错误中吸取教训	我经常担心会犯错误	
	总计	总计	

A	8.适应企业需要的能力		B
	我只提供顾客需要的产品或服务	我只提供自己喜欢的产品或服务	
	如果我的顾客想要更便宜的产品或服务,我将想办法满足他们的需求	如果我的顾客想要更便宜的产品或服务,他们只得找其他的企业	
	如果我的顾客想赊购,我会想办法用最低的风险为他们提供赊购服务	我不会向任何人赊销我的产品或服务	
	如果将企业迁至其他地方生意会更好,我将这样做	我不准备重新选择企业地点	
	我将研究市场趋势,并力图改变工作态度和方法,以跟上时代的发展	最好按照我已经知道的方法去工作,跟上时代的发展太难了	
	总计	总计	

A	9.对企业的承诺		B
	我善于在压力下工作,我喜欢挑战	我不善于在压力下工作,我喜欢平静和轻松	
	我喜欢每天工作很长时间,我不介意占用业余时间	我认为工作以外的时间很重要。人不能长时间工作	
	我愿意为我的企业而减少与家人及朋友在一起的时间	我不愿意为我的企业而减少与家人及朋友在一起的时间	
	如果必要,我可以把社交活动、休闲娱乐和业余爱好放在一边	我认为在社交活动、休闲娱乐和业余爱好上花很多时间是很重要的	
	我愿意非常努力地工作	我愿意工作并做必须做的事情	
	总计	总计	

A	10.谈 判 技 巧		B
	我喜欢谈判,并且经常在不冒犯任何人的情况下达到目的	我不喜欢谈判。按照别人的建议去做更容易	
	我与别人沟通得很好	我与别人沟通有困难	
	我喜欢倾听别人的观点和选择	我对别人的观点和选择一般不感兴趣	
	谈判时,我会考虑什么对自己有利,什么对别人有利	如果参加谈判,我更愿意作为一个听众并旁观事态的发展	
	我认为在谈判中达到目的的最好方法是努力寻找一个使双方都受益的方案	因为企业是我的,所以我的意见最重要。谈判中总有一方会失败	
	总计	总计	

整体来讲，创业者应该有创业激情，自信、自强、自主、自立，具有一定的创业知识素养，优秀的创业人格品质，强烈的竞争意识，良好的人际关系，良好的创业心理品质，创业者的经营管理能力，创业者的综合性能力，把握机遇的能力、信息的获取加工能力、交往公关能力、创新能力，领导与决策的能力，富有激情、洞察风险、机会导向、诚实可信。

分散来讲，创业者的特征细分如下：

(1) 强烈的欲望。当一个人有了创业想法，并且有着强烈的欲望时才会去创业。创业者的欲望与普通人的欲望并不一样，要更加强烈，这种欲望往往超出他们的现实，需要打破他们现在的立足点，打破眼前，有了动力，才会不断地去追逐、去完成。

(2) 积极主动的态度。每个创业者都应积极、主动地去做事、找信息、找项目。他们可能在学校时或者生活中会主动参与各种事情，他们积极地为自己的梦想奔波，有了想法就主动地去做、积极地去拼搏，才会向梦想一步步靠近。

(3) 坚持不懈的精神。创业的过程是极其艰苦、难以忍受的，需要付出许多努力，也许还会遭受失败，这个时候，有的人会选择放弃，只有继续坚持的人才有可能走向成功。所以，创业者要能接受一切的挫折，有坚持不懈、顽强不息的精神，持之以恒地朝着自己的目标走下去。

(4) 良好的学习能力和创新能力。创业需要的知识是多方面的、综合性的，所以作为一个创业者要有良好的学习能力和创新能力，要不断地学习，不断地更新自己的知识，这样才能不断地充实自己，让自己一点点积累经验，一点点进步。

(5) 善于把握趋势。这是指对外界的感知度。信息是非常重要的。对一个创业者来说，大到国家领导人的更迭，小到一个乡镇芝麻小官的去留，都会对自己有影响。在政策方面，国家鼓励发展什么，限制发展什么，对创业之成败更有莫大关系。做对了方向，顺着国家鼓励的层面努力，可能事半功倍；做反了方向，就会适得其反。所以，创业者不但要明政事、商事，还要明世事、人事，这也是一个创业者的基本素质。

(6) 善于沟通又通人情事理。作为创业者，要善于沟通、换位思考。个人的性格魅力是很重要的，应该注意自己的个人素质、修养及能力。有良好的沟通能力才能让自己的创业更加容易，更快地走向成功。

二、创建团队的原则

团队是人力资源管理的核心，而人力资源是企业的根本，一个企业要是不能拥有自己优势的核心人力资源，其成功的可能性几乎为"零"。为此，组建一个合适的、具有战斗力的创业团队就是团队首领的当务之急。创建团队的原则如下：

(一) 合伙人原则

创业团队需要招的是"合伙人"，因为合伙人做的是事业，一个人只有把工作当做事业来做才有成功的可能，一个企业只有把员工当做"合伙人"才有机会迅速成长。所以，创业团队要先解决价值分配障碍，然后寻找自己的"合伙人"。

激情是衡量一个人是否能够成功的基本标准。创业团队一定要选择对项目有高度热情的人加入，并且要使所有人在企业初创就做好每天长时间工作的准备。任何人，不管其有无专业水平，如果对事业的信心不足，将无法适应创业的需求，而这种消极因素，对创业团队所有成员产生的负面影响可能是致命的。创业初期，整个团队可能需要每天工作十六小时，并要求在高负荷的压力下仍能保持创业激情。

(二) 团队原则

团队是企业凝聚力的基础，成败是整体而非个人，成员能够同甘共苦，经营成果能够公开且合理地分享，团队就会形成坚强的凝聚力与一体感。每一位成员都应将团队利益置于个人利益之上，因此成员必须愿意牺牲短期利益来换取长期的成功果实，而不计较短期薪资、福利、津贴等，将利益分享放在成功后。这样的团队是一定会成功的。

(三) 互补原则

建立优势互补的团队是创业成功的关键。"主内"与"主外"的不同人才，耐心的"总管"和具有战略眼光的"领袖"，技术与市场两方面的人才，都不可偏废。创业者寻找团队成员，首先要弥补当前资源能力上的不足，要针对创业目标与当前能力的差距，寻找所需要的配套成员。好的创业团队，成员间的能力通常都能形成良好的互补，而这种能力互补也会有助于强化团队成员间彼此的合作。此外，创业团队还要注意个人的性格与看问题的角度，团队里必须有能提出建设性意见和不断地发现团队问题的成员，一个喜欢说好话的组织绝对不可能成为一个优秀的团队。

三、创建团队的要素

(一) 提高规划学习的能力，从而提高就业能力

规划学习的能力即大学生应根据其职业发展的趋势，并结合个人发展的需要选择学习内容、学习方法或方式的能力。要时常反思现在的知识结构是否能胜任现在或将来的职位。

(二) 认真做好自身的职业生涯规划，提高就业能力

大学生一旦确定自己理想的职业，就会依据职业目标规划自己的学习和实践，并为获得理想的职业做好积极准备。其次，正确进行自我分析和职业分析。自我分析即通过科学认知的方法和手段，对自己的兴趣、气质、性格和能力等进行全面分析，认识优势与特长、劣势与不足。第三，构建合理的知识结构。要根据职业和社会发展的具体要求，将已有知识科学地重组，构建合理的知识结构，最大限度地发挥知识的整体效能。大学生只有将合理的知识结构和适用社会需要的各种能力统一起来才能立于不败之地。

(三) 提高自我的社会适应能力，从而提高就业能力

大学生需要具备较强的社会适应能力，这样能缩短步入社会后的适应期，从而充分发挥个人优势。因此，大学生应该在不影响专业知识学习的基础上，大胆走向社会、参与包括兼职在内的社会实践。借助社会实践平台，可以提高大学生的组织管理能力、心理承受

能力、人际交往能力和应变能力等。此外，还可以提升大学生对就业环境、政策和形势等的了解，有利于大学生找到与个人素质相匹配的职业。

(四) 培养良好的心理素质，提高就业能力

大学生在求学期间，通常更注重专业知识，而忽视心理素质的培养，使得一些人在面对困惑或逆境时，表现出不知所措的情形，进而影响到个人的择业选择。因此，大学生在求学过程中应注意提高自身的心理素质，尤其是在日常生活中注意锻炼自己坚忍不拔和不服输的性格；同时在求职中，应该充分了解就业信息，沉着、冷静应对所遇到的困难，用积极乐观的心态克服面临的困难。

(五) 培养良好的职业精神，提高就业能力

大学生要想在事业上取得成功，就必须树立正确的职业理想、职业价值观和人生观，具有忠于职守、献身事业的乐业和敬业精神，实事求是、严肃认真的劳动态度，刻苦钻研、精益求精的工作作风以及在职业活动中团结协作和全心全意为人民服务的精神。在职业活动中，无私、正直、勤奋、诚实、守信、坚定、勇敢等优秀职业品质是人们在工作上做出成绩的必要条件。同时，良好的职业精神也是处理好各种人际关系所不可缺少的。

(六) 针对严峻的就业形势，自己进行调整和努力

面对严峻的就业形势，大学生应从实际出发，抛弃"社会精英"的情结，树立大众化的就业观，提高自身素质，掌握就业主动权。毕业生个人的素质、能力、专长和团队精神是主导毕业生择业的重要因素。毕业生应当在一定的条件下，找准商机，发挥一技之长，走自主创业、自谋职业的道路，在解决自己就业的同时，也为社会提供了新的就业渠道，缓解了就业压力。除了自主创业外，也可以把考研当做自己职业生涯规划的一部分。因为随着中国大学的普及，本科生的数量越来越多，而用人单位也逐渐对学历提出了更高的要求。

四、创业团队管理

(一) 分权管理

分权管理就是转交责任。一个上级领导不是什么决策都自己做，而是将确定的工作委托给他的下属，让他们自己判断和独立处理工作，同时也承担一部分责任，以提高下属的工作意愿和工作效率。参与责任提高了下属的工作积极性，同时，上级领导可以从具体工作中解放出来，更多地投入本身的领导工作。

(二) 漫步管理

漫步管理就是最高领导不埋头在办公室里而尽可能经常地让下属看见他，就像"漫步"那样在企业里转悠。企业领导从第一手(直接从职工那里)获知，职工有什么烦恼和企业流程在哪里卡住了。而且，上级领导亲自察看工作和倾听每个职工的话对职工也是一种激励。

(三) 目标管理

目标管理就是上级领导给出其下属要达到的(上级)目标，例如目标为销售额提高 15%；各个部门的下属要共同确定达到上级目标应该完成的(下级)目标，如提高产品销售；上级领导则有规律地检查销售额变化的情况，以提高下属的工作意愿和参与责任。此外，下属们共同追求要达到的目标，促进了团队精神。

(四) 结果管理

结果管理就是上级领导把要得到的结果作为管理工作的重心，在目标管理中给定目标，更多地提高下属的工作意愿，同时让下属承担一部分责任。但在结果控制时不一定要评价下属本人，而可以是部门或他所从属的岗位。

(五) 例外管理

例外管理就是上级领导只对例外的情况才亲自进行决策。例如，下属有权决定 6%以下的价格折扣，而当顾客要求 10%的折扣时，属于例外情况，必须由上级领导决定。例外管理同样可提高职工的工作意愿。职工有独立处理工作的可能——减轻了上级领导的负担。这个方法的实际困难在于：什么是"正常"业务，什么是例外，因此经常要检验决策范围。

(六) 参与管理

参与管理就是让下属参与有些问题，尤其是与他本人有关的问题的决策。例如，调到另一部门或外面的分支机构任职。当对重要问题有共同发言权时，职工不会感到被"傲慢"地对待了。比如，他们可以认识到调职的意义和信任的理由。这样做可以提高对企业目标的"认同"。

(七) 系统管理

系统管理就是对确定的企业流程进行管理。把企业作为一个大系统，这个系统就像一个电流调节系统似地运行。这种方法主要用于工业企业。对那些不断重复的活动有许多规定和指令(例如机器的开和关、更换和维修)，许多的规定是为了保证"整个系统的运行"。领导者所要注意的只是不要使企业内太"官僚主义"。

第三节　创业资源

一、剖析创业资源

创业资源是新创企业成长过程中必需的资源。按照资源对企业成长的作用，创业资源可分为两大类：要素资源(即直接参与企业日常生产、经营活动的资源)和环境资源(即未直接参与企业生产，但其存在可以极大地提高企业运营的有效性资源)。

(一) 要素资源

要素资源包括以下几个：

(1) 场地资源：场地内部的基础设施建设，便捷的计算机通信系统，良好的物业管理和商务中心，以及周边方便的交通和生活配套设施等。

(2) 资金资源：及时的银行贷款和风险投资，各种政策性的低息或无偿扶持基金，以及写字楼或者孵化器所提供的便宜的租金等。

(3) 人才资源：高级科技人才和管理人才的引进，高水平专家顾问队伍的建设，合格员工的聘用等。

(4) 管理资源：企业诊断、市场营销策划、制度化和正规化企业管理的咨询等。

(5) 科技资源：对口的研究所和高校科研力量的帮助，与企业产品相关的科技成果以及进行产品开发时所需要用到的专业化的科技试验平台等。

(二) 环境资源

环境资源包括以下几个：

(1) 政策资源：允许个人从事科技创业活动，允许技术入股，支持海外与国内的高科技合作，为留学生回国创业解决户口、子女入学等后顾之忧，简化政府的办事手续等。

(2) 信息资源：及时的展览会宣传和推介信息，丰富的中介合作信息，良好的采购和销售渠道信息等。

(3) 文化资源：高科技企业之间相互学习和交流的文化氛围，相互合作和支持的文化氛围，以及相互追赶和超越的文化氛围等。

(4) 品牌资源：借助大学或优秀企业的品牌，借助科技园或孵化器的品牌，以及借助社会上有影响力的人士对企业的认可等。

二、创业资源整合

(一) 人脉资源

在个人创业过程中，人脉资源是第一资源。有各种良好的人脉关系，即可方便地找到投资、找到技术与产品、找到渠道等各种创业机会。整合人脉资源是创业成功的基本条件。关于人脉资源特性需要特别注意的有：

1. 长期投资性

平时要注意人脉资源的积累，不要事到临头才去找人帮忙。在公司做业务也一样，现在不是你的客户，明天就可能成为你的客户，因而你必须从现在开始建立联系。人脉资源的形成需要很多时间和精力，这也是一种投资。

2. 可维护性和可拓展性

人脉资源是可以通过合作、交流、关心、帮助、友情、亲情等进行维护，并不断巩固的，如果不去维护，就会变得疏远，所以人脉资源需要经常性地维护，同时在维护中可以不断地发展新的人脉关系。

3．有限性和随机性

每个人一生中能认识多少人？包括老师、同学、亲戚、同事、朋友、客户等，一般不超过500人，而能够真正帮助自己的一般不会超过50人，所以每个人的人脉资源都是有限的，你的发展同样也会受到你人脉资源的限制。同时，你所认识的人可能没有能力帮助你，有能力帮助你的人你可能不认识，所以在客观上就需要你不断认识更多的人，但是每个人的能力又是有限的，又不可能认识所有那些潜在的帮助者。

4．辐射性

你的朋友帮不了你，但是你朋友的朋友可以帮你。可以通过多种途径开发潜在的人脉资源：

第一，熟人介绍：扩展人脉链条。

第二，参与社团：走出自我封闭的小圈子。

第三，利用网络：廉价的人脉通道。

第四，参加培训：志同道合的平台。

第五，参加活动：表现自己、结交他人的舞台。

第六，处处留心皆人脉：学会沟通和赞美。

第七，不怕拒绝，勇敢出击。

第八，创造机会。创造机会的同时，还要把握每一个帮助别人的机会。红顶商人胡雪岩倒霉时，不会找朋友的麻烦；他得意时，一定会关照朋友。施比受更有福，如果一直秉持这个信念，不管往来人的阶级高低，总是尽量帮助别人，那么在你有困难的时候，别人自然会帮助你。

第九，大数法则。全世界的人那么多，有哪些人可以作为自己的人脉关系呢？许多人都会提出这个问题。

首先，自己必须有一个目标定位，然后，决定找哪些类型的人，当这些目标确定之后，就找一个简单的方法，贯彻始终。这个方法就是使用"大数法则"。

大数法则又称"大数定律"或"平均法则"，是概率论的主要法则之一。此法则的意义是：在随机现象的大量重复出现中，往往呈现几乎必然的规律，这类规律就是大数法则。大数法则的精神实质在于观察的数量越大，预期损失率结果越稳定，所以，大数法则是保险精算中确定费率的主要原则。把"大数法则"用在人脉关系上，就是借用这个原则的精神实质：你结识的人数越多，那么，预期成为你的朋友至交的人数占你所结识的总人数的比例越稳定。所以，在概率确定的情况下，你要做的工作就是结识许许多多的人，广泛地收集人脉信息，有效地运用大数法则来推断分析，评估你人脉关系的进展以及存在的问题，从而制订相应的对策，不断改进方法，广结人缘。全世界的商业人士实际上都在自觉或不自觉地使用大数法则，这是因为大数法则永远支配着商业社会，你必须服从这个永恒的法则。

法国亿而富机油前总裁，每年总要立下志愿，与一千人交换名片，并跟其中的两百人联络，而且还要跟其中的五十人成为朋友。他遵循的就是大数法则。

比方说，对从事人寿保险的专业人士而言，每天都会问：谁是我的客户？我到哪里去寻找属于我的客户？答案：其实，每个人都可能成为你的客户。为什么？因为大数法则！

同理，谁是我职业和事业上的贵人？答案是每个人都可能成为你的贵人，贵人就在你的身边，关键是你要有人脉资源经营的意识，你要用心寻找，用心经营。

(二) 人才资源

人才资源是指一个国家或地区中具有较多科学知识、较强劳动技能，在价值创造过程中起关键或重要作用的那部分人。人才资源是人力资源的一部分，即优质的人力资源。胡锦涛任总书记期间曾在全国人才工作会议上明确指出：人才资源是第一资源，必须用战略眼光看待人才工作，立足新的起点做好人才工作，形成育才、引才、聚才、用才的良好环境和政策优势，加快建设人才强国。

人才资源是第一资源。企业或事业唯一真正的资源是人，如何努力创造吸引人才的条件，为企业吸引和留住人才，利用"外脑"，整合人才资源以获得长期持续发展的内在动力，已成为中小企业当前的一项十分迫切的任务。

目前，令一些中小企业的掌门人最头痛的事情，不再是技术上的问题，也不再是企业赚多赚少的问题，而是中小企业人才资源短缺的问题。把人才战略作为企业发展的重点，求才、爱才、育才、重才，用事业发展吸纳高科技人才，用高科技人才牵引高新技术产品开发，从而形成一支支撑企业发展的高素质的优秀人才队伍。

人才是创新之源。人才是企业最核心的竞争力，现代企业的竞争，归根结底是人才的竞争。当前许多企业正处在发展变革的重要关头，要想在激烈的市场竞争中取胜，就必须提升人力资源的价值。但要吸引、留住人才，也并非易事，必须在尊重人才的价值上下功夫。

一是用好人才，按照人才的才能和特长，安排适当的领导岗位、聘任技术职务，使人才有价值"认可感"、受"信任感"。

二是给任务、压担子，攻关键、解难题，使人才有"成就感"。

三是表彰奖励有重大贡献的人才，使人才有"光荣感"。

四是待遇从优，使人才有"幸福感"、"满足感"。

对中小企业而言，人才是可遇而不可求的。社会上的人才很多，但适合公司发展的并不多，因此选择任用人才的关键在于用那些有潜力并且有强烈事业心、对公司事业有认同感的人才。中小企业整合人才资源最后落实在了培养人才方面，同时要千方百计留住公司的骨干人才。

(三) 信息资源

当今社会的飞速发展给创业者提出了一个新的信息时代的视角，信息资源对很多创业者来说就是成功的机遇，而机遇瞬间即逝，要善于整合把握。

信息资源与人力、物力、财力以及自然资源一样，都是创业企业的重要资源，因此，应该像管理整合其他资源那样管理整合信息资源。

我们从工业化时代走向信息时代，随着信息技术的发展，信息与日常生活、工作越来越密不可分，最直接的体现就是信息量陡然增大，信息流转加快；但同时也带来了一个问题，就是信息爆炸，各种信息充斥在我们周围，但如何在最有效的时间内获得最有效的内、外部信息，抓住成功创业的机遇却往往成了一个难题。

所谓天时地利，很多时候不是它们不出现，而是当它们出现时，我们能否发现并把握。对于创业者来说，这点显得尤为重要，创业要抓住机遇，这就是"人和"的力量。

创业企业信息化的最高层次是决策，它具有前瞻性。企业在做决策时，关心的问题是来自竞争对手、政府、行业、合作伙伴、客户等在内的周边环境的变化。对创业者而言，信息是不对称的，了解并分析竞争对手、政府、行业、合作伙伴、客户等在内的周边环境的变化信息，才能做到"知己知彼，百战不殆"，才能做到"有的放矢"，集中精力、财力、人力抓住转瞬即逝的成功机遇。

再次，对于信息资源，整合包含管理内涵，既要整合管理好企业外部的资源，抓住企业好的发展机遇，又要整合管理好企业内部的信息资源，进行信息资源的规划。

信息资源规划是指通过建立健全企业的信息资源管理基础标准，根据需求分析建立集成化信息系统的功能模型、数据模型和系统体系结构模型，然后再实施通信计算机网络工程、数据库工程和应用软件工程的一个系统的企业信息化解决方案，以使企业高质量、高效率地建立高水平的现代信息网络，实现信息化建设的跨越式发展。

(四) 技术资源

在创业初期，创业技术是最关键的资源，它是决定所需创业资本的大小、创业产品的市场竞争力和获利能力的根本因素。

创业企业成功的关键是寻找成功的创业技术。其原因有三：

一是创业技术是决定创业产品的市场竞争力和获利能力的根本因素。

二是创业技术核心与否决定了所需创业资本的大小。对于在技术上非根本创新的创业企业来说，创业资本只要保持较小的规模便可维持企业的正常运营。

三是从创业阶段来说，由于企业规模较小，因此管理及对人才的需求度不像成长期那样高。

做成功企业的核心是要有好的产品，而企业的产品必须做到专业化，这非常重要。要做到产品专一，在同一领域内做到最专，技术上要一直领先。一个企业，特别是中小企业没有实力一直保持这样的技术优势，那么中小企业该如何突破技术这个发展瓶颈呢？桂林广陆启示我们必须整合企业之外的技术资源，尽可能地与科研院所、大专院校合作，因为那里拥有技术上的前沿人才，而且科研院所、大专院校的人才也很愿意把自己的技术资源转化为产品，实现技术成果的转化。

技术资源的主要来源是人才资源，重视技术资源的整合同时也就是注重人才资源的整合。技术资源的整合，不仅要整合、积聚企业内部的技术资源，还要整合外部的可以利用的技术资源。整合技术资源只是起点，技术资源整合是为了技术的不断创新，自主研发并拥有自主知识产权，保持技术的领先，占领市场，壮大企业。

(五) 资产资源

创业离不开资金的支持，整合资产资源，不仅仅是解决"钱"的问题，更重要的是看战略投资者还能为企业带来什么其他的资源，比如政府背景、行业背景、市场影响力、营销支撑等，亦即整合资产资源时要充分考虑资产资源能否带来更多的其他资源。但最为关键的是，选择的战略投资者要与企业当前阶段的发展目标相吻合。

资本市场在创业企业资源整合中的作用主要体现在：资本市场保证了企业股权的流动性，为企业资源整合提供了便利的通道。在资本市场中，资源的优化配置是通过股权的交换来实现的。由于资本市场的每一个参与者都希望自己所拥有的资源价值最大化，因此通过反复的交易，可以使其资源得到充分的利用，其价值得到充分的体现，进而达到资源的价值最大化。但如何整合资产资源、引进外来资本呢？

首先要对准备引入的资产资源有整体性了解。在初步确定投资意向之后，创业企业就可以根据实际情况，在众多的意向投资者中选择合适的目标。在接触之前，一定要认真了解这些投资者的基本情况，如资质情况、业绩情况、提供的增值服务情况等。

在与投资者的接触面谈前，企业自身应准备好必要的文件资料。在多次谈判过程中，应会一直围绕企业的发展前景、新项目的想象空间、经营计划和如何控制风险等重点问题进行。

在签订的合同书中，创业企业和投资人双方必须明确两个基本问题：一是双方的出资数额与股份分配，其中包括对投资企业的技术开发设想和最初研究成果的股份评定；二是创建企业的人员构成和双方各自担任的职务。

(六) 行业资源

充分了解某行业，掌握该行业关系网，比如业内竞争对手、供货商、经销商、客户、行业管理部门等。行业资源不仅仅只有这些，科研机构、行业协会、行业杂志、行业展会、业内研讨会、专业书籍等资源，都需要创业者平时加以关注，发掘其价值，为企业壮大服务。

行业资源对创业的成功与否很重要。创业的一个成功类型就是做自己熟悉的行业，熟悉本行业企业运营、熟悉竞争对手。

企业要想发展、壮大，就应该尽可能整合各种资源，采取各种合法手段积极务实地做好自己的事业。整合行业内竞争对手的资源很重要，要把竞争对手转变为合作伙伴。市场竞争没有永远的对手，也没有永远的伙伴，更没有敌人。凡以为有敌人的竞争者，大多是竞争中的失败者。创业企业不可避免地存在诸多方面的不足，因此，同行之间或者产业上、下游之间的创业企业应通过策略联盟或股权置换等各种方式整合资源，使人力资源、研发能力、市场渠道、客户资源等方面实现优势互补，对内相互支持，对外协同竞争。这种方式往往是由几家创业企业作为核心，同时带动一批创业企业，形成利益共同体。

与行业内优质资源的结合，还必须具备许多条件，比如自身在优质社会资源面前的质量、分量。

1. 自身的建设
对企业而言，自身的建设是年年月月日日的必修课。

2. 行业内优质资源
自身的问题解决了，还要具备对优质资源的发现和把握，这需要强烈的市场意识和眼光，必须是 1+1 大于 2 的做法和方式。否则，结合有了，却可能离失败近了。

具备上述两点后，创业团队在对行业内优质社会资源的整合中，一定要懂得基于企业利益基础之上的放弃，以企业利益为第一利益，合作是双赢的(但任何优质的资源进来，是需要自身付出代价的，这里的代价在某一刻容易被人误以为是失去和损失)，同时，还需要具备长期的战略发展眼光。很多小企业长不大，追根究底，是一次又一次地放弃了合作的机会，个人或少数人的单打独斗是无法在现代市场中取胜的。

(七) 政府资源

掌握并充分整合创业的政府资源，可使创业者少走许多弯路，达到事半功倍之效。

政府资源对创业者而言是不可多得的成功创业的助推器。政府资源亦即各项优惠扶持政策，具体包括以下几种：

1. 财政扶持政策

中央财政预算设立中小企业科目，安排扶持中小企业发展专项资金；地方政府根据实际情况为中小企业提供财政支持。

2. 融资政策

人民银行加强信贷政策指导，改善中小企业融资环境；鼓励商业银行调整信贷结构，加大对中小企业的信贷支持。各商业银行在其业务范围内提高对中小企业的融资比例，扩展服务领域。国家政策性金融机构采取多种形式为中小企业提供金融服务。县级以上人民政府和有关部门推进和组织建立中小企业信用担保体系，推动中小企业的信用担保。

3. 税收政策

国务院和省级人民政府对符合下列条件之一的中小企业，在一定期限内给予税收优惠：一是由失业人员开办，初期经营困难的；二是吸纳社会再就业人员比例较高的；三是设立在少数民族地区、边远地区和贫困地区的；四是从事高科技产品的研究开发的；五是从事资源综合利用和环保产业的；六是国家产业政策规定需要扶持的。

4. 科技政策

国家制定政策鼓励中小企业按照市场需要，开发新产品，采用先进的技术、生产工艺和设备，提高产品质量。国家实施了一系列的科技计划，包括：科技攻关计划、星火计划、重点新产品计划、"863"计划、科技型中小企业技术创新基金。

5. 产业政策

对我国境内新办软件生产企业、集成电路设计企业和生产线宽小于0.8微米(含0.8微米)的集成电路生产企业，经认定后，自开始获利年度起，第一年和第二年免征企业所得税，第三年到第五年减半征收企业所得税。

6. 中介服务政策

政府有关部门在规划、用地、财政等方面提供政策支持，推进建立各类技术服务机构，建立生产力促进中心和科技企业孵化基地。国家鼓励社会各方面力量建立培训、信息、咨询、人才交流、信用担保、市场开拓等服务体系。

7. 创业扶持政策

在城乡建设规划中合理安排必要的场地和设施，支持创办中小企业；地方政府应为创业人员提供工商、财税、融资、劳动用工、社会保障等方面的政策咨询和信息服务；国家鼓励引进国外资金、先进技术和管理经验，创办中外合资(合作)企业；鼓励依法以工业产权或者非专利技术等投资参与创办中小企业。为促进中小企业发展，科技部及地方政府大力发展科技创业服务中心即企业孵化器，政府有关部门为创业提供全方位的服务，并实行优惠政策鼓励其为中小企业提供良好的创业服务。

8. 对外经济技术合作与交流政策

政府有关部门和机构为中小企业提供指导和帮助，促进中小企业产品出口。国家制定政策，鼓励符合条件的中小企业到境外投资，开拓国际市场。国家有关政策性金融机构应当通过开展进出口信贷、出口信用保险等业务，支持中小企业开拓国外市场。

9. 政府采购政策

政府采购应优先安排向中小企业购买商品或者服务。政府是最大的消费者，各级政府每年要采购大量的商品和服务，创业者要注意政府采购信息，向当地政府采购管理机构了解政府采购如何向中小企业倾斜。

了解政府扶持政策、整合政府资源的方式途径有以下几种：

一是上政府公网查询。政府一发布政策就组织其上网，并印发政府公报。创业者要注意定期到政府公共服务网上浏览检索，看看是否有新政策出台或者是否有项目申报通知。

二是委托政策服务公司提供政策咨询。政策服务公司比较关注政策变化，与政府有关部门关系密切，不仅了解政策，也知道如何帮助创业者享受政策。

三是注意与有关部门保持密切的沟通。每一家企业都要与一些政府部门打交道，创业者要注意配合经常打交道的政府部门的工作，并注意定期向这些部门咨询政策。与政府部门保持密切的关系，有助于创业者用足用好政府政策，寻求更快地发展。

四是条件允许的话，可指定专人负责有关政策信息的收集。要让每位员工了解并注意收集与其工作有关的政策信息，及时跟踪政策的变化。特别是在有疑问时，一定要咨询清楚，并及时解决。

三、创业资源的使用

创业者获取创业资源的最终目的是为了组织这些资源追逐并实现创业机会、提高创业绩效和获得创业的成功。无论是要素资源还是环境资源，无论它们是否直接参与企业的生产，它们的存在都会对创业绩效产生积极的影响。

第一，要素资源可以直接促进新创企业的成长。

第二，环境资源可以影响要素资源，并间接促进新创企业的成长。

企业的创业资源主要有资金、人才、时间等方面，而其使用包括这些资源的获取、分配和组织等方面的内容。

1. 资金管理

因为创业在内部发生，一般新业务由旧业务的收入来支撑，所以资金来源显得有保障。在这种资金获取办法下，由于新业务本身不但没有收益，反而必须投入大量的资金而导致"老业务招损"，因此，可能打击老业务员工的积极性，对企业发展不利，特别是当企业从专业化向多元化转变时更是如此。解决这个问题的办法有：对新项目使用种子资助资金，采取内部风险投资的方式，或其他有偿使用资金的办法。

2. 人才分配

企业创业的另一个问题是人才支持。当项目处于种子阶段时，主要由少数几个人在运作和管理，一旦进入了孵育发展阶段，就必须有得力的人才来进行规划管理，因此，这里也存在一个新、旧项目争夺人才的问题。为了使新、旧项目的发展不受人才问题的影响，企业必须注意在发展过程中培养新的人才，稀释各部门的人才密度，给人才施加压力。

3. 工作时间分配

企业创业的一个大问题是创业者的工作时间和精力难有保障。一般来说，企业内部的创业者既要完成当前的工作，又要进行开发工作，因此，工作时间分配经常顾此失彼。为了保障员工有充足的时间来孵化创新性的想法，组织应该从制度上给他们以保证，同时调整他们的工作负担，避免对员工各方面施加过多的时间压力，允许他们长时间解决创新问题。如柯达公司的创业者可以将 20% 的工作时间用于完善创业设想；如果设想可行，创业者可以离开原岗位。

四、创业资源的优化

创业者能否成功地开发出机会，进而推动创业活动向前发展，通常取决于他们掌握和能整合到的资源，以及对资源的利用能力。许多创业者早期所能获取与利用的资源都相当匮乏，而优秀的创业者在创业过程中所体现出的卓越创业技能之一，就是创造性地整合和运用资源，尤其是那种能够创造竞争优势，并带来持续竞争优势的战略资源。尽管与已存在的进入成熟发展期的大公司相比，创业型企业资源比较匮乏，但实际上创业者所拥有的创业精神、独特创意以及社会关系等资源，却同样具有战略性。因此，对创业者而言，一方面要借助自身的创造性，用有限的资源创造尽可能大的价值，另一方面更要设法获取和整合各类战略资源。

善用资源、整合技巧创业总是和创新、创造及创富联系在一起的。一位创业者结合自身创业经历提出了这样的观点：缺少资金、设备、雇员等资源，实际上是一个巨大的优势，因为这会迫使创业者把有限的资源集中于销售，进而为企业带来现金。为了确保公司持续发展，创业者在每个阶段都要问自己，怎样才能用有限的资源创造更多的价值？

学会拼凑。很多创业者都是拼凑高手，通过加入一些新元素，与已有的元素重新组合，形成在资源利用方面的创新行为，进而可能带来意想不到的惊喜。创业者通常利用身边能够找到的一切资源进行创业活动，有些资源对他人来说也许是无用的、废弃的，但创业者可以通过自己的独有经验和技巧，加以整合创造。例如：很多高新技术企业的创业者并不是专业科班出身，可能是出于兴趣或其他原因，对某个领域的技术略知一二，却凭借这个略知的"一二"敏锐地发现了机会，并迅速实现了相关资源的整合。整合已有的资源，快速应对新情况，是创业的利器之一。拼凑者善于用发现的眼光洞悉身边各种资源的属性，将它们创造性地整合起来。这种整合很多时候甚至不是事前仔细计划好的，而往往是具体情况具体分析、"摸着石头过河"的产物。而这也正体现了创业的"不确定"特性，并考验创业者的资源整合力。

步步为营。创业者分多个阶段投入资源并在每个阶段投入最有限的资源，这种做法被称为"步步为营"。步步为营的策略首先表现为节俭，设法降低资源的使用量，降低管理成本。但过分强调降低成本，会影响产品和服务质量，甚至会制约企业发展。比如：为了求生存和发展，有的创业者不注重环境保护，或者盗用别人的知识产权，甚至以次充好，这样的创业活动尽管短期可能赚取利润，但长期而言，发展潜力有限。所以，需要"有原则地保持节俭"，步步为营。策略表现为自力更生，减少对外部资源的依赖，目的是降低经营风险，加强对所创事业的控制。很多时候，步步为营不仅是一种做事最经济的方法，也是创业者在资源受限的情况下寻找实现企业理想目的和目标的途径，更是在有限资源的约束下获取满意收益的方法。习惯于步步为营的创业者会形成一种审慎控制和管理的价值理念，这对创业型企业的成长与向稳健成熟发展期的过渡尤为重要。

发挥资源杠杆效应。尽管存在资源约束，但创业者并不会被当前控制或支配的资源所限制，成功的创业者善于利用关键资源的杠杆效应，通过他人或者别的企业的资源来完成自己创业的目的：用一种资源补足另一种资源，产生更高的复合价值；或者利用一种资源撬动和获得其他资源。其实，大公司也不只是一味地积累资源，他们更擅长于资源互换，进行资源结构更新和调整，积累战略资源，这是创业者需要学习的经验。

对创业者来说，容易产生杠杆效应的资源，主要包括人力资本和社会资本等非物质资源。创业者的人力资本由一般人力资本与特殊人力资本构成。一般人力资本包括受教育背景、以往的工作经验及个性品质特征等。特殊人力资本包括产业人力资本(与特定产业相关的知识、技能和经验)与创业人力资本(如先前的创业经验或创业背景)。调查显示，特殊人力资本会直接作用于资源获取，有产业相关经验和先前创业经验的创业者能够更快地整合资源，更快地实施市场交易行为。而一般人力资本使创业者具有知识、技能、资格认证、名誉等资源，也提供了同窗、校友、老师以及其他连带的社会资本。

相比之下，社会资本有别于物质资本、人力资本，是社会成员从各种不同的社会结构中获得的利益，是一种根植于社会关系网络的优势。在个体分析层面，社会资本是嵌入、来自于并浮现在个体关系网络之中的真实或潜在资源的总和，它有助于个体开展目的性行动，并为个体带来行为优势。外部联系人之间社会交往频繁的创业者所获取的相关商业信息更加丰裕，从而有助于提升创业者对特定商业活动的深入认识和理解，使创业者更容易识别出常规商业活动中难以被其他人发现的顾客需求，进而更容易获得财务和物质资源——这正是其杠杆作用所在。

设置合理利益机制。资源通常与利益相关，创业者之所以能够从家庭成员那里获得支持，就因为家庭成员之间不仅是利益相关者，更是利益整体。既然资源与利益相关，创业者在整合资源时，就一定要设计好有助于资源整合的利益机制，借助利益机制把包括潜在的和非直接的资源提供者整合起来，借力发展。因此，整合资源需要关注有利益关系的组织或个人，要尽可能多地找到利益相关者。同时，分析清楚这些组织或个体和自己以及自己想做的事情的利益关系，利益关系越强、越直接，整合到资源的可能性就越大，这是资源整合的基本前提。

第四节　创 业 市 场

一、市场调研

市场调研是指运用科学的方法，有目的地、系统地搜集、记录、整理有关市场营销信息和资料，分析市场情况，了解市场的现状及其发展趋势，为市场预测和营销决策提供客观的、正确的资料。它是把握供求现状和发展趋势，为制定营销策略和企业决策提供正确依据的信息管理活动。市场调研是市场预测和经营决策过程中必不可少的组成部分。

(一) 市场需求调查

如果要生产或经销某一种或某一系列产品，应对这一产品的市场需求量进行调查。也就是说，通过市场调研，对产品进行市场定位。比如开眼镜店前，应调查市场对眼镜的需求量，相同或相类似的店铺已经有多少，市场占有率是多少。

(二) 顾客情况调查

顾客可以是原有的客户，也可能是潜在的顾客。顾客情况调查包括两个方面的内容：

(1) 顾客需求调查：例如购买某种产品(或服务项目)的顾客大都是些什么人(或社会团体、企业)，他们希望从中得到哪方面的满足和需求(如效用、心理满足、技术、价格、交货期、安全感等)，现时的产品(或服务项目)为什么能够较好地满足他们某些方面的需要等。

(2) 顾客的分类调查：重点了解顾客的数量、特点及分布，明确目标顾客，掌握他们的详细资料。如果顾客是某类企业和单位，应了解这些单位的基本状况，如进货渠道、采购管理模式、联系电话、办公地址，某项业务负责人的具体情况和授权范围，对某种产品和服务项目的需求程度、购买习惯和特征；如果顾客是消费者个人，应了解消费群体种类，即目标顾客的大致年龄范围、性别、消费特点、用钱标准、对某种产品和服务项目的需求程度、购买动机、购买心理、使用习惯。掌握这些信息，将为创业者有针对性地开展业务做准备。

(三) 竞争对手调查

在开放的市场经济条件下，做独家买卖很难。在开业前，也许已有人做相同或类似的业务，这些就是现实的竞争对手。也许开展的业务是全新的，有独到之处，在刚开始经营的时候，没有对手，一旦生意兴旺，就会有许多人竞相加入，这些就是潜在对手。了解竞争对手的情况，包括竞争对手的数量与规模、分布与构成，竞争对手的优缺点及营销策略，做到心中有数，才能在激烈的市场竞争中占据有利位置，有的放矢地采取一些竞争策略，做到"人无我有，人有我优，人优我独，人独我精"。

(四) 市场销售策略调查

市场销售策略调查应重点调查了解目前市场上经营某种产品或开展某种服务项目的促销手段、营销策略和销售方式。如调查了解销售渠道、销售环节，最短进货距离和最少批发环节，广告宣传方式和重点，价格策略，促销手段是有奖销售还是折扣销售，销售方式是批发还是零售、代销还是传销、专卖还是特许经营等，调查这些经营策略是否有效，有哪些缺点和不足，从而为决策采取什么经营策略、经营手段提供依据。调查对象一般为消费者、零售商、批发商。在以消费者为调查对象时，要注意有时某一产品的购买者和使用者不一致，如对婴儿食品的调查，其调查对象应为孩子的母亲。此外，还应注意一些产品的消费对象主要针对某一特定消费群体或侧重于某一消费群体，这时调查对象应选择产品的主要消费群体。例如对于化妆品，调查对象主要选择女性；对于酒类产品，调查对象主要选择男性。

(五) 常见的市场调研方法

1. 按调查范围分

按调查范围可将市场调研分为市场普查、抽样调查和典型调查三种。

市场普查，即对市场进行一次性全面调查，这种调查量大、面广、费用高、周期长、难度大，但调查结果全面、真实、可靠。一般创业者做的一些创业项目，没有能力，也没有必要采用这种大规模的市场普查。

抽样调查，即从全部调查研究对象中抽选一部分单位进行调查，据此推断出总体的状况。

典型调查，即从调查对象的总体中挑选一些典型个体进行调查分析，据此推断出总体的一般情况。

2. 按调查方式分

按调查方式可将市场调研分为访问法、观察法和试销或试营法三种。

访问法，即事先拟定调查项目，通过面谈、信访、电话等方式向被调查者提出询问，以获取所需要的调查资料。这种调查简单易行，有时也不见得很正规，在与人聊天闲谈时，就可以把调查内容穿插进去，在不知不觉中进行市场调研。

观察法，即调查人员亲临顾客购物现场(如商店和交易市场)、亲临服务项目现场(如饭店内和客车上)，直接观察和记录顾客的类别、购买动机和特点、消费方式和习惯、商家的价格与服务水平、经营策略和手段等，这样取得的第一手资料更真实可靠。要注意的是调查行为不要被经营者发现。

试销或试营法，即对拿不准的业务，可以通过试营业或产品试销来对市场进行分析。市场调研的整理：将调查结果包括问卷调查的结果，整理分析。在对调查结果进行整理时，首先是要确定调查的项目技术或者产品能不能做。很多时候，调查收集到的材料足以帮助我们做出大概的判断，以后的分析整理，确定项目技术、产品在市场上的地位，明确优、缺点，市场细分，决定目标市场等会使我们更冷静地面对。如果某个产品，在被调查者中，有超过80%的人认为没有市场，不会去购买，那么创业者应趁早收手；如果有50%的被调查者不看好该产品，那么创业者需谨慎；同样，如果几乎所有的被调查者都愿意接受即将提供的某项技术服务，那么说明该技术在当地是有市场的，创业者可以做。

二、市场调研的指导意见

新力市场研究(DMB Research)专家表示，市场调研是一个令很多中小企业营销管理者感到迷茫的问题：人力上，既没有专职的市调人员，更没有独立的市场部门；财力上，请不起专业的市场调研公司，而市场调研工作又不能不做，不做就不知道自己要讨好的对象是谁，他在想什么，做什么；不做就不知道自己的竞争对手过去、现在和未来是怎么做的和将怎么做。

(一) 中小企业市场调研的职责担当

在没有独立的市场部门并且近期也不打算建立市场部门的情况下，最好把市场调研工作交给总经理室，并由专职信息人员负责。这样做有三个好处：

(1) 很多中小企业的销售工作是由总经理直抓或兼管的，总经理室作为幕僚单位，有必要把握市场动态，供总经理决策参考。

(2) 总经理室与总经理最为贴近，便于总经理指导市场调研工作及查阅参考市场信息。

(3) 总经理室作为公司的"中枢神经"，由它来策划和执行市场调研工作与管理的基本原则不矛盾。当然，在策划调研活动时，必须以市场和销售为导向，并充分听取销售人员的意见和建议。

(二) 市场调研的具体执行

市场调研是一项繁杂的工作，即便是具备独立的市场部门、专职的市调人员的大公司，市场调研工作也不是由市调人员"包干到底"的，市调人员的工作是负责策划、组织、指导、控制调研活动，对中小企业而言，具体执行工作可借助于销售人员。

1. 由公司销售人员借工作之便进行调研或临时执行调研任务

销售人员是冲锋在第一线的战士，他们最了解"敌情"，也是最需要了解"敌情"的人，借助销售人员一方面可以节省公司人力、物力和财力，起到事半功倍的效果；另一方面可以督促销售人员加深对市场的了解。

2. 借助公司的经销商或代理商来完成调研工作

代理商在做好本地市场这一基本愿望上是与公司完全一致的，在这一前提下，公司可以策划、指导经销商或代理商做好该地区的市场调研工作，包括该地区基本状况、消费者状况、竞争品牌状况调查，以及当地媒介状况调查，当地政府、民间活动调查等；同时，实施"动态企划"，抓住机会，巧妙借势，做好当地的广告、促销活动。这样不仅解决了调研的一大难题，也有助于巩固双方的合作关系。

总经理不仅应做好市场调研的策划、组织、指导、控制工作，还必须做好二手信息的收集研究工作。很多中小企业虽然订有各种专业报纸杂志，拥有自己的网站，但未能有效地利用这些宝贵的资源，从中淘金。专业报纸杂志也并非多多益善，订几种综合性、权威性的即可。通过专业报纸杂志，公司可以尽快地了解业界动态。

自己的网站应有效利用。利用网络可以便捷地查询各种有用信息，中小企业应有效利用自己的网站进行市场调研。

地方报纸及营销类杂志不可或缺。一些中小企业对专业报纸杂志还是相当重视的，但对地方报纸及营销类杂志却不那么热情，这种做法欠妥。中小型企业的产品仅供当地及周边市场，地方报纸是我们的耳目，有助于我们了解发生在身边的人和事。营销类杂志则向公司打开了一扇学习别人市场调研和营销经验的窗口，只有虚心学习，才能有所进步。

(三) 市场信息的消化与吸收

作为公司的专职信息人员，必须具备较强的计划、分析和文字表达能力，及时将市场信息消化、整理，上达主管。而作为公司的经营和销售人员，应主动地研究市场，并及时反馈意见，以求改进及更好地配合。

对中小企业来讲，最重要的两个字是"观念"。企业的营销管理者对市场调研重视与不重视，抓与不抓是完全不一样的。

作为企业经营的决策者与主管者，应做到：

第一，亲自深入分析客户需要的一系列经济问题，设身处地、将心比心地悉心关注，理解客户在选购、接收、储运、使用、处置产品或服务过程中所可能付出的金钱、时间、精力、精神代价及其期望值——分析客户需求、偏好，换位思考问题。

第二，以非正式、启发式、置疑式的方法，主动直接地抽样访谈主要客户群中的各个层面的经营管理者、应用者，向恰当层次的恰当人询问恰当的需求、偏好问题，以客观地测知其较普遍的重要爱好——与消费者(群)直接交谈，了解其偏好、需求。

第三，特别注重与一些精明型、未来型、代表型的客户需求决策者个人交朋友，经常性地直接交谈沟通，并尽可能让其直接参与产品或服务方案设计，以实时探知、洞悉、感悟他们的未来爱好。同时，也可与客户的客户、供应商的供应商、中介分析商、专业证券分析家、产业新闻记者直至竞争对手就客户的未来需要、偏好等问题进行交流、讨论、辩驳，以更宽广的胸怀、视野把客户需要、偏好这个蛋糕做大做好——洞悉先机，与重要客户、特殊客户交朋友，预知客户需求、偏好。

第四，培养起信息的收集、利用意识。中小企业要充分认识互联网对企业生存与发展所具有的重要作用，增强信息的收集和利用意识，并通过信息资源的开发和信息技术的有效利用，来提高企业的生产能力与经营管理水平，增强企业在市场中的竞争力。在企业 IT经营网络中，特别要建立一个专用的客户信息系统，实行客户关系管理——利用最新科技搜集、分析、储存、整理客户需求与偏好。

第五，在深入访谈调研的基础上，列出 2 至 3 年未来行业和其他行业中最受欢迎的三种以上产品或服务及原因以及超常创值盈利的原因，即可预知未来 2 至 3 年内客户最重要的需求、偏好趋势。

浙江一家专业生产烟灰缸的企业依靠中间商做好市场调研颇为成功。这种名为"柔顺"牌的烟灰缸因为质地、造型都不错，在国际市场上很畅销。可过了一段时间，产品渐渐受到冷遇，订单日渐减少。经中间商反馈信息得知，一些发展中国家的居民寓所里普遍安了电扇，电扇一开，因烟灰缸太浅，烟灰就四处飞，很不卫生。据此，他们马上试制了一种口小、肚大、底深的新式烟灰缸，产品一经推出，又大受欢迎。可好景不长，原因是一些欧美国家寓所安装的是空调而非电扇，主妇们嫌口小的烟灰缸不好清理，为此该厂研制出一种口敞、底较深的新样式，专门出口欧美地区，再度抢占了这些险些失去了的市场。

中小企业虽然人、财、物等方面比不上大企业，但若把有限的精力、财力、集中于一点，谋后而动，就能推陈出新，开发出优势产业，创造新市场。

综上所述，成立一个由总经理挂帅，总经理室策划、组织、指挥、协调、控制的市场调研指挥部，组建一支以销售人员为主体、中间商为助理的同盟军，中小企业又何愁做不好市场调研工作？产品或服务的市场如何将最终决定企业的成败命运，尤其是中小企业。如果说企业的天性是竞争赢利，那么企业的天职就是搞好市场调研，尽最大可能地迎合客户需求与偏好。实现客户服务价值的逐步增长，应该是企业经营思维、行为的出发点。

三、市场规律

(一) 市场可行规律

创业者应该时刻关注经济市场的规律，具体包括以下几方面。

1. 创业者需要注意经济市场的最新消息

在信息大爆炸时代，创业者应时刻关注经济市场的最新消息。因为在经济市场上，就算是一条微不起眼的信息也可能给整个经济市场带来变化，不可忽视"蝴蝶效应"。创业者要时刻清楚经济市场的最新信息，要时刻把握经济市场对创业有利的信息，同时不能忽视对创业不利的信息，因为这些都将对创业有着深刻的影响，要时刻关注警惕着。

2. 创业者要学会分析经济市场规律的数据

每个创业者都想知道全球经济市场的规律走势，因为一旦把握住了，创业将变得如鱼得水。创业者要想把握经济市场的规律，首先要学会分析数据。虽然数据不能决定经济市场的走势，但是它一定可以影响经济市场的走势。创业者要收集重要的信息数据，分析研究数据，这样才能掌握经济市场走势。只有顺应着经济市场的规律，才有可能发展自己的创业公司；只有顺应着经济市场的规律，才能在优胜劣汰的经济市场上站稳脚跟。

(二) 市场定位规律

创业过程中存在着两方面的问题。一个问题是从自身来讲，创新的障碍不是纯粹的技术问题，而是自身的定位问题，给自己定位在什么领域，是不是都要挤进 500 强?一个企业从创业、研发、资金、市场等从头到尾都要做到最强是不可能的。另外一个问题就是外部环境问题。说到外部环境问题，首先就是资金问题。因为没有强大的资本市场，想得到像美国硅谷那样的"天使资金"对小企业来讲是奢望，很难实现。因此，只能从对风险投资基金的支持开始，通过一定的政策和环境支持，使风险投资愿意进来，愿意投入，然后再解决其他问题。

创业，应该把握好几个市场规律：

1. 平均利润率规律

平均利润理论的核心内容是等量资本获取等量利润。就是说，在一个社会中，不同的经济主体，无论其生产经营的内容差别有多大，也不管他们投资的部门、区域有什么不同，只要他们所投入资本的量相同，各自所获得的利润就趋于相同。

在市场上，大家都蜂拥而上的时候，给创业者的利润空间是非常小的。创业者要找准定位，在细分市场中，有些行业大企业可能不值得进去，初创业者则可以大有作为。

2. 前三名规律

正是由于小，资金有限，要占领一个大市场是比较难的。但是，完全可以在一个细分市场里做精，进入前三名。大与小都是相对而言的，在一个大市场中，细分市场可能是小，但是在一个细分市场中进入前三名，有了定价权，就有了可以左右这个市场的权力。创业者可以采取跟进的战略，用"拿来主义"走模仿创新的路子，先把发达国家先进的技术拿过来，在此基础上进行改进创新，从而逐步创出自己的品牌。比如国内某知名产品就是采取这种跟进战略，在硬度检测仪器这个细分市场上做到世界前两名，与另一家外国企业平分市场，这种战略无疑是小企业发展的一条路子。

总之，在国际化、全球化的形势下，一定要研究自己的市场定位，企业要定位好自己的位置。如果在一个创新链中居于中间，要研究如何与上、下游之间建立共赢的关系。

(三) 市场营销规律

市场营销规律是指市场营销现象之间和市场营销活动过程中内在的、必然的、本质的联系。其主要内容如下：

(1) 价值规律，即商品的价值量由生产商品的社会必要劳动时间决定，商品按照价值量进行交换的规律。

(2) 供求规律，即商品的供求矛盾不断地由不平衡转化为平衡，再由平衡转化为不平衡，循环往复，周而复始运动的规律。

(3) 竞争规律，即商品生产者和经营者在市场上为谋求自身的经济利益而相互较量的规律。

(4) 货币流通规律，即流通中的货币需要量决定于商品价格总额和货币流通的平均速度的规律。

(5) 节约流通时间规律，即尽量缩短商品流通时间，加快商品从生产领域向消费领域转移的规律。

这些规律都是商品经济的客观规律，作为一种内在的力量对市场上的商品营销活动起着支配作用。

市场营销规律的主要特点如下：

第一，客观性。市场营销规律的存在和发生作用是不以人的意志为转移的，人们在进行营销活动时，只能发现、认识、利用它们，但绝不能创造、改造、消灭它们，更不能违背它们。

第二，共同性。市场营销规律是商品经济社会形态中存在的共有经济规律，反映营销活动、营销过程、营销现象间的客观要求和内在必然联系，反映营销活动过程中的某些共同本质，具有一般的、普遍的、共同的指导意义和作用。

四、市场调研报告的格式与内容

(一) 市场调研报告的格式

市场调研报告一般由标题、目录、概述、正文、结论与建议、附件等几部分组成。

1. 标题

标题和报告日期、委托方、调查方一般打印在扉页上。

一般要在与标题同一页，把被调查单位、调查内容明确而具体地表示出来，如《关于哈尔滨市家电市场调研报告》。有的调研报告还采用正、副标题形式，一般正标题表达调研的主题，副标题则具体表明调研的单位和问题。

2. 目录

如果调研报告的内容、页数较多，为了方便读者阅读，应当使用目录或索引形式列出报告所分的主要章节和附录，并注明标题、有关章节号码及页码。一般来说，目录的篇幅不宜超过一页。

3. 概述

概述主要阐述课题的基本情况，它是按照市场调研课题的顺序将问题展开，并阐述对调研的原始资料进行选择、评价、作出结论、提出建议的原则等。主要包括三方面内容：

第一，简要说明调研目的，即简要地说明调研的由来和委托调研的原因。

第二，简要介绍调研对象和调研内容，包括调研时间、地点、对象、范围，调查要点及所要解答的问题。

第三，简要介绍调查研究的方法。介绍调查研究的方法，有助于使人确信调查结果的可靠性，因此对所用方法要进行简短叙述，并说明选用方法的原因。例如，是用抽样调查法还是用典型调查法，是用实地调查法还是文案调查法，这些一般是在调研过程中使用的方法。另外，在分析中使用的方法，如指数平滑分析、回归分析、聚类分析等方法都应作简要说明。如果部分内容很多，应有详细的工作技术报告加以说明补充，附在市场调研报告的最后部分的附件中。

4. 正文

正文是市场调研分析报告的主体部分。这部分必须准确阐明全部有关论据，包括问题的提出到引出的结论，论证的全部过程，分析研究问题的方法，还应当有可供市场活动的决策者进行独立思考的全部调查结果和必要的市场信息，以及对这些情况和内容的分析评论。

5. 结论与建议

结论与建议是撰写综合分析报告的主要目的。这部分包括对引言和正文部分所提出的主要内容的总结，提出如何利用已证明为有效的措施和解决某一具体问题可供选择的方案与建议。结论和建议与正文部分的论述要紧密对应，不可以提出无证据的结论，也不要没有结论性意见的论证。

6. 附件

附件是指调查报告正文包含不了或没有提及，但与正文有关必须附加说明的部分。它是对正文报告的补充或更详尽的说明，包括数据汇总表及原始资料背景材料和必要的工作技术报告，例如为调查选定样本的有关细节资料及调查期间所使用的文件副本等。

(二) 市场调研报告的内容

市场调研报告的主要内容如下：

(1) 说明调查目的及所要解决的问题。

(2) 介绍市场背景资料。

(3) 分析的方法，如样本的抽取，资料的收集、整理、分析技术等。

(4) 调研数据及其分析。

(5) 提出论点，即摆出自己的观点和看法。

(6) 论证所提观点的基本理由。

(7) 提出解决问题可供选择的建议、方案和步骤。

(8) 预测可能遇到的风险、对策。

五、创业计划书的撰写

创业计划书是创业融资的"敲门砖",作为众多创业企业、成长企业进行融资的必备文件,其作用就如同预上市公司的招股说明书,是一份对融资公司或项目进行陈述和剖析,便于潜在投资人对投资对象进行全面了解和初步考察的文本文件。

(一) 创业计划书的含义

创业计划书是一份由创业者准备的书面计划,用以描述创办一个新企业所有相关的外部及内部要素,通常是各项职能计划的集成,同时也提出创业经营前三年的长、短期决策方针。作为一种和国际接轨的商业文件,创业计划书除具有寻求风险投资等方面的商业价值外,还对创业实践具有重要的指导作用。

创业计划书的准备通常是一个漫长而辛苦、又具创造性与重复的过程,这个过程要把一个思路雏形变成一个难得的商机,就像一条毛毛虫蜕变成一只美丽的蝴蝶,创业计划书就是此过程的顶点。

(二) 如何撰写创业计划书

创业计划书的起草与创业本身一样是一个复杂的系统工程,不但要对行业、市场进行充分地研究,而且还要有很好的文字功底。对于一个发展中的企业,专业的创业计划书既是寻找投资的必备材料,也是企业对自身的现状及未来发展战略全面思索和重新定位的过程。一部完整的创业计划书的主要结构如下:

第一章 摘 要

【摘要相当于一份计划书的点睛之笔。如果没有好的摘要,创业者的计划书也不会引起投资者的注意。因此,建议创业者先编制一个摘要,用它作为自己全部计划的基本框架。摘要不需要过长,提取精华即可。】

摘要需要简要叙述以下几点内容:

(1) 项目描述(介绍项目的目的、意义、内容及运作方式等)。

(2) 产品与服务(陈述产品或服务,包括产品的竞争优势)。

(3) 行业与市场分析(介绍行业历史与前景,市场规模及增长趋势,行业竞争对手及本公司竞争优势,未来 3 年市场销售预测)。

(4) 营销策略(陈述在价格、促销、建立销售网络等各方面拟采取的策略及其可操作性和有效性,对销售人员的激励机制)。

(5) 资金需求(讲述资金需求量、用途、使用计划,拟出让股份、投资者权利、退出方式)。

(6) 财务预测(陈述未来 3 年或 5 年的销售收入、利润、资产回报率等)。

(7) 风险控制(陈述经营过程中可能出现的风险及拟采取的控制措施)。

第二章 综 述

【看过摘要部分,意向投资方已经对创业者的计划有了大概的了解。那么,接下来就要通过本章的综述展现给意向投资方一个鲜活的项目策划方案,进一步从框架理念看到有充分依据的市场反馈需求的饱满的可行性计划书。这样,创业者的计划书就有了坚实的基础,有了足够说服对方的分量。切忌不要过于繁杂,应条理清晰,强而有力。】

一、项目描述

1. 项目背景

2. 项目宗旨

3. 项目介绍

二、产品与服务

1. 产品品种规划

2. 研究与开发

3. 未来产品和服务规划

4. 实施阶段

5. 服务与支持

三、行业与市场分析

【这部分是编写商业计划书最重要也是最困难的一部分,如果不重视对本部分的编写,那么创业者的计划将成为最糟糕的计划。在本部分中,要指出创业者在哪个行业领域、市场领域、岗位功能方面展开竞争,市场特点与性质怎样,如何划分市场格局等。】

1. 市场介绍

2. 目标市场

3. 顾客购买准则

4. 竞争对手分析

四、市场与销售

1. 市场计划

2. 销售策略

3. 渠道销售与伙伴

4. 销售周期

5. 定价策略

6. 市场联络(展会/广告宣传/新闻发布会/年度会议/学术讨论会/国际互联网促销等)

五、营运组织设计

1. 组织结构

2. 团队成员岗位描述和要求

3. 建立团队愿景、使命和精神

六、实施进度计划

1. 短期目标

2. 中期目标

3. 长期目标

七、财务计划

1. 资金需求与使用计划

2. 融资计划

3. 损益预估表

4. 现金流预测

5. 资产负债预估表

6. 盈亏平衡分析

7. 投资回报率

8. 投资收回年限

八、风险控制

1. 政策风险

2. 法律风险

3. 竞争风险

4. 亏损风险

九、附录

1. 信件

2. 市场研究数据

3. 租约或合同

4. 供应商报价

【案例 9-1】 海尔洗衣机"无所不洗"

创立于 1984 年的海尔集团，现已成为享誉海内外的大型国际化企业集团。1984 年海尔只生产单一的电冰箱，而目前它在全球有 5 大研发中心、21 个工业园、66 个贸易公司、143 330 个销售网点，用户遍布全球 100 多个国家和地区。2003 年，海尔全球营业额实现 806 亿元。2003 年，海尔蝉联中国最有价值品牌第一名。2004 年 1 月 31 日，世界五大品牌价值评估机构之一的世界品牌实验室编制的《世界最具影响力的 100 个品牌》报告揭晓，海尔排在第 95 位，是唯一入选的中国企业。2003 年 12 月，全球著名战略调查公司 Euromonitor 公布了 2002 年全球白色家电制造商排序，海尔以 3.79%的市场份额跃升至全球第二大白色家电品牌。2004 年 8 月《财富》中文版评出最新"中国最受赞赏的公司"，海尔集团紧随 IBM 中国有限公司之后，排名第二位。冰箱、空调、洗衣机等产品属于白色家电。作为在白色家电领域最具核心竞争力的企业之一，海尔有许多令人感慨和感动的营销故事。1996 年，一位四川成都的农民投诉海尔洗衣机排水管老是被堵，服务人员上门维修时发现，这位农民用洗衣机洗地瓜(南方又称红薯)，泥土大，当然容易堵塞。服务人员没有推卸自己的责任，还帮顾客加粗了排水管。顾客感激之余，埋怨自己给海尔人添了麻烦，还说如果能有洗红薯的洗衣机，就不用烦劳海尔人了。农民兄弟的一句话，被海尔人记在了心上。海尔营销人员调查四川农民使用洗衣机的状况时发现，在盛产红薯的成都平原，每当红薯大丰收的时节，许多农民除了卖掉一部分新鲜红薯外，还要将大量的红薯洗净后加工成薯条。但红薯上沾带的泥土洗起来费时费力，于是农民就动用了洗衣机。更深一步的调查发现，在四川农村有不少洗衣机用过一段时间后，电机转速减弱、电机壳体发烫。向农民一打听，才知道他们冬天用洗衣机洗红薯，夏天用它来洗衣服。这令张瑞敏萌生了一个大胆的想法：发明一种洗红薯的洗衣机。1997年海尔为该洗衣机立项，成立以工程师李崇正为组长的4人课题组，1998年4月投入批量生产。洗衣机型号为XPB40-DS，不仅具有一般双桶洗衣机的全部功能，还可以洗地瓜、水果甚至蛤蜊，价格仅为848元。首次生产了1万台投放农村，立刻被一抢而空。一般来讲，每年的6至8月是洗衣机销售的淡季。每到这段时间，很多厂家就把促销员从商场里撤回去。张瑞敏纳闷儿：难道天气越热，出汗越多，老百姓越不洗衣服？调查发现，不是老百姓不洗衣服，而是夏天里5公斤的洗衣机不实用，既浪费水又浪费电。于是，海尔的科研人员很快设计出一种洗衣量只有1.5公斤的洗衣机——小小神童。小小神童投产后先在上海试销，因为张瑞敏认为上海人消费水平高又爱挑剔。结果，上海人马上认可了这种世界上最小的洗衣机。该产品在上海热销之后，很快又风靡全国。在不到两年的时间里，海尔的小小神童在全国卖了100多万台，并出口到日本和韩国。张瑞敏告诫员工说："只有淡季的思想，没有淡季的市场。"在西藏，海尔洗衣机甚至可以合格地打酥油。2000年7月，海尔集团研制开发的一种既可洗衣又可打酥油的高原型"小小神童"洗衣机在西藏市场一上市，便受到消费者欢迎，从而开辟出自己独有的市场。这种洗衣机3个小时打制的酥油，相当于一名藏族妇女三天的工作量。藏族同胞购买这种洗衣机后，从此可以告别手工打酥油的繁重家务劳动。在2002年举办的第一届合肥"龙虾节"上，海尔推出的一款"洗虾机"引发了难得一见的抢购热潮，上百台"洗虾机"不到一天就被当地消费者抢购一空，更有许多龙虾店经营者纷纷交定金预约购买。这款海尔"洗虾机"因其巨大的市场潜力被安徽卫视授予"市场前景奖"。5月是安徽当地特产龙虾上市的季节，龙虾是许多消费者喜爱的美味。每到这个季节，各龙虾店大小排档生意异常火爆，仅合肥大小龙虾店就有上千家，每天要消费龙虾近5万斤。但龙虾好吃清洗难的问题一直困扰着当地龙虾店的经营者。因为龙虾生长在泥湾里，捕捞时浑身是泥，清洗异常麻烦，一般的龙虾店一天要用2至3人专门手工刷洗龙虾，但常常一天洗的虾，不及几个小时卖的多，并且，人工洗刷费时又费力，还增加了人工成本。针对这一潜在的市场需求，海尔洗衣机事业部利用自己拥有的"大地瓜洗衣机"技术，迅速推出了一款采用全塑一体桶、宽电压设计的可以洗龙虾的"洗虾机"，不但省时省力、洗涤效果非常好，而且价格定位也较合理，极大地满足了当地消费者的需求。过去洗2公斤龙虾一个人需要10～15分钟，现在用"龙虾机"只需三分钟就可以完成。

"听说你们的洗衣机能为牧民打酥油，还给合肥的饭店洗过龙虾，真是神了！能洗荞麦皮吗？"2003年的一天，一个来自北方某枕头厂的电话打进了海尔总部。海尔洗衣机公司在接到用户需求后，仅用了24小时，就在已有的洗衣机模块技术上，创新地推出了一款可洗荞麦皮枕头的洗衣机，受到用户的极力称赞，更成为继海尔洗地瓜、打酥油机、洗龙虾机之后，在满足市场个性化需求上的又一经典之作。明代医学家李时珍在《本草纲目》中有一则"明目枕"的记载："荞麦皮、绿豆皮、菊花同作枕，至老明目。"在我国，人们历来把荞麦皮枕芯视为枕中上品。荞麦皮属生谷类，具有油性，而且硬度较高，如果不常洗或者晒不干就会滋生细菌，但荞麦皮的清洗与干燥特别费劲，因为荞麦皮自身体积微小，重量极轻，很难晾晒，如果在户外晾晒更容易被风刮走。荞麦皮的清洗和晾晒问题就成了荞麦皮枕头厂家及消费者的一大难题。海尔开发的这款既可以家庭洗衣，又可以用来洗荞麦皮枕头的"爽神童"洗衣机，除了洗涤、脱水等基本功能外，还独有高效的 PTC 转动烘干、自然风晾干两种干燥技术，同时专门设计了荞麦皮包装洗涤袋，加上海尔独有的"抗菌"技术，非常圆满地解决了荞麦皮枕头的清洗、干燥难题。专家指出，目前洗衣机市场已进入更新换代、需求快速增长期。始终靠技术创新领先市场的海尔，通过多年以来的技术储备和市场优势的积累，在快速启动的洗衣机市场上占尽先机。世界第四种洗衣机——海尔"双动力"是海尔根据用户需求，为解决用户对波轮式、滚筒式、搅拌式洗衣机的抱怨而创新推出的一款全新的洗衣机，由于集合了洗得净、磨损低、不缠绕、15 分钟洗好大件衣物、"省水省时各一半"等优点于一身，迎合了人们新的洗衣需求，产品上市一个月就创造了国内高端洗衣机销量、零售额第一名的非常业绩，成为国内市场上升最快的洗衣机新品，在第 95 届法国列宾国际发明展览会上一举夺得了世界家电行业唯一发明金奖。

赛诺市场研究公司 2004 年 4 月份统计数据显示，海尔洗衣机市场份额高居全国第一，尤其在我国华北、东北、华东、西北、中南、西南 6 大地区市场上均稳居第一，且与竞争对手的距离进一步拉大。在西北地区，海尔洗衣机的市场份额已接近 40%，超出第二名近 3 倍；在其他 5 大地区，海尔洗衣机的市场份额也都有明显上升，均超出第二名近 2 倍。

【案例9-2】　　　　贫困大学生成功创业　买房开宝马

胡启立是武汉科技学院电信学院应届本科毕业生，红安农村人。4 年前，他借债上大学。在大学期间，他打工、创业，不仅还清了债务，为家里盖起了两层洋楼，自己还在武汉购房买车，拥有了自己的培训学校。他创业走过了怎样一条路？学校师生对他创业又是如何看的呢？

从小收购土特产卖

胡启立 1982 年出生在红安县华河镇石咀村一个普通农家，父亲在当地矿上打工，母亲在田里忙活。在胡启立 3 岁那年，父亲在矿上出事了，腿部严重骨折瘫痪在床，四处求医问药。三年后，父亲总算能下地走路了，可再也不能干重活累活。为给父亲看病，家里几乎家徒四壁。

胡启立的父亲不能下地干活，只得开了家小卖部，卖些日用品。胡启立小小年纪就经常跑进跑出"添乱又帮忙"，也正是因为这个原因，他从小就接触到了买卖。

慢慢长大了，胡启立在商业方面开始显才。全村 20 多个同龄小孩，他的年龄和个头都不是最大的，但却是"领袖"，他经常带着同伴们去挨家挨户收购土特产，如蜈蚣、桔梗、鳝鱼等，卖到贩子手上，挣些零花钱。

2002 年，胡启立读高中，学习成绩还不错，正在读高一的弟弟辍学外出打工，给哥哥赚学费。胡启立心里不是滋味，心中暗暗发誓，一定要考上大学，让家里人过上好日子。胡启立说，他从那时就开始规划自己的大学生活：大一好好学习，尽量多去学点东西，从大二开始，寻找机会挣钱，力争大学毕业的时候，自己能当上老板。

高考时，他本打算报考一所商学院，却遭到家人的反对，好在他对电子也有兴趣，最后选择了武汉科技学院电子信息工程专业。

贴海报发现校园商机

2002 年 9 月，胡启立带着对大学生活的憧憬，和从姑姑那借来的 4000 元学费，到武汉科技学院报到。

进校后，胡启立感觉大学生活比高中生活轻松多了，空闲时间也多，他利用这些空闲时间逛遍了武汉所有高校，也熟悉了武汉的环境，这为他的下一步创业打下了基础。

大学时间相对充裕，稍不注意就会养成懒散的习惯，胡启立是个闲不住的人，他决定提前走入社会，大一下学期就开始了自己的创业之路，比原定计划提前了半学期。

2003 年春季一开学，胡启立开始给一所中介机构贴招生海报，这是他找到的第一份兼职工作，并且交了 10 元会费。

"贴一份 0.20 元，贴完了来结账。"中介递给他一沓海报和一瓶糨糊，胡启立美滋滋地开始往各大校园里跑。

"贴海报，看起来容易，其实很难做的。"胡启立没想到贴份海报，还要受人管，一些学校的保安轻者驱赶一下，严重的会辱骂甚至动手。

3 天后，胡启立按规定将海报贴在了各个校园，结账获得 25 元报酬。同行的几人嫌少，都退出了，而胡启立却又领了一些海报，继续干起来。不过，他心里也开始在想别的门道了。

一次，他在中国地大附近贴海报时，看到一家更大的中介公司，就走了进去，在那里遇到一位姓王的年轻人。

王某是附近一所大学的大四学生，在学校网络中心搞勤工俭学。几个学生商量，能不能利用网络中心的电脑和师资，面向大学生搞电脑培训。网络中心同意了，但要求学生们自己去招生。"只要你能招到学生，我们就把整个网络中心的招生代理权交给你。"王某慷慨地说。胡启立想，发动自己在武汉的同学帮忙，招几个人应该是没问题，就满口应承下来。

做招生宣传要活动经费，胡启立没有经验，找几个要好的同学商量，结果大家都不知道要多少钱。有的说要 5000 元，有的说要 2000 元，最后胡启立向王某提出要 1800 元活动经费，没想到王某二话没说，就把钱给了他。

胡启立印海报，买糨糊，邀请几个同学去各个高校张贴，结果只花了 600 元，净落 1200 元。这是他挣到的第一笔钱。

尽管只花了 600 元，但招生效果还不错，一下子就招到了几十个人。然而，这些学生去学电脑时却遇到了麻烦，因为动静搞大了，学校知道了这个事情，叫停了网络中心的这个电脑培训班。胡启立几次跑到网络中心，都没办法解决这个事情。他无意间发现网络中心楼下有个培训班，也是搞电脑培训的，能不能把这些学生送到那去呢？对方一听说有几十个学生要来学电脑，高兴坏了，提出给胡启立按人头提成，每人 200 元。非常意外地，胡启立一下子拿到了数千元。

办培训学校，圆了老板梦

2005 年，"胡启立会员招生"的传闻开始在关山一带业内传开了。一家大型电脑培训机构的负责人找胡启立商谈后，当即将整个招生权交给他。随着这家培训机构一步步壮大，胡启立被吸纳成公司股东。但胡启立并不满足，他注册成立了自己的第一家公司——专门做校园商务的公司。

胡启立谈起成立第一家公司的目的："校园是一个市场，很多人盯着这个市场，但他们不知道怎么进入。成立公司，就是想做这一块的业务，我叫它校园商务。"

同时，胡启立发现很多大学生通过中介公司找兼职，上当受骗的较多，就成立了一家勤工俭学中心，为大学生会员提供实实在在的岗位。他的勤工俭学中心影响越来越大，后来发展到 7 家连锁店。高峰时，每个中心能有一万元左右的纯收入。2005 年下半年，由于业务越做越大，胡启立花 20 多万元买了一辆丰田花冠轿车，在校园和自己的各个勤工俭学点奔跑。2006 年 9 月，他又将丰田花冠换成 30 多万元的宝马 320。记者问他为何换名车，他说："谈生意，好车有时候是一种身份证明吧。"

在给一些培训学校招生的过程中，胡启立结识了一家篮球培训学校的负责人，开始萌生涉足体育培训业务的念头。经过多次考察比较，2006 年年底，胡启立整体租赁汉阳一所中专校园，正式进军体育培训。当年招生 100 余人，2007 年的招生规模是 300 人。以前都是为别人招生，这次总算是为自己招了。

如今，胡启立已涉足其他类型办学，为自己创业先后已投入 200 万元左右。

师生眼里，他是个怪才

尽管现在成了校园里的创富明星，但胡启立一点也不张扬。虽然在外面买了房子，但胡启立还和以前一样住在学生宿舍，吃食堂，而且他看上去和大多数同学差不多，只不过稍显得老成一些。

只是在学校很难见到他本人，用同学们的玩笑话来说："谁要想见他，都要提前一个月预约。"他和同学关系都比较好，虽然经常不在学校，但是如果有消息的话，一般不出半天就会通知到他。

"他是个怪才，我们都很佩服他。"胡启立的同学裴振说。其实，班里对胡启立的看法，分成两派：一部分人十分羡慕他，大学还没毕业就能自己赚钱买车买房；另一部分人认为他虽然创业成功了，但学习没跟上，而且他现在从事的工作和专业没什么关系，等于放弃了自己的专业，怪可惜的。胡启立在大学期间，学校也为他创业提供了帮助，从院长到老师，都为其创业和学习付出了很多心血。由于忙于创业，耽误了一些课程，学校了解他的特殊情况后，特事特办，按规定允许他部分课程缓考。

班主任杜勇老师谈起自己的这个特殊学生，也连说："我带过很多学生，但胡启立是其中最特别的，创业取得的成绩也较大。"他认为在现在大学生就业形势整体不太好的前提下，大学生自主创业，不仅解决了自己的就业问题，做得好的话还可以为别人提供岗位，但要是能兼顾学业就更好了。

【案例9-3】　　　　　拼搏一回再重来　虽败犹荣

2004 年 8 月中旬，小侯走上了创业之路。因为喜欢汽车，他把目标锁定了与汽车有关的项目，一家属于他自己的汽车饰品店在一番忙碌之后诞生了。但是仅仅半年，他就鸣金收兵，败下阵来。回忆那段创业的日子，让小侯很是痛苦：付出了很多，回报太少。其实，创业之前，小侯是做了充分准备的。因为喜欢汽车，他就琢磨着在汽车方面找路子。他先到网上搜集了一些关于汽车消费品的创业项目。然后根据实际情况，考虑到随着人们生活水平的提高，买车的人越来越多，而爱车的人一般都比较注重车内装饰，那么，开一家汽车饰品店，生意应该不错吧。小侯觉得自己的想法还是比较顺应市场发展的，很快开始了第二步工作。他先从网上搜索了一些经营汽车饰品的代理商，并对各家的产品质量和价位进行了比较，然后选定一家太原的代理商。经过联系，他和那家代理商签好了协议，交了6000元的加盟费，就开始租房子、装修、进货，脑子里满是憧憬的小侯很快就成了老板。但是现实给小侯的热情浇了一盆冷水，开张后，顾客寥寥无几。尽管他店里的饰品很吸引眼球，无奈饰品店所处的位置比较偏，路过的车倒是不少，但也仅仅是路过，而且大部分是大货车，根本不会在这样一个地段停车，也不会来买车内饰品。小侯每天都早早开店，很晚才打烊，商品的价位也定得很低，就这样，开业半年，总共才卖出两三千元的货。这时，房租也到期了，小侯不敢再经营下去，把剩下的货放到朋友空着的车库里，从此不提开店的事。

"商场如战场"比喻虽老，但却贴切，战场之上，胜败乃兵家常事。每个创业者在创业之初都会经历几次失败，但若从中吸取经验教训，为二次创业积累经验，即使失败也是虽败犹荣。在风云变幻的商海中，经验就是利器，如何利用好利器见招拆招，才是战场上的最高策略！

【案例9-4】　　　　　乔治：整合，实现资源价值

乔治以前是南京街头的一个问题少年，喜欢跟人打架。长大以后的乔治决定干点正事，他参加了厨师培训班，技术学得不错，但是快毕业时，他却发现自己对烹调没有什么兴趣。他感兴趣的是理发，现在叫美发。他发现当一个发型师是那么美妙的一件事情。所以，他放下勺子，拿起剪子，先在南京，后又到上海，苦练起了美发技术，并且很快就显露出过人的才华。

1996年，香港明星张敏在上海开了一家名叫露莎莲妮的高档发型屋，乔治正式出师，当上了露莎莲妮的一个技师，帮人洗发、烫发、染发，但是没几天老板就发现了他在发型设计上的天分，破格将他晋升为发型师，与从香港、法国、新加坡聘请来的那些发型师平起平坐。后来，乔治又辗转于杭州等地的一些发型屋做发型师，目的是磨炼自己的技术。时机成熟后，乔治开始了自己的创业生涯。因为缺乏资金，他无力租赁繁华的店面，只能在杭州一个偏僻的角落接下一家别人经营不下去的发型屋，改造后打出了自己的名头：乔治发型设计中心，时为2000年3月18日。

开始时因为地段不好，乔治的生意很不景气，但过了不久，就有很多过去乔治在别的发型屋做设计师时的忠实"Fans"跟踪而来，这样一传十，十传百，不久大家就都知道杭州那个发型做得最好的"乔治"现在到了某某地方，自己开了一家发型设计中心，乔治很快就走出了困境。仅仅过了一年多，乔治的发型中心就变成了发型广场，面积达500多平方米，紧跟杭州那些美发巨无霸如新爱情故事、阿伟、东方名剪等，成为杭州美发市场的一个后起之秀。

现在在乔治的发型广场理发，最低的只要25元，而最高的需要380元，很多文艺界的名人如胡兵、瞿颖、陆毅等，都接受过乔治的服务。

【案例9-5】　　　　　从"宝洁"看营销

1956年，宝洁公司开发部主任维克·米尔斯在照看其出生不久的孙子时，深切感受到一篮篮脏尿布给家庭主妇带来的烦恼。洗尿布的责任给了他灵感。于是，米尔斯就让手下

几个最有才华的人研究开发一次性尿布。

一次性尿布的想法并不新鲜。事实上，当时美国市场上已经有好几种牌子了。但市场调研显示：多年来这种尿布只占美国市场的1%。原因首先是价格太高；其次是父母们认为这种尿布不好用，只适合在旅行或不便于正常换尿布时使用。调研结果：一次性尿布的市场潜力巨大。美国和世界许多国家正处于战后婴儿出生高峰期。将婴儿数量乘以每日平均需换尿布次数，可以得出一个大得惊人的潜在销量。宝洁公司产品开发人员用了一年的时间，设计出的最初样品是在塑料裤衩里装上一块打了褶的吸水垫子，但在1958年夏天现场试验后，除了父母们的否定意见和婴儿身上的痱子以外，一无所获。

1959年3月，宝洁公司重新设计了它的一次性尿布，并在实验室生产了37 000个样品，拿到纽约州去做现场试验。这一次，有三分之二的试用者认为该产品胜过布尿布。降低成本和提高新产品质量，比产品本身的开发难度更大。到1961年12月，这个项目进入了能通过验收的生产工序和产品试销阶段。公司选择地处美国最中部的城市皮奥里亚试销这个后来被定名为"娇娃"(Pampers)的产品。发现皮奥里亚的妈妈们喜欢用"娇娃"，但不喜欢10美分一片尿布的价格。在6个地方进行的试销进一步表明，定价为6美分一片，就能使这类新产品畅销。宝洁公司把生产能力提高到使公司能以该价格在全国销售娇娃尿布的水平。

娇娃尿布终于成功推出，直至今天仍然是宝洁公司的拳头产品之一。

高校毕业生就业创业政策百问(2016 年版)

一、鼓励企业特别是中小企业吸纳高校毕业生就业

1. 国家对鼓励中小企业吸纳高校毕业生有哪些政策措施?

按照《国务院关于进一步做好新形势下就业创业工作的意见》(国发〔2015〕23 号)、《国务院办公厅关于做好 2014 年全国普通高等学校毕业生就业创业工作的通知》(国办发〔2014〕22 号)、《国务院办公厅关于做好 2013 年全国普通高等学校毕业生就业工作的通知》(国办发〔2013〕35 号)、《国务院关于进一步支持小型微型企业健康发展的意见》(国发〔2012〕14 号)和《国务院关于进一步做好普通高等学校毕业生就业工作的通知》(国发〔2011〕16 号)等文件规定:

(1) 对招收高校毕业生达到一定数量的中小企业,地方财政应优先考虑安排扶持中小企业发展资金,并优先提供技术改造贷款贴息。

(2) 对劳动密集型小企业当年新招收登记失业高校毕业生,达到企业现有在职职工总数 30%(超过 100 人的企业达 15%)以上,并与其签订 1 年以上劳动合同的劳动密集型小企业,可按规定申请最高不超过 200 万元的小额担保贷款并享受 50%的财政贴息。

(3) 高校毕业生到中小企业就业的,在专业技术职称评定、科研项目经费申请、科研成果或荣誉称号申报等方面,享受与国有企事业单位同类人员同等待遇。

(4) 对小微企业新招用毕业年度高校毕业生,签订 1 年以上劳动合同并缴纳社会保险费的,给予 1 年社会保险补贴。

2. 国家对引导国有企业吸纳高校毕业生就业有哪些政策措施?

按照《国务院关于进一步做好新形势下就业创业工作的意见》(国发〔2015〕23 号)、《国务院办公厅关于做好 2014 年全国普通高等学校毕业生就业创业工作的通知》(国办发〔2014〕22 号)、《国务院办公厅关于做好 2013 年全国普通高等学校毕业生就业工作的通知》(国办发〔2013〕35 号)和《关于做好 2013—2014 年国有企业招收高校毕业生工作有关事项的通知》(国资厅发分配〔2013〕37 号)等文件规定:

(1) 承担对口支援西藏、青海、新疆任务的中央企业要结合援助项目建设,积极吸纳当地高校毕业生就业。

(2) 建立国有企事业单位公开招聘制度,推动实现招聘信息公开、过程公开和结果公开。

(3) 国有企业招聘应届高校毕业生，除涉密等特殊岗位外，要实行公开招聘，招聘应届高校毕业生信息要在政府网站公开发布，报名时间不少于 7 天；对拟聘人员应进行公示，明确监督渠道，公示期不少于 7 天。

3. 企业招收就业困难高校毕业生享受什么优惠政策？

按照《财政部、人力资源社会保障部关于进一步加强就业专项资金管理有关问题的通知》(财社〔2011〕64 号)规定，对各类企业(单位)招用符合条件的就业困难高校毕业生，与之签订劳动合同并缴纳社会保险费的，按其为就业困难高校毕业生实际缴纳的基本养老保险费、基本医疗保险费和失业保险费给予补贴，不包括企业(单位)和个人应缴纳的其他社会保险费。

根据《就业促进法》有关规定，就业困难人员是指因身体状况、技能水平、家庭因素、失去土地等原因难以实现就业，以及连续失业一定时间仍未能实现就业的人员。就业困难人员的具体范围，由省、自治区、直辖市人民政府根据本行政区域的实际情况规定。

企业(单位)按季将符合享受社会保险补贴条件人员的缴费情况单独列出，向当地人力资源社会保障部门申请补贴。社会保险补贴申请材料应附：符合享受社会保险补贴条件的人员名单及《身份证》复印件、《就业创业证》复印件、劳动合同等就业证明材料复印件、社会保险征缴机构出具的社会保险费明细账(单)、企业(单位)在银行开立的基本账户等凭证材料，经人力资源社会保障部门审核后，财政部门将补贴资金支付到企业(单位)在银行开立的基本账户。

4. 企业为高校毕业生开展岗前培训享受什么优惠政策？

按照《国务院关于进一步做好新形势下就业创业工作的意见》(国发〔2015〕23 号)《国务院办公厅关于做好2014年全国普通高等学校毕业生就业创业工作的通知》(国办发〔2014〕22 号)、《财政部、人力资源社会保障部关于进一步加强就业专项资金管理有关问题的通知》(财社〔2011〕64 号)等文件规定，企业新录用毕业年度高校毕业生与其签订 6 个月以上期限劳动合同，在劳动合同签订之日起 6 个月内由企业依托所属培训机构或政府认定的培训机构开展岗前就业技能培训的，根据培训后继续履行劳动合同情况，按照当地确定的职业培训补贴标准的一定比例，对企业给予定额职业培训补贴。

企业开展岗前培训前，需将培训计划大纲、培训人员花名册及《身份证》复印件、劳动合同复印件等材料报当地人力资源社会保障部门备案，培训后根据劳动者继续履行劳动合同情况，向人力资源社会保障部门申请职业培训补贴。申请材料经人力资源社会保障部门审核后，财政部门按规定将补贴资金直接拨入企业在银行开立的基本账户。企业申请职业培训补贴应附：培训人员花名册、培训人员《身份证》复印件、《就业创业证》复印件、劳动合同复印件、职业培训合格证书等凭证材料。

对小型微型企业新招用高校毕业生按规定开展岗前培训的，各地要根据当地物价水平，适当提高培训费补贴标准。

5. 高校毕业生从企业到机关事业单位就业后工龄如何计算？

按照《国务院关于进一步做好普通高等学校毕业生就业工作的通知》(国发〔2011〕16 号)等文件规定，高校毕业生从企业、社会团体到机关事业单位就业的，其按规定参加企业职工基本养老保险的缴费年限合并为连续工龄。

6. 高校毕业生到企业特别是中小企业就业可否在当地落户？

按照《国务院办公厅关于做好2014年全国普通高等学校毕业生就业创业工作的通知》(国办发〔2014〕22号)、《国务院办公厅关于做好2013年全国普通高等学校毕业生就业工作的通知》(国办发〔2013〕35号)文件规定，要简化高校毕业生就业程序，消除其在不同地区、不同类型单位之间流动就业的制度性障碍。切实落实允许包括专科生在内的高校毕业生在就(创)业地办理落户手续的政策(直辖市按有关规定执行)。

省会及以下城市要放开对吸收高校毕业生落户的限制，简化有关手续，应届毕业生凭《普通高等学校毕业证书》、《全国普通高等学校毕业生就业报到证》、与用人单位签订的《就业协议书》或劳动(聘用)合同办理落户手续；非应届毕业生凭与用人单位签订的劳动(聘用)合同和《普通高等学校毕业证书》办理落户手续。高校毕业生到小型微型企业就业、自主创业的，其档案可由当地市、县一级的公共就业人才服务机构免费保管。办理高校毕业生档案转递手续，转正定级表、调整改派手续不再作为接收审核档案的必备材料。

7. 流动人员人事档案如何保管？

按照《关于进一步加强流动人员人事档案管理服务工作的通知》(人社部发〔2014〕90号)、《流动人员人事档案管理暂行规定》规定，流动人员档案具体包括：非公有制企业和社会组织聘用人员的档案；辞职辞退、取消录(聘)用或被开除的机关事业单位工作人员的档案；与企事业单位解除或终止劳动(聘用)关系人员的档案；未就业的高校毕业生及中专毕业生的档案；自费出国留学及其他因私出国(境)人员的档案；外国企业常驻代表机构的中方雇员的档案；自由职业或灵活就业人员的档案；其他实行社会管理人员的档案。

流动人员人事档案管理实行集中统一、归口管理的管理体制，主管部门为政府人力资源社会保障部门，接受同级党委组织部门的监督和指导。流动人员人事档案具体由县级以上(含县级)公共就业和人才服务机构以及经人力资源社会保障部门授权的单位管理，其他单位未经授权不得管理流动人员人事档案。严禁个人保管本人或他人的档案。跨地区流动人员的人事档案，可由其户籍所在地或现工作单位所在地的公共就业和人才服务机构管理。

高校毕业生到具有档案管理权限的机关、事业单位、国有企业就业的，由单位直接接收、管理档案。到无档案管理权限的单位(私营企业、外资企业等)就业的，可由各地公共就业和人才服务机构负责提供档案管理等人事代理服务。高校毕业生离校时没有就业的，档案可由学校统一发回原户籍所在地公共就业和人才服务机构保管。档案不允许个人保存。

2015年1月1日起，取消收取人事关系及档案保管费、查阅费、证明费、档案转递费等名目的费用。各级公共就业和人才服务机构应提供免费的流动人员人事档案基本公共服务。

8. 什么是人事代理？

公共就业和人才服务机构可在规定业务范围内接受用人单位和个人委托，从事下列人事代理服务：(1) 流动人员人事档案管理；(2) 因私出国政审；(3) 在规定的范围内申报或组织评审专业技术职务任职资格；(4) 转正定级和工龄核定；(5) 大中专毕业生接收手续；(6) 其他人事代理事项。

9. 高校毕业生怎样办理人事代理？

按照《人才市场管理规定》有关规定，人事代理方式可由单位集体委托代理，也可由个人委托代理；可多项委托代理，也可单项委托代理；可单位全员委托代理，也可部分人员委托代理。

单位办理委托人事代理，须向代理机构提交有效证件以及委托书，确定委托代理项目。经代理机构审定后，由代理机构与委托单位签订人事代理合同书，明确双方的权利和义务，确立人事代理关系。

10. 高校毕业生如何与用人单位订立劳动合同？

劳动合同法第七条规定，用人单位自用工之日起即与劳动者建立劳动关系。第十条规定，建立劳动关系，应当订立书面劳动合同。已建立劳动关系，未同时订立书面劳动合同的，应当自用工之日起一个月内订立书面劳动合同。用人单位与劳动者在用工前订立劳动合同的，劳动关系自用工之日起建立。

第八条规定，用人单位(企业、个体经济组织、民办非企业单位等组织)招用劳动者时，应当如实告知劳动者工作内容、工作条件、工作地点、职业危害、安全生产状况、劳动报酬，以及劳动者要求了解的其他情况；用人单位有权了解劳动者与劳动合同直接相关的基本情况，劳动者应当如实说明。

第九条规定，用人单位招用劳动者，不得扣押劳动者的居民身份证和其他证件，不得要求劳动者提供担保或者以其他名义向劳动者收取财物。

11. 什么是社会保险？我国建立了哪些社会保险制度？

社会保险是指国家通过立法，按照权利与义务相对应原则，多渠道筹集资金，对参保者在遭遇年老、疾病、工伤、失业、生育等风险情况下提供物质帮助(包括现金补贴和服务)，使其享有基本生活保障、免除或减少经济损失的制度安排。

社会保险法第二条规定，我国建立基本养老保险、基本医疗保险、工伤保险、失业保险、生育保险等社会保险制度，保障公民在年老、疾病、工伤、失业、生育等情况下依法从国家和社会获得物质帮助的权利。其中，基本养老保险制度包括职工基本养老保险制度、新型农村社会保险制度和城镇居民社会养老保险制度；基本医疗保险制度包括职工基本医疗保险制度、新型农村合作医疗制度和城镇居民医疗保险制度。

12. 用人单位应该履行哪些社会保险义务？享有哪些社会保险权利？

(1) 社会保险义务：一是申请办理社会保险登记的义务；二是申报和缴纳社会保险费的义务；三是代扣代缴职工社会保险的义务；四是向职工告知缴纳社会保险费明细的义务。

(2) 社会保险权利：一是有权免费查询、核对其缴费记录；二是有权要求社会保险经办机构提供社会保险咨询等相关服务；三是可以参加社会保险监督委员会，对社会保险工作提出咨询意见和建议，实施社会监督；四是对侵害自身权益和不依法办理社会保险事务的行为，有权依法申请行政复议或者提起行政诉讼。此外，还有权对违反社会保险法律、法规的行为进行举报、投诉。

13. 参加社会保险的个人享有哪些权利？

高校毕业生依法缴纳社会保险费后，享有以下权利：

(1) 有权依法享受社会保险待遇；

(2) 有权监督本单位为其缴费情况；

(3) 有权免费向社会保险经办机构查询、核对其缴费和享受社会保险待遇权益记录；

(4) 有权要求社会保险经办机构提供社会保险咨询等相关服务；

(5) 对侵害自身权益和不依法办理社会保险事务的行为，有权依法申请行政复议或者提起行政诉讼。

此外，还有权对违反社会保险法律、法规的行为进行举报、投诉。

14. 目前国家对用人单位及其职工和参保个人缴纳社会保险费的费率是如何规定的？

(1) 用人单位及其职工缴纳社会保险费的费率。根据《国务院关于完善企业职工基本养老保险制度的决定》(国发〔2005〕38号)、《国务院关于建立城镇职工基本医疗保险制度的决定》(国发〔1998〕44号)、《失业保险条例》(国务院令第258号)规定，用人单位缴纳基本养老保险、基本医疗保险和失业保险的费率，分别是原则上为本单位工资总额的20%、6%左右和2%；用人单位缴纳工伤保险费按照《工伤保险条例》(国务院令第586号)规定实行行业差别费率和浮动费率，有关费率确定按照国家相应规定执行；用人单位缴纳生育保险费的费率按照《企业职工生育保险试行办法》(劳部发〔1994〕504号)规定执行，由统筹地区政府根据实际情况自行确定，但不得超过用人单位工资总额的1%。职工本人缴纳基本养老保险、基本医疗保险和失业保险的费率，分别为本人工资的8%、2%和1%。

(2) 参保个人缴纳社会保险费的费率。根据《国务院关于完善企业职工基本养老保险制度的决定》(国发〔2005〕38号)规定，无雇工的个体工商户和灵活就业人员参加职工基本养老保险的缴费费率为20%，其中8%计入个人账户；无雇工的个体工商户和灵活就业人员参加职工基本医疗保险的缴费费率，按国家有关规定，统筹地区可以参照当地基本医疗保险建立统筹基金的缴费水平确定。

(3) 城镇居民参加居民医疗保险和农村居民参加新型农村社会养老保险及新型农村合作医疗，主要采取定额方式缴纳社会保险费。

15. 高校毕业生如何处理劳动人事纠纷？

发生劳动人事争议，可以通过协商解决。当事人不愿协商或协商不成的，可以向调解组织申请调解；不愿调解、调解不成或者达成调解协议后不履行的，可以向劳动人事争议仲裁委员会申请仲裁；对仲裁裁决不服的，除法律另有规定的外，可以向人民法院提起诉讼。

对用人单位违反劳动保障法律、法规和规章的情况，高校毕业生可向人力资源社会保障部门举报、投诉。劳动保障监察机构将依法受理，纠正和查处有关违法行为。

16. 什么是服务外包和服务外包企业？

服务外包是指企业将其非核心的业务外包出去，利用外部最优秀的专业化团队来承接该业务，从而使其专注核心业务，达到降低成本、提高效率、增强企业核心竞争力和对环境应变能力的一种管理模式。

服务外包企业是指其与服务外包发包商签订中长期服务合同，承接服务外包业务的企业。

17. 目前服务外包产业主要涉及哪些领域及地区？

服务外包分为信息技术外包服务(ITO)、技术性业务流程外包服务(BPO)和技术性知识流程外包服务(KPO)等。ITO 包括软件研发及外包、信息技术研发服务外包、信息系统运营维护外包等领域。BPO 包括企业业务流程设计服务、企业内容管理数据库服务、企业运营数据库服务、企业供应链管理数据库服务等领域。KPO 包括知识产权研究、医药和生物技术研发与测试、产品技术研发、工业设计、分析学和数据挖掘、动漫及网游设计研发、教育课件研发、工程设计等领域。

我国目前有服务外包示范城市 21 个，分别是北京、天津、上海、重庆、大连、深圳、广州、武汉、哈尔滨、成都、南京、西安、济南、杭州、合肥、南昌、长沙、大庆、苏州、无锡、厦门。

18. 服务外包企业吸纳高校毕业生有哪些财政支持？

按照《国务院办公厅关于鼓励服务外包产业加快发展的复函》(国办函〔2010〕69 号)、《人力资源社会保障部、商务部关于加快服务外包产业发展促进高校毕业生就业的若干意见》(人社部发〔2009〕123 号)等文件规定，对符合条件的服务外包企业，每新录用 1 名大学以上学历员工从事服务外包工作并签订 1 年期以上劳动合同的，给予企业不超过每人4500 元的培训支持；对符合条件的培训机构培训的从事服务外包业务人才(大学以上学历)，通过服务外包业务专业知识和技能培训考核，并与服务外包企业签订 1 年期以上劳动合同的，给予培训机构每人不超过 500 元的培训支持。

服务外包企业吸纳高校毕业生参加就业见习的，享受相关财政补助政策。服务外包企业吸纳就业困难高校毕业生就业，享受社会保险补贴等扶持政策。就业困难高校毕业生参加服务外包培训可按规定享受职业培训补贴和职业技能鉴定补贴。

二、鼓励引导高校毕业生面向城乡基层、中西部地区以及民族地区、贫困地区和艰苦边远地区就业

19. 什么是基层就业？

基层就业就是到城乡基层工作。国家近几年出台了一系列优惠政策鼓励高校毕业生积极参加社会主义新农村建设、城市社区建设和应征入伍。一般来讲，"基层"既包括广大农村，也包括城市街道社区；既涵盖县级以下党政机关、企事业单位，也包括社会团体、非公有制组织和中小企业；既包含单位就业，也包括自主创业、自谋职业。

20. 国家鼓励毕业生到基层就业的主要优惠政策包括哪些？

按照《国务院关于进一步做好新形势下就业创业工作的意见》(国发〔2015〕23 号)、《国务院办公厅关于做好 2014 年全国普通高等学校毕业生就业创业工作的通知》(国办发〔2014〕22 号)、《国务院办公厅关于做好 2013 年全国普通高等学校毕业生就业工作的通知》(国办发〔2013〕35 号)和《国务院关于进一步做好普通高等学校毕业生就业工作的通

知》(国发〔2011〕16号)等文件规定：

(1) 完善工资待遇进一步向基层倾斜的办法，健全高校毕业生到基层工作的服务保障机制，鼓励毕业生到乡镇特别是困难乡镇机关事业单位工作。

(2) 对高校毕业生到中西部地区、艰苦边远地区和老工业基地县以下基层单位就业、履行一定服务期限的，按规定给予学费补偿和国家助学贷款代偿(本专科学生每人每年最高不超过8000元、研究生每人每年最高不超过12 000元)。

(3) 结合政府购买服务工作的推进，在基层特别是街道(乡镇)、社区(村)购买一批公共管理和社会服务岗位，优先用于吸纳高校毕业生就业。

(4) 落实完善见习补贴政策，对见习期满留用率达到50%以上的见习单位，适当提高见习补贴标准。

(5) 将求职补贴调整为求职创业补贴，对象范围扩展到已获得国家助学贷款的毕业年度高校毕业生。

各地区要结合城镇化进程和公共服务均等化要求，充分挖掘教育、劳动就业、社会保障、医疗卫生、住房保障、社会工作、文化体育及残疾人服务、农技推广等基层公共管理和服务领域的就业潜力，吸纳高校毕业生就业。要结合推进农业科技创新、健全农业社会化服务体系等，引导更多高校毕业生投身现代农业。

高校毕业生在中西部地区和艰苦边远地区县以下基层单位从事专业技术工作，申报相应职称时，可不参加职称外语考试或放宽外语成绩要求。充分挖掘社会组织吸纳高校毕业生就业潜力，对到省会及省会以下城市的社会团体、基金会、民办非企业单位就业的高校毕业生，所在地的公共就业人才服务机构要协助办理落户手续，在专业技术职称评定方面享受与国有企事业单位同类人员同等待遇。

对到农村基层和城市社区从事社会管理和公共服务工作的高校毕业生，符合公益性岗位就业条件并在公益性岗位就业的，按照国家现行促进就业政策的规定，给予社会保险补贴和公益性岗位补贴。

(1) 对到农村基层和城市社区其他社会管理和公共服务岗位就业的，给予薪酬或生活补贴，同时按规定参加有关社会保险。

(2) 自2012年起，省级以上机关录用公务员，除部分特殊职位外，均应从具有2年以上基层工作经历的人员中录用。市(地)级以下机关特别是县乡机关招录公务员，应采取有效措施积极吸引优秀应届高校毕业生报考，录用计划应主要用于招收应届高校毕业生。

(3) 对具有基层工作经历的高校毕业生，在研究生招录和事业单位选聘时实行优先。

21. 什么是基层社会管理和公共服务岗位？

所谓基层社会管理和公共服务岗位，包括大学生村官、支教、支农、支医、乡村扶贫，以及城市社区的法律援助、就业援助、社会保障协理、文化科技服务、养老服务、残疾人居家服务、廉租房配套服务等岗位。

2009年4月，人力资源社会保障部下发《关于公布第一批基层社会管理和公共服务岗位目录的通知》(人社部函〔2009〕135号)，向社会公布第一批基层社会管理和公共服务岗位目录，以指导各地做好鼓励和引导高校毕业生到基层就业的工作。这批发布的岗位目录共分为基层人力资源和社会保障管理、基层农业服务、基层医疗卫生服务、基层文化科技服务、基层法律服务、基层民政、托老托幼、助残服务、基层市政管理、基层公共环境与设施管理维护以及其他等 9 大类领域，包括在街道(乡镇)、社区(村)等基层单位从事公共就业服务、社会保障、劳动关系协调、劳动监察、农业、扶贫开发、医疗、卫生、保健、防疫、文化、科技、体育、普法宣传、民事调解、托老、养老、托幼、助残、公共设施设备管理养护等相关事务管理服务工作的 50 种岗位。

22. 什么是其他基层社会管理和公共服务岗位？

其他基层社会管理和公共服务岗位是指在街道社区、乡镇等基层开发或设立的相应的社会管理和公共服务岗位。其部分由政府出资或由相关组织和单位出资，所安排使用的人员按规定享受相关补贴。

23. 什么是公益性岗位？

公益性岗位是指由政府开发、以满足社区及居民公共利益为目的的管理和服务岗位。对符合条件在公益性岗位安置就业的就业困难人员，按规定给予社会保险补贴和岗位补贴。符合公益性岗位安置条件的就业困难高校毕业生，可按规定享受公益性岗位就业援助政策。

24. 什么是公益性岗位社会保险补贴？

按照《财政部、人力资源社会保障部关于进一步加强就业专项资金管理有关问题的通知》(财社〔2011〕64 号)规定，对就业困难人员的社会保险补贴实行"先缴后补"的办法。在公益性岗位安排就业困难人员，并缴纳社会保险费的，按其为就业困难人员实际缴纳的基本养老保险费、基本医疗保险费和失业保险费给予补贴，不包括就业困难人员个人应缴纳的基本养老保险费、基本医疗保险费和失业保险费，以及企业(单位)和个人应缴纳的其他社会保险费。社会保险补贴期限，一般最长不超过 3 年。

25. 什么是公益性岗位补贴？

对在公益性岗位安排就业困难人员就业的单位，按其实际安排就业困难人员人数给予岗位补贴。公益性岗位补贴期限，一般最长不超过 3 年。

在公益性岗位安排就业困难人员就业的单位，可按季向当地人力资源社会保障部门申请公益性岗位补贴。公益性岗位补贴申请材料应附：符合享受公益性岗位补贴条件的人员名单及《身份证》复印件、《就业创业证》复印件、发放工资明细账(单)、单位在银行开立的基本账户等凭证材料，经人力资源社会保障部门审核后，财政部门将补贴资金支付到单位在银行开立的基本账户。

26. 为鼓励高校毕业生面向基层就业，实施学费补偿和助学贷款代偿政策的主要内容是什么？

按照《国务院关于进一步做好新形势下就业创业工作的意见》(国发〔2015〕23 号)《关于调整完善国家助学贷款相关政策措施的通知》(财教〔2014〕180 号)、《财政部、教育部关于印发〈高等学校毕业生学费和国家助学贷款代偿暂行办法〉的通知》(财教〔2009〕15 号)等文件规定，中央部门所属高校应届毕业生(全日制本专科、高职生、研究生、第二学士学位毕业生)到中西部地区和艰苦边远地区基层单位就业、履行一定服务期限的，按规定给予学费补偿和国家助学贷款代偿。在校学习期间获得国家助学贷款(含高校国家助学贷款和生源地信用助学贷款，下同)的，补偿的学费优先用于偿还国家助学贷款本金及其全部偿还之前产生的利息。定向、委培以及在校期间已享受免除全部学费政策的学生除外。

目前，国家助学贷款资助标准已经调整为，全日制普通本专科学生(含第二学士学位、高职学生，下同)每人每年申请贷款额度不超过 8000 元；年度学费和住宿费标准总和低于 8000 元的，贷款额度可按照学费和住宿费标准总和确定。全日制研究生每人每年申请贷款额度不超过 12 000 元；年度学费和住宿费标准总和低于 12 000 元的，贷款额度可按照学费和住宿费标准总和确定。

国家助学贷款资助标准调整后，《财政部、教育部、总参谋部关于印发〈高等学校学生应征入伍服义务兵役国家资助办法〉的通知》(财教〔2013〕236 号)、《财政部、教育部、民政部、总参谋部总政治部关于实施退役士兵教育资助政策的意见》(财教〔2011〕538 号)和《财政部、教育部关于印发〈高等学校毕业生学费和国家助学贷款代偿暂行办法〉的通知》(财教〔2009〕15 号)中有关学费补偿、国家助学贷款代偿和学费资助的标准，相应调整为本专科学生每人每年最高不超过 8000 元、研究生每人每年最高不超过 12 000 元。学费补偿、国家助学贷款代偿和学费资助的其他事项，仍按原规定执行。

27. 国家实施补偿学费和代偿助学贷款的就业地域范围包括哪些？

国家对到中西部地区和艰苦边远地区基层单位就业并履行一定服务期限的中央部门所属高校毕业生，按规定实施相应的学费补偿和助学贷款代偿。这里涉及的地域范围主要包括：

(1) 西部地区：西藏、内蒙古、广西、重庆、四川、贵州、云南、陕西、甘肃、青海、宁夏、新疆等 12 个省(自治区、直辖市)。

(2) 中部地区：河北、山西、吉林、黑龙江、安徽、江西、河南、湖北、湖南、海南等 10 个省。

(3) 艰苦边远地区：由国务院确定的经济水平、条件较差的一些州、县和少数民族地区(详情可登录中国政府网查询：http://www.gov.cn)。

(4) 基层单位：

① 中西部地区和艰苦边远地区县以下机关、企事业单位，包括乡(镇)政府机关、农村中小学、国有农(牧、林)场、农业技术推广站、畜牧兽医站、乡镇卫生院、计划生育服务站、乡镇文化站、乡镇劳动就业服务站等；

② 工作现场地处以上地区县以下的气象、地震、地质、水电施工、煤炭、石油、航海、核工业等中央单位艰苦行业生产第一线。

28. 学费补偿和助学贷款代偿的标准和年限是多少？

学费补偿、国家助学贷款代偿及学费减免标准，本专科生每人每年最高不超过 8000 元，研究生每人每年最高不超过 12 000 元。

本科、专科(高职)、研究生和第二学士学位毕业生补偿学费或代偿国家助学贷款的年限，分别按照国家规定的相应学制计算。在校学习的时间低于相应学制规定年限的，按照实际学习时间计算补偿学费或代偿助学贷款年限。在校学习时间高于相应学制年限的，按照学制规定年限计算。

每年代偿学费或国家助学贷款总额的三分之一,三年代偿完毕。

29. 中央部门所属高校毕业生如何申请学费补偿和助学贷款代偿?

(1) 在办理离校手续时向学校递交《学费和国家助学贷款代偿申请表》和毕业生本人、就业单位与学校三方签署的到中西部地区和艰苦边远地区基层单位服务 3 年以上的就业协议;

(2) 在校学习期间获得国家助学贷款的,在与国家助学贷款经办银行签订毕业后还款计划时,注明已申请国家助学贷款代偿,如获得国家助学贷款代偿资格,不需自行向银行还款。

(3) 高校负责审查申请资格并上报全国学生资助管理中心。

30. 地方所属高校毕业生到基层就业如何获得学费补偿和助学贷款代偿?

按照《财政部、教育部关于印发〈高等学校毕业生学费和国家助学贷款代偿暂行办法〉的通知》(财教〔2009〕15 号)要求,各地要抓紧研究制订本地所属高校毕业生面向本辖区艰苦边远地区基层单位就业的学费补偿和助学贷款代偿办法。地方所属高校毕业生到基层就业是否可以获得学费补偿或国家助学贷款代偿,以及如何申请办理补偿或代偿等,请向学校所在地政府有关部门查询。

31. 到基层就业如何办理户口、档案、党团关系等手续?

对到西部县以下基层单位和艰苦边远地区就业的高校毕业生,实行来去自由的政策,户口可留在原籍或根据本人意愿迁往就业地区;人事档案原则上统一转至就业单位所在地的县级政府人力资源社会保障部门,由公共就业和人才服务机构提供免费人事代理服务;党团组织关系转至就业单位,在工作期间积极要求入党的,由乡镇一级党组织按规定程序办理。

32. 中央有关部门实施了哪些基层就业项目?

近年来,中央各有关部门主要组织实施了 5 个引导高校毕业生到基层就业的专门项目,包括:团中央、教育部、财政部、人力资源社会保障部等四部门从 2003 年起组织实施的"大学生志愿服务西部计划";中组部、人力资源社会保障部、教育部等八部门从 2006 年开始组织实施的"三支一扶"(支教、支农、支医和扶贫)计划;教育部、财政部、人力资源社会保障部、中央编办等四部门从 2006 年开始组织实施的"农村义务教育阶段学校教师特设岗位计划";中组部、教育部、财政部、人力资源社会保障部等部门从 2008 年起组织实施的"选聘高校毕业生到村任职工作";农业部、人社部、教育部等部门从 2013 年起组织实施的"农业技术推广服务特设岗位计划"。

33. 什么是农村义务教育阶段学校教师特设岗位计划?

2006 年,教育部、财政部、原人事部、中央编办下发《关于实施农村义务教育阶段学校教师特设岗位计划的通知》(教师〔2006〕2 号),联合启动实施"特岗计划",公开招聘高校毕业生到"两基"攻坚县农村义务教育阶段学校任教。特岗教师聘期 3 年。

34. 农村教师特岗计划实施的地区范围包括哪些?

2006—2008 年"特岗计划"的实施范围以国家西部地区"两基"攻坚县为主(含新疆生

产建设兵团的部分团场),包括纳入国家西部开发计划的部分中部省份的少数民族自治州,适当兼顾西部地区一些有特殊困难的边境县、少数民族自治县和少小民族县。2009年,实施范围扩大到中西部地区国家扶贫开发工作重点县。

35. 农村教师特岗计划招聘对象和条件是什么?

(1) 以高等师范院校和其他全日制普通高校应届本科毕业生为主,可招少量应届师范类专业专科毕业生。

(2) 取得教师资格,具有一定教育教学实践经验,年龄在30岁以下的全日制普通高校往届本科毕业生。

(3) 参加过"大学生志愿服务西部计划"、有从教经历的志愿者和参加过半年以上实习支教的师范院校毕业生同等条件下优先。

(4) 报名者应同时符合教师资格条件要求和招聘岗位要求。

36. 农村教师特岗计划的招聘程序有哪些?

特岗教师实行公开招聘,合同管理。合同规定用人单位和应聘人员双方的权利和义务。

招聘工作由省级教育、人力资源社会保障、财政、编办等相关部门共同负责,遵循"公开、公平、自愿、择优"和"三定"(定县、定校、定岗)原则,按下列程序进行:①公布需求,②自愿报名,③资格审查,④考试考核,⑤集中培训,⑥资格认定,⑦签订合同,⑧上岗任教。

37. 什么是选聘高校毕业生到村任职?

2008年,中组部、教育部、财政部、人力资源和社会保障部出台了《关于印发〈关于选聘高校毕业生到村任职工作的意见(试行)〉的通知》(组通字〔2008〕18号),计划用五年时间选聘10万名高校毕业生到农村担任村党支部书记助理、村委会主任助理或团支部书记、副书记等职务。从2010年开始,扩大选聘规模,逐步实现"一村一名大学生村官"计划的目标。选聘的高校毕业生在村工作期限一般为2—3年。

38. 选聘到村任职的对象是什么?要满足哪些条件?

选聘对象为30岁以下应届和往届毕业的全日制普通高校专科以上学历的毕业生,重点是应届毕业和毕业1至2年的本科生、研究生,原则上为中共党员(含预备党员),非中共党员的优秀团干部、优秀学生干部也可以选聘。

基本条件是:① 思想政治素质好,作风踏实,吃苦耐劳,组织纪律观念强;② 学习成绩良好,具备一定的组织协调能力;③ 自愿到农村基层工作;④ 身体健康。此外,参加人力资源社会保障部、团中央等部门组织的到农村基层服务的"三支一扶"、"志愿服务西部计划"等活动期满的高校毕业生,本人自愿且具备选聘条件的,经组织推荐可作为选聘对象。

39. 选聘到村任职的程序是什么?

选聘工作一般通过个人报名、资格审查、组织考察、体检、公示、决定聘用、培训上岗等程序进行。

40. 什么是"三支一扶"计划?

三支一扶是支教、支医、支农、扶贫的简称。2006年,中组部、原人事部等八部门下发《关于组织开展高校毕业生到农村基层从事支教、支农、支医和扶贫工作的通知》(国人部发〔2006〕16 号)，以公开招募、自愿报名、组织选拔、统一派遣的方式，从 2006 年开始连续 5 年，每年招募 2 万名高校毕业生，主要安排到乡镇从事支教、支农、支医和扶贫工作。服务期限一般为 2 至 3 年。招募对象主要为全国普通高校应届毕业生。

2011 年 4 月，人力资源社会保障部下发《关于继续做好高校毕业生三支一扶计划实施工作的通知》(人社部发〔2011〕27 号)，决定继续组织开展高校毕业生"三支一扶"计划，从 2011 年起，每年选拔 2 万名，五年内选拔 10 万名高校毕业生到基层从事"三支一扶"服务。

41. 什么是大学生志愿服务西部计划？

大学生志愿服务西部计划由共青团中央牵头，教育部、财政部、人力资源社会保障部共同组织实施。从 2003 年开始，每年招募 1.8 万名普通高等学校应届毕业生，到西部贫困县的乡镇从事为期 1—3 年的教育、卫生、农技、扶贫以及青年中心建设和管理等方面的志愿服务工作。

42. 什么是农业技术推广服务特设岗位计划？

农业技术推广服务特设岗位计划由农业部牵头，人力资源社会保障部、教育部和科技部共同组织实施。从 2013 年开始，每年招募一批普通高等学校应届毕业生，到乡镇或区域性农业技术推广机构从事为期 2—3 年的农业技术推广、动植物疫病防控、农产品质量安全服务等工作。

43. 参加中央部门组织实施的基层就业项目，服务期满后享受哪些优惠政策？

根据中组部、人力资源社会保障部、教育部、财政部、共青团中央《关于统筹实施引导高校毕业生到农村基层服务项目工作的通知》(人社部发〔2009〕42 号)等政策规定，参加中央部门组织实施的基层就业项目、服务期满的毕业生，享受以下优惠政策：

(1) 公务员招录优惠：每年拿出公务员考录计划的一定比例，专门用于定向招录服务期满且考核称职(合格)的服务基层项目人员。服务基层项目人员也可报考其他职位。

(2) 事业单位招聘优惠：鼓励在项目结束后留在当地就业，参加各基层就业项目相对应的自然减员空岗，全部聘用服务期满的高校毕业生。从 2009 年起，到乡镇事业单位服务的高校毕业生服务满 1 年后，在现岗位空缺情况下，经考核合格，即可与所在单位签订不少于 3 年的聘用合同。同时，各省(区、市)县及县以上相关的事业单位公开招聘工作人员，应拿出不低于 40%的比例，聘用各专门项目服务期满考核合格的高校毕业生。

(3) 考学升学优惠：服务期满后三年内报考硕士研究生初试总分加 10 分；同等条件下优先录取；高职(高专)学生可免试入读成人本科。

(4) 国家补偿学费和代偿助学贷款政策：参加各基层就业项目的毕业生，符合规定条件的，可享受相应的学费补偿和助学贷款代偿政策。

(5) 服务期满自主创业的，可享受税收优惠、行政事业性收费减免、小额贷款担保和贴息等有关政策。

(6) 其他：各基层就业项目服务年限计算工龄。服务期满到企业就业的，按照规定转接社会保险关系。

44. 高校毕业生到艰苦边远地区或国家扶贫开发工作重点县就业有什么优惠政策?

根据《国务院关于进一步做好普通高等学校毕业生就业工作的通知》(国发〔2011〕16 号)规定,对到艰苦边远地区或国家扶贫开发工作重点县就业的高校毕业生,在机关工作的,试用期工资可直接按试用期满后工资确定,试用期满后级别工资高定 1 至 2 档;在事业单位工作的,可提前转正定级,转正定级时薪级工资高定 1 至 2 级。

三、鼓励大学生应征入伍,报效祖国

45. 国家鼓励大学生应征入伍服义务兵役,这里的"大学生"如何界定?

大学生是指根据国家有关规定批准设立、实施高等学历教育的全日制公办普通高等学校、民办普通高等学校和独立学院,按照国家招生规定录取的全日制普通本科、专科(含高职)、研究生、第二学士学位的应(往)届毕业生、在校生和已被普通高校录取但未报到入学的学生。

征集的大学生以男性为主,女性大学生征集根据军队需要确定。

46. 公民应征入伍需要满足哪些政治条件?

征集服现役的公民必须热爱中国共产党,热爱社会主义祖国,热爱人民军队,遵纪守法,品德优良,决心为抵抗侵略、保卫祖国、保卫人民的和平劳动而英勇奋斗。征兵政治审查的内容包括:应征公民的年龄、户籍、职业、政治面貌、宗教信仰、文化程度、现实表现以及家庭主要成员和主要社会关系成员的政治情况等。

47. 公民应征入伍要满足哪些基本身体条件?

公民应征入伍要符合国防部颁布的《应征公民体格检查标准》和有关规定。其中,有几项基本条件:

身高:男性 160 cm 以上,女性 158 cm 以上。

体重:男性不超过标准体重的 30%,不低于标准体重的 15%;女性不超过标准体重的 20%,不低于标准体重的 15%。

标准体重 = (身高 − 110)kg。

视力:大学生右眼裸眼视力不低于 4.6,左眼裸眼视力不低于 4.5。屈光不正,准分子激光手术后半年以上,无并发症,视力达到相应标准的,合格。

内科:乙型肝炎表面抗原呈阴性,等等。

48. 应征入伍服义务兵役大学生的年龄是如何规定的?

男性普通高等学校在校生为年满 18 至 22 周岁,高职(专科)毕业生可放宽到 23 周岁,本科以及以上学历毕业生可放宽到 24 周岁。

女性普通高等学校在校生为年满 18 到 20 周岁,应届毕业生放宽到 22 周岁。

49. 高校毕业生应征入伍服义务兵役要经过哪些程序?

(1) 网上报名预征:有应征意向的高校毕业生可在夏秋季征兵开始之前登录"大学生应征入伍网上报名平台"(网址为 http://zbbm.chsi.com.cn 或 http://zbbm.chsi.cn,下同)进行报名,填写、打印《应届毕业生预征对象登记表》和《高校毕业生应征入伍学费补偿国家助学贷款代偿申请表》(以下分别简称《登记表》、《申请表》)，交所在高校征兵工作管理部门。

(2) 初审、初检：毕业生离校前，在高校参加身体初检、政治初审，符合条件者确定为预征对象，高校协助兵役机关将《登记表》和《申请表》审核盖章发给毕业生本人，并完成网上信息确认。初审、初检工作最晚在 7 月 15 日前完成。

(3) 实地应征：高校应届毕业生可在学校所在地应征入伍，也可在入学前户籍所在地应征入伍。

(4) 组织高校应届毕业生在学校所在地征集的，结合初审、初检工作同步进行体格检查和政治审查，在毕业生离校前完成预定兵，9 月初学校所在地县(市、区)人民政府征兵办公室为其办理批准入伍手续。政治审查以本人现实表现为主，由其就读学校所在地的县(市、区)公安部门负责，学校分管部门具体承办，原则上不再对其入学前和就读返乡期间的现实表现情况进行调查。

(5) 在入学前户籍所在地应征入伍的，高校应届毕业生 7 月 30 日前将户籍迁回入学前户籍地，持《登记表》和《申请表》到当地县级兵役机关参加实地应征，经体格检查、政治审查合格的，9 月初由当地县(市、区)人民政府征兵办公室办理批准入伍手续。

50. 大学生征集工作由哪个部门牵头负责？

高校所在地兵役机关会同有关部门进入高校开展征集工作，高校由学生管理部门或学校武装部门牵头负责，有意向参军入伍的大学生可向所在学校学工部(处)、就业中心、资助中心或武装部咨询有关政策。

51. 高校毕业生应征入伍服义务兵役享受哪些优惠政策？

高校毕业生应征入伍服义务兵役，除享有优先报名应征、优先体检政审、优先审批定兵、优先安排使用"四个优先"政策，家庭按规定享受军属待遇外，还享受优先选拔使用、学费补偿和国家助学贷款代偿、退役后考学升学优惠、就业服务等政策。

52. 高校毕业生应征入伍"四个优先"政策是怎样规定的？

高校毕业生预征对象参军入伍享受"四个优先"政策：

(1) 优先报名应征。报名由县级兵役机关直接办理。夏秋季征兵开始前，县级兵役机关通知其报名时间、地点、注意事项等。确定为预征对象的高校毕业生，持《应届毕业生预征对象登记表》，可以直接到学校所在地或户籍所在地县级兵役机关报名应征。

(2) 优先体检政审。体检由县级兵役机关直接办理。夏秋季征兵体检前，县级兵役机关通知其体检时间、地点、注意事项等。确定为预征对象的高校毕业生，未能在规定时间内在学校参加体检的，本人持《应届毕业生预征对象登记表》，可在征兵体检时间内报名直接参加体检。

(3) 优先审批定兵。审批定兵时，应当优先批准体检政审合格的高校毕业生入伍。高职(专科)以上文化程度的合格青年未被批准入伍前，不得批准高中文化程度的青年入伍。

(4) 优先安排使用。在安排兵员去向时，根据高校毕业生的学历、专业和个人特长，优先安排到军兵种或专业技术要求高的部队服役；部队对征集入伍的高校毕业生，优先安排到适合的岗位，充分发挥其专长。

53. 大学生应征入伍服义务兵役给予国家资助的内容是什么？

高等学校学生应征入伍服义务兵役国家资助，是指国家对应征入伍服义务兵役的高校学生，在入伍时对其在校期间缴纳的学费实行一次性补偿或获得的国家助学贷款(国家助学贷款包括校园地国家助学贷款和生源地信用助学贷款，下同)实行代偿；应征入伍服义务兵役前正在高等学校就读的学生(含按国家招生规定录取的高等学校新生)，服役期间按国家有关规定保留学籍或入学资格、退役后自愿复学或入学的，国家实行学费减免。

54. 高校学生应征入伍享受学费补偿、国家助学贷款代偿及学费减免的标准是多少？

按照《关于调整完善国家助学贷款相关政策措施的通知》(财教〔2014〕180号)、《财政部、教育部、总参谋部关于印发的通知》(财教〔2013〕236号)规定：

(1) 学费补偿、国家助学贷款代偿及学费减免标准，本专科生每人每年最高不超过8000元，研究生每人每年最高不超过12 000元。

(2) 学费补偿或国家助学贷款代偿金额，按学生实际缴纳的学费或获得的国家助学贷款(国家助学贷款包括本金及其全部偿还之前产生的利息，下同)两者金额较高者执行，据实补偿或者代偿。退役复学后学费减免金额，按学校实际收取学费金额执行。超出标准部分不予补偿、代偿或减免。

(3) 获学费补偿学生在校期间获得国家助学贷款的，补偿资金必须首先用于偿还国家助学贷款。如补偿金额高于国家助学贷款金额，高出部分退还学生。

55. 高校学生应征入伍服义务兵役都可以享受国家资助政策吗？

在校期间已免除全部学费的学生，定向生、委培生和国防生，其他不属于服义务兵役到部队参军的学生，均不享受学费补偿和国家助学贷款代偿政策。

56. 高校学生应征入伍服义务兵役享受学费补偿、国家助学贷款代偿和学费减免的年限如何计算？

学费补偿、国家助学贷款代偿和学费减免的年限，按照国家对本科、专科(高职)、研究生和第二学士学位规定的相应修业年限据实计算。以入伍时间为准，入伍前已达到的修业规定年限，即为学费补偿或国家助学贷款代偿的年限；退役复学后应完成的国家规定的修业年限的剩余期限，即为学费减免的年限；复学后攻读更高层次学历不在减免学费范围之内。

专升本、本硕连读、中职高职连读、第二学士学位毕业生补偿学费或代偿国家助学贷款的年限，分别按照完成本科、硕士、高职和第二学士学位阶段学习任务规定的学习时间计算。

专升本、本硕连读学制在校生，在专科或本科学习阶段应征入伍的，以实际学习时间实行学费补偿或国家助学贷款代偿；在本科或硕士学习阶段应征入伍的，以本科已学习时间或硕士已学习时间计算，实行学费补偿或国家助学贷款代偿，其以前专科学习时间或本科学习时间不计入学费补偿或国家助学贷款代偿。中职高职连读学生学费补偿或国家助学贷款代偿的年限，按照高职阶段实际学习时间计算。

57. 高校学生申请应征入伍服义务兵役国家资助的程序是什么？

(1) 应征报名的高校学生登录大学生征兵报名系统，按要求在线填写、打印《高校学生应征入伍学费补偿国家助学贷款代偿申请表》(一式两份，以下简称《申请表》)并提交学校学生资助管理部门。在校期间获得国家助学贷款的学生，需同时提供《国家助学贷款借款合同》复印件和本人签字的一次性偿还贷款计划书。

(2) 学校相关部门对《申请表》中学生的资助资格、标准、金额(如有生源地信用助学贷款，学校应联系贷款经办银行或贷款经办地县级学生资助管理机构确认贷款金额)等相关信息审核无误后，对《申请表》加盖公章，一份留存，一份返还学生。

(3) 学生在征兵报名时将《申请表》交至入伍所在地县级人民政府征兵办公室(以下简称"县级征兵办")。学生通过征兵体检被批准入伍后，县级征兵办对《申请表》加盖公章并返还学生。

(4) 学生将《申请表》原件和入伍通知书复印件，寄送至原就读高校学生资助管理部门。

58. 因个人原因被部队退回，高校学生已获国家资助的经费要被收回吗？

因本人思想原因、故意隐瞒病史或弄虚作假、违法犯罪等行为造成退兵的学生，学校取消其受助资格，并不得申请学费减免。各省(区、市)人民政府征兵办公室应在接收退兵后及时将被退回学生的姓名、就读高校、退兵原因等情况逐级上报至国防部征兵办公室，并按照学生原就读高校的隶属关系，通报同级教育行政部门。

被部队退回并被取消资助资格的学生，如学生返回其原户籍所在地，已补偿的学费或代偿的国家助学贷款资金由学生户籍所在地县级教育行政部门会同同级人民政府征兵办公室收回；如学生返回其原就读高校，已补偿的学费或代偿的国家助学贷款由学生原就读高校会同退役安置地县级人民政府征兵办公室收回。各县级教育行政部门和各高校应在收回资金后十日内，逐级汇总上缴全国学生资助管理中心。收回资金按规定作为下一年度学费补偿或国家助学贷款代偿经费。

59. 高校毕业生入伍服义务兵役年限是多少？

我国现行的义务兵役制度服役年限是两年。

60. 大学生士兵退役后享受哪些就学优惠政策？

(1) 高职(专科)学生入伍经历可作为毕业实习经历。

(2) 退役大学生士兵入学或复学后免修军事技能训练，直接获得学分。

(3) 设立"退役大学生士兵"专项硕士研究生招生计划。根据实际需求，每年安排一定数量专项计划，专门面向退役大学生士兵招生。专项计划规模控制在5000人以内，在全国研究生招生总规模内单列下达，不得挪用。

(4) 将高校在校生(含高校新生)服兵役情况纳入推免生遴选指标体系。鼓励开展推荐优秀应届本科毕业生免试攻读研究生工作的高校在制定本校推免生遴选办法时，结合本校具体情况，将在校期间服兵役情况纳入推免生遴选指标体系。在部队荣立二等功及以上的退役人员，符合研究生报名条件的可免试(指初试)攻读硕士研究生。

(5) 将考研加分范围扩大至高校在校生(含高校新生)。退役人员在继续实行普通高校应届毕业生退役后按规定享受加分政策的基础上，允许普通高校在校生(含高校新生)应征入伍服义务兵役退役，在完成本科学业后3年内参加全国硕士研究生招生考试，初试总分加

10分，同等条件下优先录取。

(6) 退役大学生士兵专升本实行招生计划单列。高职(专科)学生应征入伍服义务兵役退役，在完成高职学业后参加普通本科专升本考试，实行计划单列，录取比例在现行30%的基础上适度扩大，具体比例由各省份根据本地实际和报名情况确定。

(7) 高校新生录取通知书中附寄应征入伍优惠政策。高校向新生寄送《录取通知书》时，附寄应征入伍宣传单，宣传单主要内容包括优惠政策概要、报名流程指南、学籍注册要求等。

(8) 放宽退役大学生士兵复学转专业限制。大学生士兵退役后复学，经学校同意并履行相关程序后，可转入本校其他专业学习。

(9) 具有高职(高专)学历的，退役后免试入读成人本科，或经过一定考核入读普通本科；荣立三等功以上奖励的，在完成高职(专科)学业后，免试入读普通本科。

(10) 应征入伍的高校毕业生退役后报考政法干警招录培养体制改革试点招生时，教育考试笔试成绩总分加10分。

61. 什么是政法干警招录培养体制改革试点考试？

国家为培养政治业务素质高、实战能力强的应用型、复合型政法人才，加强政法机关公务员队伍建设，2008年开始重点从部队退役士兵和普通高校毕业生中选拔优秀人才，为基层政法机关特别是中西部和其他经济欠发达地区的县(市)级以下基层政法机关提供人才保障和智力支持。

62. 应征入伍的高校应届毕业生离校后户口档案存放在哪里？如何迁转？

被确定为预征对象的高校应届毕业生，回入学前户籍所在地应征的，将户口迁回入学前户籍所在地，档案转到入学前户籍所在地人才交流中心存放。在学校所在地应征的，可将户籍和档案暂时保留在学校。

高校应届毕业生批准入伍后，其户口档案予以注销，档案放入新兵档案。

63. 高校应届毕业生退役后户档迁移有何优惠政策？

高校应届毕业生入伍服义务兵役退出现役后一年内，可视同当年的高校应届毕业生，凭用人单位录(聘)用手续，向原就读高校再次申请办理就业报到手续，户档随迁(直辖市按照有关规定执行)。

64. 什么是士官？与义务兵有什么区别？

我军现役士兵按兵役性质分为义务兵役制士兵和志愿兵役制士兵。义务兵役制士兵称为义务兵，志愿兵役制士兵称为士官。士官属于士兵军衔序列，但不同于义务兵役制士兵，是士兵中的骨干。义务兵实行供给制，发给津贴，士官实行工资制和定期增资制度。

65. 没有参加网上报名预征的大学生是否还可以应征入伍并享受有关优惠政策？

未参加网上报名预征的大学生，在征兵期间需要补办网上预征手续，没有经过网上报名预征的大学生不享受有关优惠政策。

四、积极聘用高校毕业生参与国家和地方重大科研项目

66. 国家和地方重大科研项目包括哪些？

按照《科技部、教育部、财政部、人力资源社会保障部、国家自然科学基金委员会关于鼓励科研项目单位吸纳和稳定高校毕业生就业的若干意见》(国科发财〔2009〕97 号)规定，由高校、科研机构和企业所承担的民口科技重大专项、973 计划、863 计划、科技支撑计划项目以及国家自然科学基金会的重大重点项目等，可以聘用高校毕业生作为研究助理或辅助人员参与研究工作。此外的其他项目，承担研究的单位也可聘用高校毕业生。

67. 哪些高校毕业生可以被吸纳为研究助理或辅助人员？

吸纳对象主要以优秀的应届毕业生为主，包括高校以及有学位授予权的科研机构培养的博士研究生、硕士研究生和本科生。

68. 科研项目吸纳的高校毕业生是否为在编职工？

不是项目承担单位的正式在编职工，被吸纳高校毕业生需与项目承担单位签订服务协议，明确双方的权利、责任和义务。

69. 科研项目承担单位与被吸纳高校毕业生签订的服务协议应包含哪些内容？

(1) 项目承担单位的名称和地址；

(2) 研究助理的姓名、居民身份证号码和住址；

(3) 服务协议期限；

(4) 工作内容；

(5) 劳务性费用数额及支付方式；

(6) 社会保险；

(7) 双方协商约定的其他内容。

服务协议不得约定由毕业生承担违约金。

70. 服务协议的期限如何约定？

根据《人力资源社会保障部办公厅关于重大科研项目单位吸纳高校毕业生参与研究工作签订服务协议有关问题的通知》(人社厅发〔2009〕47 号)等文件规定，服务协议期限最多可签订三年，三年以下的服务协议期限已满而项目执行期未满的，根据工作需要可以协商续签至三年。

71. 服务协议履行期间可以解除协议吗？

服务协议履行期间，毕业生可以提出解除服务协议，但应提前 15 天书面通知项目承担单位。

项目承担单位提出解除服务协议的，应当提前 30 日书面通知毕业生本人。研究助理被解除服务协议或协议期满终止后，符合条件的毕业生可按规定享受失业保险待遇。

72. 被吸纳高校毕业生如何获取报酬？

由项目承担单位向高校毕业生支付劳务性费用，具体数额按照国家有关规定、参照相应岗位标准，由双方协商确定。

73. 项目承担单位是否给被吸纳的高校毕业生上保险？

项目承担单位应当为毕业生办理社会保险，具体包括基本养老保险、基本医疗保险、失业保险、工伤保险、生育保险，并按时足额缴费。参保、缴费、待遇支付等具体办法参照各项社会保险有关规定执行。

74. 被吸纳的高校毕业生户档如何迁转？

毕业生参与项目研究期间，根据当地情况，其户口、档案可存放在项目承担单位所在地或入学前家庭所在地公共就业和人才服务机构。项目承担单位所在地或入学前家庭所在地公共就业和人才服务机构应当免费为其提供户口、档案托管服务。

75. 服务协议期满后如何就业？

协议期满，如果项目承担单位无意续聘，则毕业生到其他岗位就业。同时，国家鼓励项目承担单位正式聘用(招用)人员时，优先聘用担任过研究助理的人员。项目承担单位或其他用人单位正式聘用(招用)担任过研究助理的人员，应当分别依据《劳动合同法》、《国务院办公厅转发人事部关于在事业单位试行人员聘用制度意见的通知》(国办发〔2002〕35号)等规定执行。

76. 毕业生服务协议期满被用人单位正式录(聘)用后，如何办理落户手续？工龄如何接续？

担任过研究助理的人员被正式聘用(招用)后，按照有关规定，凭用人单位录(聘)用手续、劳动合同和《普通高等学校毕业证书》办理落户手续；工龄与参与项目研究期间的工作时间合并计算，社会保险缴费年限合并计算。

五、鼓励支持高校毕业生自主创业，稳定灵活就业

77. 高校毕业生自主创业，可以享受哪些优惠政策？

按照《国务院关于进一步做好新形势下就业创业工作的意见》(国发〔2015〕23号)、《国务院办公厅关于深化高等学校创新创业教育改革的实施意见》(国办发〔2015〕36号)等文件规定，高校毕业生自主创业优惠政策主要包括：

(1) 税收优惠：持人社部门核发《就业创业证》(注明"毕业年度内自主创业税收政策")的高校毕业生在毕业年度内(指毕业所在自然年，即1月1日至12月31日)创办个体工商户、个人独资企业的，3年内按每户每年8000元为限额依次扣减其当年实际应缴纳的营业税、城市维护建设税、教育费附加和个人所得税。对高校毕业生创办的小型微利企业，按国家规定享受相关税收支持政策。

(2) 创业担保贷款和贴息支持：对符合条件的高校毕业生自主创业的，可在创业地按规定申请创业担保贷款，贷款额度为10万元。鼓励金融机构参照贷款基础利率，结合风险分担情况，合理确定贷款利率水平，对个人发放的创业担保贷款，在贷款基础利率基础上上浮3个百分点以内的，由财政给予贴息。

(3) 免收有关行政事业性收费：毕业2年以内的普通高校毕业生从事个体经营(除国家限制的行业外)的，自其在工商部门首次注册登记之日起3年内，免收管理类、登记类和证照类等有关行政事业性收费。

(4) 享受培训补贴：对高校毕业生在毕业学年(即从毕业前一年7月1日起的12个月)

内参加创业培训的，根据其获得创业培训合格证书或就业、创业情况，按规定给予培训补贴。

(5) 免费创业服务：有创业意愿的高校毕业生，可免费获得公共就业和人才服务机构提供的创业指导服务，包括政策咨询、信息服务、项目开发、风险评估、开业指导、融资服务、跟踪扶持等"一条龙"创业服务。各地在充分发挥各类创业孵化基地作用的基础上，因地制宜建设一批大学生创业孵化基地，并给予相关政策扶持。对基地内大学生创业企业要提供培训和指导服务，落实扶持政策，努力提高创业成功率，延长企业存活期。

(6) 取消高校毕业生落户限制，允许高校毕业生在创业地办理落户手续(直辖市按有关规定执行)。

78. 大学生创业工商登记有什么要求？

深化商事制度改革，进一步落实注册资本登记制度改革，坚决推行工商营业执照、组织机构代码证、税务登记证"三证合一"，推进"三证合一"登记制度改革意见和统一社会信用代码方案，实现"一照一码"。放宽新注册企业场所登记条件限制，推动"一址多照"、集群注册等，降低大学生创业门槛。

79. 对大学生自主创业学籍管理有什么要求？

根据《教育部关于做好 2016 届全国普通高等学校毕业生就业创业工作的通知》(教学〔2015〕12 号)文件规定，对有自主创业意愿的大学生，实施弹性学制，放宽学生修业年限，允许调整学业进程、保留学籍休学创新创业。

80. 高校对自主创业大学生可提供什么条件？

根据《教育部关于做好 2016 届全国普通高等学校毕业生就业创业工作的通知》(教学〔2015〕12 号)文件规定，各地高校建设一批大学生创业示范基地，继续推动大学科技园、创业园、创业孵化基地和实习实践基地建设，高校应开辟专门场地用于学生创新创业实践活动，教育部工程研究中心、各类实验室、教学仪器设备等原则上都要向学生开放。各高校要优化经费支出结构，多渠道统筹安排资金，支持创新创业教育教学，资助学生创新创业项目。

81. 高校毕业生怎样提升自主创业的能力？

各高校要根据人才培养定位和创新创业教育目标要求，促进专业教育与创新创业教育有机融合，调整专业课程设置，挖掘和充实各类专业课程的创新创业教育资源，在传授专业知识过程中加强创新创业教育。面向全体学生开发开设创新创业必修课和选修课，纳入学分管理。

各地人力资源社会保障部门已形成一些成熟的创业培训模式，如"GYB"(产生你的企业想法)、"SYB"(创办你的企业)、"IYB"(改善你的企业)；高校毕业生可选择参加创业培训和实训，并可按规定享受培训补贴，以提高创业能力。

82. 高校如何开展创新创业教育？

健全创新创业教育课程体系。高校要加快创新创业教育优质课程信息化建设，推出一批资源共享的慕课、视频公开课等在线开放课程。建立在线开放课程学习认证和学分认定制度。组织学科带头人、行业企业优秀人才，联合编写具有科学性、先进性、适用性的创新创业教育重点教材。

改革教学方法和考核方法。高校要广泛开展启发式、讨论式、参与式教学，扩大小班化教学覆盖面，推动教师把国际前沿学术发展、最新研究成果和实践经验融入课堂教学，注重培养学生的批判性和创造性思维，激发创新创业灵感。运用"大数据"技术，掌握不同学生学习需求和规律，为学生自主学习提供更加丰富多样的教育资源。改革考试考核内容和方式，注重考查学生运用知识分析、解决问题的能力，探索非标准答案考试，破除"高分低能"积弊。

强化创新创业实践。高校要加强专业实验室、虚拟仿真实验室、创业实验室和训练中心建设，促进实验教学平台共享。各地区、各高校科技创新资源原则上向全体在校学生开放，开放情况纳入各类研究基地、重点实验室、科技园评估标准。鼓励各地区、各高校充分利用各种资源建设大学科技园、大学生创业园、创业孵化基地和小微企业创业基地，作为创业教育实践平台，建好一批大学生校外实践教育基地、创业示范基地、科技创业实习基地和职业院校实训基地。完善国家、地方、高校三级创新创业实训教学体系，深入实施大学生创新创业训练计划，扩大覆盖面，促进项目落地转化。举办全国大学生创新创业大赛，办好全国职业院校技能大赛，支持举办各类科技创新、创意设计、创业计划等专题竞赛。支持高校学生成立创新创业协会、创业俱乐部等社团，举办创新创业讲座论坛，开展创新创业实践。

83. 如何向高校毕业生创设的小微企业优先转移科技成果？

国家鼓励利用财政性资金设立的科研机构、普通高校、职业院校，通过合作实施、转让、许可和投资等方式，向高校毕业生创设的小微企业优先转移科技成果。

84. 怎样申请创业担保贷款？在哪些银行可以申请创业担保贷款？

创业担保贷款按照自愿申请、社区推荐、人力资源社会保障部门审查、贷款担保机构审核并承诺担保、商业银行核贷的程序，办理贷款手续。

各国有商业银行、股份制商业银行、城市商业银行和城乡信用社都可以开办创业担保贷款业务，各地区根据实际情况确定具体经办银行。在指定的具体经办银行可以办理创业担保贷款。

85. 哪些项目属于微利项目？

微利项目由各省、自治区、直辖市人民政府结合当地实际情况确定，并报财政部、中国人民银行、人力资源和社会保障部备案。对于从事微利项目的，财政据实全额贴息，展期不贴息。

86. 离校后未就业高校毕业生如何参加就业见习？

人力资源社会保障部门通过媒体、公共就业和人才服务机构以及电视、网络、报纸等多种渠道，发布就业见习信息，公布见习单位名单、岗位数量、期限、人员要求等有关内容，或者组织开展见习单位和高校毕业生的双向选择活动，帮助离校未就业高校毕业生和见习单位对接。离校后未就业回到原籍的高校毕业生可与原籍所在地人力资源社会保障部门及当地团组织联系，主动申请参加就业见习。

87. 就业见习期限有多长?

高校毕业生就业见习期限一般为 3—12 个月。

高校毕业生就业见习活动结束后,见习单位对高校毕业生进行考核鉴定,出具见习证明,作为用人单位招聘和选用见习高校毕业生的依据之一。在见习期间,由见习单位正式录(聘)用的,在该单位的见习期可以作为工龄计算。

88. 离校未就业高校毕业生参加就业见习享受哪些政策和服务?

(1) 获得基本生活补助(基本生活补助费用由见习单位和地方政府分担,各地要根据当地经济发展和物价水平,合理确定和及时调整基本生活补助标准);

(2) 免费办理人事代理;

(3) 办理人身意外伤害保险;

(4) 见习期满未被录用可继续享受就业指导与服务。

89. 见习单位能享受什么优惠政策?

对企业(单位)吸纳离校未就业高校毕业生参加就业见习的,由见习企业(单位)先行垫付见习人员见习期间基本生活补助,再按规定向当地人力资源社会保障部门申请就业见习补贴。

就业见习补贴申请材料应附:实际参加就业见习的人员名单、就业见习协议书、见习人员《身份证》、《登记证》复印件和大学毕业证复印件、企业(单位)发放基本生活补助明细账(单)、企业(单位)在银行开立的基本账户等凭证材料,经人力资源社会保障部门审核后,财政部门将资金支付到企业(单位)在银行开立的基本账户。

见习单位支出的见习补贴相关费用,不计入社会保险缴费基数,但符合税收法律法规规定的,可以在计算企业所得税应纳税所得额时扣除。

90. 高校毕业生如何申请参加职业培训?

职业培训由各地人力资源社会保障部门负责组织实施。高校毕业生可到当地人力资源社会保障部门咨询了解职业培训开展情况,选择适宜的培训项目参加。

职业培训工作主要由政府认定的培训机构、技工院校或企业所属培训机构承担。

91. 高校毕业生能否享受职业培训补贴政策?如何申请职业培训补贴?

高校毕业生毕业年度内参加就业技能培训或创业培训,可按规定向当地人力资源社会保障部门申请职业培训补贴。毕业后按规定进行了失业登记的高校毕业生参加就业技能培训或创业培训,也可向当地人力资源社会保障部门申请职业培训补贴。

按照《财政部、人力资源社会保障部关于进一步加强就业专项资金管理有关问题的通知》(财社〔2011〕64 号)等文件规定,申请材料经人力资源社会保障部门审核后,财政部门按规定将补贴资金直接拨付给申请者本人。职业培训补贴申请材料应附:培训人员《身份证》复印件、《就业创业证》复印件、职业资格证书(专项职业能力证书或培训合格证书)复印件、就业或创业证明材料、职业培训机构开具的行政事业性收费票据(或税务发票)等凭证材料。

高校毕业生参加就业技能培训或创业培训后,培训合格并通过职业技能鉴定取得初级以上职业资格证书(未颁布国家职业技能标准的职业应取得专项职业能力证书或创业培训合格证书)，6个月内实现就业的，按职业培训补贴标准的100%给予补贴。6个月内没有实现就业的，取得初级以上职业资格证书，按职业培训补贴标准的80%给予补贴；取得专项职业能力证书或创业培训合格证书，按职业培训补贴标准的60%给予补贴。

92. 高校毕业生如何获取职业资格证书？

高校毕业生个人可向职业技能鉴定所(站)自主申请职业技能鉴定。职业技能鉴定要参加理论知识考试和操作技能(专业能力)考核。经鉴定合格者，由人力资源社会保障部门核发相应的职业资格证书。

93. 高校毕业生能否享受职业技能鉴定补贴政策？如何申请技能鉴定补贴？

按照《财政部、人力资源社会保障部关于进一步加强就业专项资金管理有关问题的通知》(财社〔2011〕64号)等文件规定，对高校毕业生在毕业年度内通过初次职业技能鉴定并取得职业资格证书或专项职业能力证书的，按规定给予一次性职业技能鉴定补贴。

通过初次职业技能鉴定并取得职业资格证书或专项职业能力证书的，可向职业技能鉴定所在地人力资源社会保障部门申请一次性职业技能鉴定补贴。职业技能鉴定补贴申请材料应附：申请人《身份证》复印件、《就业创业证》复印件、职业资格证书复印件、职业技能鉴定机构开具的行政事业性收费票据(或税务发票)等凭证材料，经人力资源社会保障部门审核后，财政部门按规定将补贴资金支付给申请者本人。

六、为高校毕业生提供就业指导、就业服务和就业援助

94. 主要有哪些机构为高校毕业生提供就业服务？

(1) 公共就业和人才服务机构。

由各级人力资源社会保障部门举办的公共就业和人才服务机构，为高校毕业生免费提供政策咨询、就业信息、职业指导、职业介绍、就业援助、就业与失业登记或求职登记等各项公共服务，按规定为登记失业高校毕业生免费提供人事档案管理等服务。此外，还定期开展面向高校毕业生的公共就业和人才服务专项活动，比如每年5月"民营企业招聘周"、每年9月"高校毕业生就业服务月"、每年11月"高校毕业生就业服务周"等，为高校毕业生和用人单位搭建供需对接平台。

(2) 高校毕业生就业指导机构。

目前，各省教育部门、各高校普遍建立了高校毕业生就业指导机构，为毕业生提供就业咨询、用人单位招聘及实习实训信息、求职技巧、职业生涯辅导、毕业生推荐、实习实践能力提升和就业手续办理等多项就业指导和服务。

(3) 职业中介机构。

职业中介机构主要包括从事人力资源服务的经营性机构。政府鼓励各类职业中介机构为高校毕业生提供就业服务，对为登记失业高校毕业生提供服务并符合条件的职业中介机构按规定给予职业介绍补贴。

95. 职业中介机构如何享受职业介绍补贴？

按照《财政部、人力资源社会保障部关于进一步加强就业专项资金管理有关问题的通知》(财社〔2011〕64号)等文件规定，在工商行政部门登记注册的职业中介机构，可按经其

就业服务后实际就业的登记失业人员人数向当地人力资源社会保障部门申请职业介绍补贴。

职业介绍补贴申请材料应附：经职业中介机构就业服务后已实现就业的登记失业人员名单、接受就业服务的本人签名及《居民身份证》(以下简称《身份证》)复印件、《就业创业证》(以下简称《登记证》)复印件、劳动合同等就业证明材料复印件、职业中介机构在银行开立的基本账户等凭证材料。申请材料经人力资源社会保障部门审核后，财政部门按规定将补贴资金支付到职业中介机构在银行开立的基本账户。

96. 高校毕业生获取就业信息的主要渠道有哪些？

(1) 浏览各类就业信息网站，包括中央有关部门主办的全国性就业信息网站、地方有关部门主办的就业信息网站、各高校就业信息网站及校内 bbs 求职版面、其他专业性就业网站等；

(2) 参加各类招聘和双向选择活动，包括国家有关部门、各地、学校、用人单位等相关机构组织的各类现场或网络招聘活动；

(3) 参与校企合作实习，包括社会实践、毕业实习等活动；

(4) 查阅媒体广告，如报纸、刊物、电台、电视台、视频媒体等；

(5) 他人推荐，如导师、校友、亲友等；

(6) 主动到单位求职自荐等。

97. 在校期间高校毕业生可以通过哪些途径提升就业能力？

在学好专业知识技能的同时，根据学校要求或安排，毕业生可以通过选修或必修就业指导课程、参与学校组织的就业实习、技巧辅导、模拟招聘等活动，学习和了解相关职业的资料和信息，充分借助社会实践平台，全面提升就业能力。

高校毕业生还可通过学校实施的毕业证书与职业资格证书"双证书"制度、组织到企业顶岗实习、参加人力资源社会保障部门认定的定点机构开展的职业技能培训等，切实增强自身的岗位适应能力与就业竞争力，促进职业素养的养成。

98. 困难家庭高校毕业生包括哪些毕业生？享受哪些帮扶政策？

困难家庭高校毕业生是指来自城镇低保家庭、低保边缘户家庭、农村贫困家庭和残疾人家庭的普通高校毕业生。

各级机关考录公务员、事业单位招聘工作人员时，免收困难家庭高校毕业生的报名费和体检费。

为帮助困难家庭的高校毕业生求职就业，高校一般都会安排经费作为困难家庭毕业生的求职补助，或对已成功就业的困难家庭毕业生给予奖励。困难家庭的毕业生可向所在院系书面申请。学校也应根据平时掌握的情况，对困难家庭的毕业生给予主动帮助。

从 2013 年起，对享受城乡居民最低生活保障家庭、获得国家助学贷款的毕业年度内高校毕业生，可给予一次性求职创业补贴，补贴标准由各省级财政、人力资源社会保障部门会同有关部门根据当地实际制定，所需资金按规定列入就业专项资金支出范围。

99. 高校毕业生如何办理就业登记和失业登记？离校后未就业如何获得相应的就业指导和服务？

在法定劳动年龄内、有劳动能力和就业要求、处于无业状态的城镇常住人员，可以到